ISBN 978-3-409-12424-9   ISBN 978-3-663-07880-7 (eBook)
DOI 10.1007/978-3-663-07880-7

Die neuen Seiten des Controlling

Fundiertes Know-How
Die neue Fachzeitschrift „Controlling & Management" ist schnell, aktuell und lösungsorientiert und bietet für jeden Bedarf die richtige Informationstiefe.

Magazin
Der neue Magazinteil liefert einen umfassenden Überblick über Themen, Trends, Tools, Unternehmen und Strategien, Köpfe und Meinungen.

Praxis
Controlling & Management „Praxis" beschreibt fundiert Methoden, Instrumente und neue Entwicklungen des Controlling und enthält Praxisberichte zu aktuellen Themen.

Wissenschaft
Controlling & Management „Wissenschaft" liefert den State of the Art aus Controlling-Forschung und Wissenschaft.

Nachgewiesene Kompetenz
Der renommierte Herausgeber Prof. Dr. Jürgen Weber bringt die Experten der Community zusammen.

zfcm-online
Mit einem Klick alles im Blick: Nutzen Sie unser Volltextarchiv im Internet: www.zfcm.de

---

☒ **Ja**, ich möchte *Controlling & Management* testen. Bitte schicken Sie mir die nächste Ausgabe, damit ich sie in Ruhe prüfen kann. Wenn Sie dann nichts mehr von mir hören, möchte ich die Zeitschrift weiter beziehen: jährlicher Bezugspreis 108,00 EUR, ermäßigt 72,00 EUR (bitte Studienbescheinigung beilegen). *Controlling & Management* erscheint 6 x pro Jahr. Die Rechnungsstellung erfolgt jährlich. Wenn mir die Zeitschrift nicht gefällt, schicke ich innerhalb von 14 Tagen nach Erhalt des Heftes eine Postkarte. Das Testheft darf ich behalten. Kosten entstehen mir keine.

Jetzt kostenlos testen:
Bestell-Fax: 0611.7878-423

Name, Vorname 311 03 400

Firma, Abteilung

Straße, Postfach

PLZ, Ort

Datum   Unterschrift

**Gabler Verlag
Kundenservice
Abraham-Lincoln-Str. 46

65189 Wiesbaden**

Vertrauensgarantie: Dieser Auftrag kann schriftlich innerhalb von 10 Tagen nach Bestelldatum beim Gabler Verlag widerrufen werden. Zur Fristwahrung genügt die rechtzeitige Absendung des Widerrufs. Die Kenntnisnahme dieses Hinweises bestätige ich mit meiner zweiten Unterschrift.

Tel.: 06 11.78 78-615
www.zfcm.de

Budgetierung im Umbruch?

Hat die Budgetierung eine Zukunft? Budgetierungsprozesse sind neben Kennzahlensystemen das zentrale Rückgrat der Unternehmenssteuerung in plankoordinierten Unternehmen. Schwer nur kann man sich Controlling ohne Budgetierungsrunden und Budgetkontrolle vorstellen. Dennoch: Lange Jahre war es ruhig um diese Führungsfunktion. Nur selten wurde die bekannte Kritik an der Budgetierung (zu aufwendig, zu starr, etc.) in Zeitschriften und auf Seminarveranstaltungen thematisiert.

Dies hat sich in der letzten Zeit geändert. Die Kritik ist lauter geworden. Zudem ist zu den seit langem bekannten Kritikpunkten ein neuer hinzugekommen: die Budgetierung sei nicht nur selbst optimierungsbedürftig, sondern blockiere auch die Realisierung des Potenzials einer Vielzahl von Instrumenten, die in den letzten Jahren eingeführt wurden, wie z. B. die Balanced Scorecard oder die Prozesskostenrechnung. Gründe genug, so meinen *Jeremy Hope* und *Robin Fraser*, um die Budgetierung und das ihr zugrundeliegende Führungsmodell zu ersetzen (sic!) oder, so die Auffassung der meisten Autoren dieses Sonderheftes, sie zumindest einer grundlegenden Renovierung zu unterziehen.

„Beyond Budgeting", „Better Budgeting", „Advanced Budgeting" lauten die Schlagworte in der Diskussion: Droht uns damit eine neue Modewelle? Oder ist es höchste Zeit, sich wieder verstärkt der Budgetierung und ihrer Funktionen im Unternehmen anzunehmen? Mit dem vorliegenden Sonderheft - dem ersten der altehrwürdigen Kostenrechnungspraxis im Gewand der Zeitschrift für Controlling & Management - wollen wir in diese Diskussion einsteigen und Sie einladen, über die Zukunft des Budgetierungsprozesses in Ihrem Unternehmen nachzudenken. Zu diesem Zweck haben wir uns bemüht, Ihnen eine gesunde Mischung aus Praxisberichten, Branchenlösungen und Interviews, aber auch vorausdenkenden und kritischen Beiträgen an die Hand zu geben.

Im ersten Teil wollen wir Sie unter der Überschrift „State of the Art und neue Perspektiven" in das Themenfeld einführen. Dabei setzt bereits der erste Beitrag ein deutliches Ausrufezeichen: *Péter Horváth* kommt darin zum Schluss, dass die traditionelle Budgetierung als ein Steuerungssystem des hierarchischen, tayloristisch organisierten Unternehmens der Massenproduktion keine Zukunft mehr hat und durch andere Steuerungsinstrumente substituiert oder weiterentwickelt werden muss. Im zweiten Teil dieses Sonderhefts berichten Autoren der Praxis über innovative Lösungen in verschiedenen Branchen. Sucht man nach einer Klammer für diese Beiträge, so zeigen sich einige Gemeinsamkeiten, insbesondere eine stärkere Strategieausrichtung, Fokussierung und Marktorientierung der Budgetierung, aber auch das Bemühen, individuelle Pfade der Veränderung zu beschreiten. Wie so oft liegt die zentrale Herausforderung offensichtlich weniger in konzeptionellen Feinheiten, sondern in der Implementierung und Nutzung der Steuerungskonzepte vor Ort. In Teil 3 wird schließlich das Konzept des „Be-

Utz Schäffer

yond Budgeting" vorgesellt und kritisch beleuchtet. Auch wenn dieser Ansatz vielen von Ihnen zu radikal erscheinen mag, ist die Auseinandersetzung mit dem Konzept meines Erachtens überaus anregend. Sie zwingt uns, scheinbar Selbstverständliches wie die Budgetierung konsequent in Frage zu stellen und, wer weiß, vielleicht ist die Erde ja doch rund.

Doch genug der Vorrede – Viel Spaß bei der Lektüre wünscht Ihnen

Ihr
Utz Schäffer

INHALT

STATE-OF-THE-ART

4 HAT DIE BUDGETIERUNG NOCH ZUKUNFT?
Péter Horváth

10 EIN PERFORMANCEDIALOG KANN DIE MÄNGEL DER TRADITIONELLEN BUDGETIERUNG BESEITIGEN
Interview mit Herbert Pohl, McKinsey & Company

13 PARTICIPATIVE BUDGETING: FOR AND AGAINST
Norman B. Macintosh

22 MARKETINGBUDGETIERUNG – STATE OF THE ART, HERAUSFORDERUNGEN UND LÖSUNGSANSÄTZE
Sven Reinecke/Dion Fuchs

32 INTEGRIERTE UNTERNEHMENS-PLANUNG IM KONZERN – VOM ABSATZPLAN ZUR KONSOLIDIERTEN SPITZENKENNZAHL
Csaba Orbán/Alexander Bott

PRAXIS & BRANCHEN

41 DIE BUDGETIERUNG BEI GRÄFE UND UNZER
Christian Kopp

52 DIE BUDGETIERUNG BEI SKF IST HEUTE VIEL STÄRKER AN DER STRATEGISCHEN PLANUNG ORIENTIERT
Interview mit Gunnar Gremlin, SKF

54 STRATEGISCHE PLANUNG FÜR NACHHALTIGEN GESCHÄFTSERFOLG
Werner Kemke/Dirk E. Witmer

63 FÜR DIE ENERGIEVERSORGER GEHT ES NICHT OHNE BUDGETIERUNG
Interview mit Christoph Schrader, Accenture

65 NEUGESTALTUNG DER PLANUNG UND BUDGETIERUNG IN DER PRODUZIERENDEN INDUSTRIE
Ronald Gleich/Dietmar Voggenreiter

BEYOND BUDGETING?

71 THE TIME HAS COME TO ABANDON THE BUDGET
Jeremy Hope/Robin Fraser

77 VON DER BUDGETSTEUERUNG ZUM BEYOND BUDGETING: MOTIVATION, FALLBEISPIELE DER PIONIERE UND ZUKUNFTSPERSPEKTIVEN
Jürgen H. Daum

Herausgeber und Beirat:

Herausgeber:
Prof. Dr. Jürgen Weber, WHU, Otto-Beisheim-Hochschule, Lehrstuhl für Betriebswirtschaftslehre, insb. Controlling und Telekommunikation, Stiftungslehrstuhl der Deutschen Telekom AG.

Herausgeber-Beirat:
Ass. jur. Peter Burkhardt, Management Circle AG, Leiter Controlling.
Dr. Ralf Eberenz, Beiersdorf AG, Leiter Corporate Accounting & Controlling.

Prof. Dr. Christian Homburg, Universität Mannheim, Lehrstuhl für Allgemeine Betriebswirtschaftslehre und Marketing I.
Prof. Dr. Matthias Schumann, Universität Göttingen, Institut für Wirtschaftsinformatik, Abt. Wirtschaftsinformatik II.

REDAKTION

1 EDITORIAL

2 INHALT

3 IMPRESSUM

---

91 MANAGEN OHNE BUDGETS BEI SVENSKA HANDELSBANKEN
Interview mit Lennart Francke, Svenska Handelsbanken

94 COLLABORATIVE INTELLIGENCE: ABSICHERUNG VON „BEYOND BUDGETING" DURCH WISSENSNUTZUNG IN VERTEILTEN GESCHÄFTSPROZESSEN
Martin Grothe

101 BEYOND BUDGETING – EIN NEUER MANAGEMENT HYPE?
Utz Schäffer/Michael Zyder

111 BEYOND BUDGETING BEI VERBUNDEFFEKTEN?
Jürgen Weber/Stefan Linder/Dennis Spillecke

Beilagenhinweis:

Dieses Sonderheft von Controlling & Management enthält eine Beilage des Verlages C. H. Beck, München.

Impressum

Verlag: Betriebswirtschaftlicher Verlag, Dr. Th. Gabler / GWV Fachverlage GmbH, Abraham-Lincoln-Straße 46, 65189 Wiesbaden, Postfach 1546, 65173 Wiesbaden, http://www.zfcm.de
Geschäftsführer: Dr. Hans-Dieter Haenel
Verlagsleitung: Dr. Heinz Weinheimer
Programmleitung Wissenschaft: Claudia Splittgerber
Gesamtleitung Produktion: Reinhard van den Hövel
Gesamtleitung Vertrieb: Gabriel Göttlinger
Gesamtleitung Anzeigen: Thomas Werner
Herausgeber: Prof. Dr. Jürgen Weber
Herausgeber dieses Sonderheftes: Prof. Dr. Utz Schäffer
Verantwortlicher Redakteur: Dipl.-Kfm. Michael Zyder
E-Mail: michael.zyder@ebs.de

Redaktion:
Jutta Hauser-Fahr, Tel.: (06 11) 78 78-235
Annelie Meisenheimer, Tel.: (06 11) 78 78-232
Kundenservice: Gabler Verlag, Anschrift s. o.
Britta Christmann
Tel.: (06 11) 78 78-129,
Fax (06 11) 78 78-423
Abonnentenbetreuung:
VVA-Zeitschriften-Service
Controlling&Management, Postfach 777, 33310 Gütersloh
Tel.: (0 52 41) 80 19-68,
Fax (0 52 41) 80 96-20
Produktmanagement: Kristiane Alesch,
Tel.: (06 11) 78 78-359
Anzeigenleitung: Christian Kannenberg,
Tel.: (06 11) 78 78-369
Es gilt die Anzeigenpreisliste 27 vom 1.10.02
Anzeigenverkauf: CBM GmbH,
Telefon (0 67 71) 80 91-0 od. -31,
Fax (0 67 71) 80 91-18
cbm_gmbh@t-online.de
Anzeigendisposition: Barbara Gerlach,
Telefon (06 11) 78 78-198,
Fax (06 11) 78 78-443
Produktion / Layout: Heiko Köllner,
Tel.: (06 11) 78 78-177

Bezugsmöglichkeit:
Das Heft erscheint sechsmal jährlich.
Preise: Einzelpreis € 25,– zzgl. Versand.
Jahresabonnementpreis Inland €108,– für Studenten € 72,– (die aktuelle Immatrikulationsbescheinigung ist jeweils unaufgefordert nachzureichen); preisgebundener Jahresabonnementpreis Ausland € 117,–; Studentenpreis € 81,– (incl. Porto und ges. Mwst.). Abbestellungen sind sechs Wochen vor Ablauf des Bezugsjahres (s. letzte Abonnementrechnung) unter Angabe der Kundennummer schriftlich einzureichen; schriftliche Bestätigung erfolgt nicht. Jährlich können 1 bis 4 Sonderhefte hinzukommen.

Sie werden Abonnenten mit einem Nachlass von 25 % gegen gesonderte Rechnung geliefert. Bei Nichtgefallen können Sonderhefte innerhalb einer Frist von 3 Wochen an die Vertriebsfirma zurückgesandt werden. Zusätzliche Liefer- und Versandkosten fallen nicht an.

Druck und Verarbeitung: Wilhelm & Adam, Heusenstamm
Satz: Satzwerk · Gestaltung und DTP, Dreieich

Die Zeitschrift und alle in ihr enthaltenen einzelnen Beiträge und Abbildungen sind urheberrechtlich geschützt. Jede Verwertung außerhalb der engen Grenzen des Urheberrechtes ist ohne Zustimmung des Verlages unzulässig und strafbar. Das gilt insbesondere für Vervielfältigungen, Übersetzungen, Mikroverfilmungen und die Einspeicherung in elektronischen Systemen. Nachdruckgenehmigung kann die Redaktion erteilen. Für unverlangt eingesandte Beiträge und Rezensionsexemplare wird nicht gehaftet. Jede im Bereich eines gewerblichen Unternehmens hergestellte oder benützte Kopie dient gewerblichen Zwecken gem. § 54 (2) UrhG und verpflichtet zur Gebührenzahlung an die VG WORT, Abteilung Wissenschaft, Goethestr. 49, 80336 München, von der die einzelnen Zahlungsmodalitäten zu erfragen sind.

Alle Rechte vorbehalten. Kein Teil dieser Zeitschrift darf ohne schriftliche Genehmigung des Verlages vervielfältigt oder verbreitet werden. Unter dieses Verbot fällt insbesondere die gewerbliche Vervielfältigung per Kopie, die Aufnahme in elektronische Datenbanken und die Vervielfältigung auf CD-Rom und allen anderen elektronischen Datenträgern.

Hinweise für Autoren:
Der Autor ist mit der Veröffentlichung seines Beitrags damit einverstanden, dass sein Beitrag außer in der Zeitschrift auch durch Lizenzvergabe in anderen Zeitschriften (auch übersetzt), durch Nachdruck in Sammelbänden (z. B. zu Jubiläen der Zeitschrift oder des Verlages oder in Themenbänden), durch längere Auszüge in Büchern des Verlages auch zu Werbezwecken, durch Vervielfältigung und Verbreitung auf CD-ROM oder anderen Datenträgern, durch Speicherung auf Datenbanken, deren Weitergabe und den Abruf von solchen Datenbanken während der Dauer des Urheberrechtsschutzes an dem Beitrag im In- und Ausland vom Verlag und seinen Lizenznehmern genutzt wird.

© Betriebswirtschaftlicher Verlag, Dr. Th. Gabler, GWV Fachverlage GmbH, Wiesbaden 2003.
Ein Unternehmen der Fachverlagsgruppe BertelsmannSpringer. ISSN 0931-9077

Bis 2002: krp-Kostenrechnungspraxis

STATE-OF-THE-ART

Hat die Budgetierung noch Zukunft?

Péter Horváth

■ Differenzierung tut Not

Budgets und Budgetierung werden gegenwärtig von Managern und Beratern – zum Teil undifferenziert – verteufelt. An kräftigen Worten fehlt es nicht. Immer wieder wird Jack Welch zitiert: „The budget is the bane of corporate America." (Welch, Interview in Fortune Magazine, May 29, 1995). Der schwedische Banker Jan Wallander hat ein erfolgreiches Buch publiziert (Wallander 1995), das Budgetierung als ein „unnecessary evil" verdammt. Jeremy Hope und Robin Fraser, die beiden Protagonisten der „beyond-budgeting"-Bewegung, sehen in Budgetzahlen „Figures of hate" (Hope/Fraser 2001).

Auf der anderen Seite steht die Auffassung von Vertretern der Wissenschaft, die die Budgetierung „zu den wichtigsten Instrumenten dezentraler Steuerung von Organisationen" zählen (vgl. z. B. Pfaff 2002, Sp. 231). „Zur Lösung von Koordinationsproblemen spielt die Budgetierung sowohl aus theoretischer als auch aus praktischer Sicht eine große Rolle." (Ewert/Wagenhofer, 2003, S. 510.)

Es ist nicht verwunderlich, dass der Herausgeber dieses ZfCM-Sonderheftes angesichts der dramatischen Töne aus der Praxis die Existenzfrage an die Budgetierung als Beitragsthema formuliert hat: Hat die Budgetierung noch Zukunft?

Um nun nicht den Fehler der Undifferenziertheit bei der Beantwortung der im Titel gestellten Frage zu begehen, sollen deshalb zunächst zwei Vorfragen beantwortet werden.

■ Was ist ein Budget?

In der deutschsprachigen Literatur hat sich ein planungsbasierter Budgetbegriff durchgesetzt. „Ein Budget ist für uns ein formalzielorientierter, in wertmäßigen Größen formulierter Plan, der einer Entscheidungseinheit für eine bestimmte Zeitperiode mit einem bestimmten Verbindlichkeitsgrad vorgegeben wird. Budgets gibt es somit auf allen Planungsstufen und bei allen Planungsfristigkeiten." (vgl. Horváth – bereits – 1986, S. 262, ähnlich Dambrowski 1986, S. 19 und heute Pfaff 2003, S. 232.)

Unter Budgetierung wollen wir den gesamten Budgetierungsprozess verstehen, d. h. insbesondere Aufstellung, Verabschiedung, Kontrolle sowie Abweichungsanalyse (Horváth 1986, S. 263, ähnlich Dambrowski 1986, S. 20 und Pfaff 2003, S. 232).

Diese Begrifflichkeiten lassen schon die Vielfalt der Gestaltungsmöglichkeiten in der Praxis erahnen. Die *Kritik* betrifft die heute in der Praxis vorherrschende Ausprägung der Budgetierung. Hier handelt es sich um eine stark auf „command and control" ausgerichtete, stark bürokratische und detaillierte Jahresplanung sowie Kontrollen für alle Organisationseinheiten einer Unternehmung (zur Ausgestaltung vgl. Dambrowski 1986).

- Die traditionelle Budgetierung ist ein Steuerungssystem des hierarchischen, tayloristisch organisierten Unternehmens der Massenproduktion.
- Sie ist für die Unternehmung der Zukunft kein geeignetes Steuerungssystem.
- Die traditionelle Budgetierung hat keine Zukunft.

■ Wozu die Budgetierung?

Fasst man Budgetierung als formalzielorientierte Planung auf, so ergeben sich die Funktionen der Budgetierung zunächst aus den Funktionen der Planung generell. Den Gesamtzusammenhang stellt die „klassische" Graphik von Töpfer (S. 97) dar (vgl. Abb. 1).

Die Budgetierung nimmt im Rahmen aller Teilfunktionen der Planung die koordinative Ausrichtung auf die wertmäßigen Organisationsziele wahr. Hierin besteht ihre besondere Aufgabenstellung. Die hierzu verwendeten wertmäßigen Größen des Rechnungswesens ermöglichen Zielfestlegungen, Performance-Messungen und Koordinationsrechnung im Hinblick auf das wertmäßige Unternehmensziel. In der englischsprachigen Literatur wird so stark auf die Ergebnisplanung bei der Budgetierung abgestellt, dass meist von „Profit Planning" die Rede ist, wenn Budgetierung gemeint ist (vgl. Welsch et al. 1988). Bei der Budgetierung werden drei spezifische Funktionsaspekte aus dem Schema von Töpfer hervorgehoben (vgl. insbes. Pfaff 2003, Sp. 233 f.):

- Motivationsfunktion: Die Budgetierung hat das Management unter Heranziehung von Anreizen auf die wertmäßigen Unternehmensziele auszurichten.

Univ.-Prof. Dr. Péter Horváth ist Inhaber des Lehrstuhls Controlling der Universität Stuttgart, Keplerstr. 17, 70174 Stuttgart sowie Aufsichtsratsvorsitzender der Horváth AG.

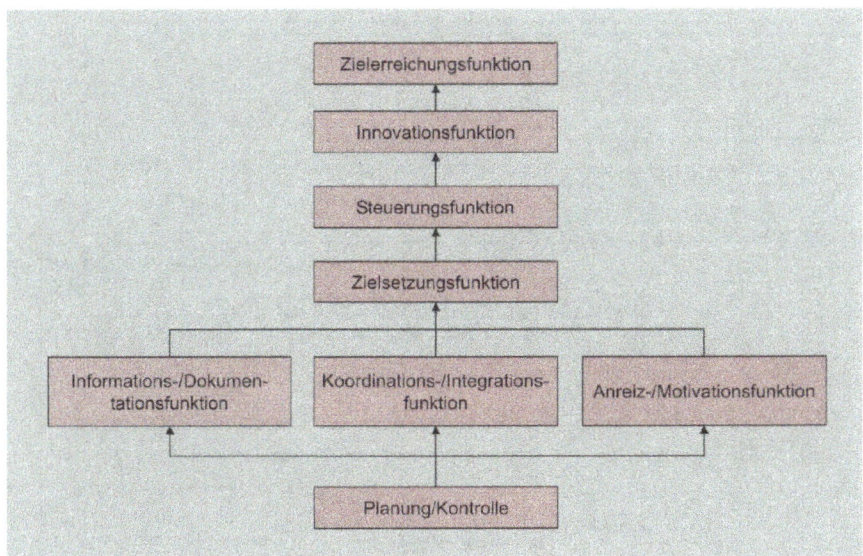

Abb. 1: Die Funktionen der Planung (vgl. Töpfer 1976, S. 97)

- Koordinationsfunktion: Die Vorgabe und Einhaltung von wertmäßigen Budgetzielen auf der Basis einer koordinierten Gesamtplanung soll zu einem mit der Unternehmenszielsetzung abgestimmten Verhalten führen.
- Orientierungsfunktion: Alle Mitarbeiter sollen die wertmäßigen Informationen erhalten, die über die Gesamtziele und den Erwartungen des Managements an die dezentralen Einheiten informieren.

Ewert und Wagenhofer (2003, S. 366 f.) betonen allerdings in diesem Zusammenhang die mögliche Diskrepanz zwischen Wunsch und Wirklichkeit und weisen auf die dysfunktionalen Wirkungen opportunistischen Verhaltens hin.

Kritik an der Budgetierungspraxis

Die Praxiskritik an der Budgetierung hat sich an allen bisher vorgetragenen Aspekten der Budgetierung – die ja interdependent sind – entzündet. Sie ist häufig recht undifferenziert. Am besten lässt sich diese Art von Kritik anhand der Aussagen der „beyond-budgeting"-Protagonisten (Hope/Fraser 1999, vgl. Abb. 2) demonstrieren.

Zu den mittels Budgets nicht realisierten Informationswünschen kommen – wie in der Abbildung 2 dargestellt – die Probleme, die vor allem mit der starren bürokratisch-aufwändigen Handhabung der Budgetierung zusammenhängen.

Man könnte viele Einzelbeispiele nennen, die aus dem Unbehagen und aus der Frustration in der Praxis stammen. (Dabei sind sowohl „Prinzipale" als auch „Agenten" betroffen.) Solche Beispiele reichen m. E. aber nicht aus, um die Eingangsfrage zu beantworten. Vielleicht ließen sich die Folgen opportunistischen Verhaltens doch reparieren?

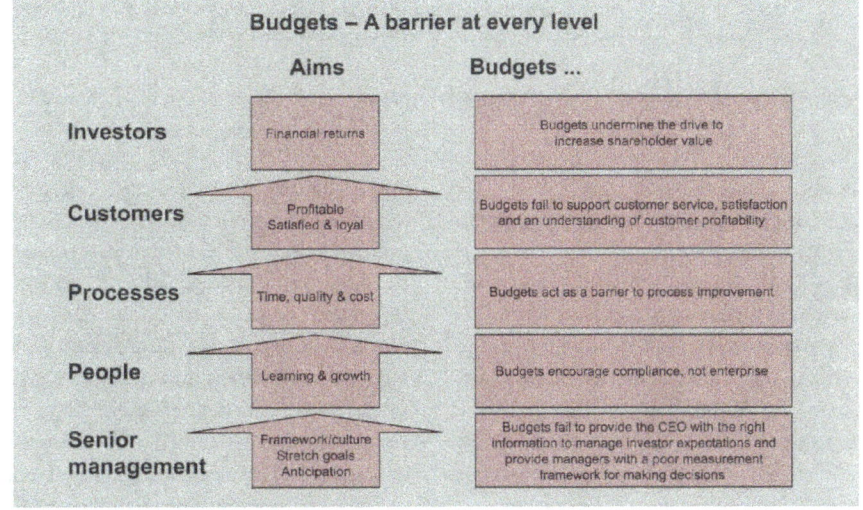

Abb. 2: Kritik an der Budgetierung (Hope/Fraser 1999)

Ich meine, dass das Thema tiefgreifender ist: Es geht um die grundsätzlichen Grenzen der Steuerung mit Budgets.

Brauchen wir in der Zukunft noch die Budgetierung?

Auf die Frage kann nur eine differenzierende Antwort gegeben werden. Sie muss funktional formuliert werden. Weder die Pauschalkritik mancher Praktiker noch die unkritische Beschreibung des Budgetierungssystems in manchen Lehrbüchern hilft da weiter.

Die Funktion der ergebniszielorientierten Koordination kann durch verschiedene umfassende Koordinationssysteme bewirkt werden. In der Literatur (vgl. insbesondere Küpper 2001, S. 131 ff; Ewert/ Wagenhofer 2003, S. 454 ff.) werden sie zwischen Hierarchie und Markt eingeordnet.

Die Budgetierung als Koordinationssystem befindet sich auf einem Kontinuum zwischen der zentralistischen Führung und Verrechnungs- bzw. Lenkungspreissystemen. Dieses Kontinuum lässt sich am besten durch die Veränderungen bezüglich fünf Merkmalen beschreiben:
- Delegationsgrad
- Hierarchiedynamik
- Kontrollformen

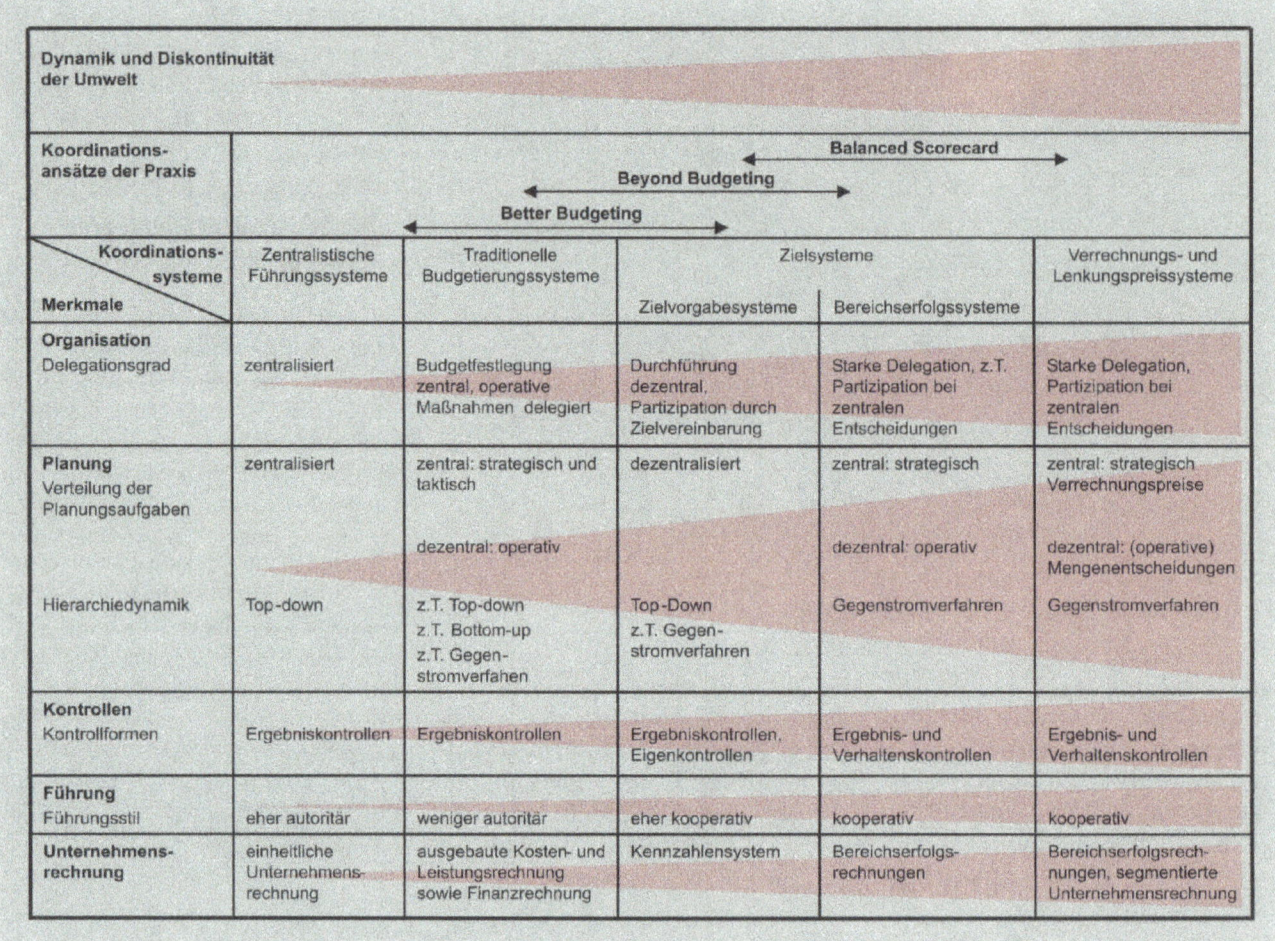

Abb. 3: Koordinationssysteme zwischen Hierarchie und Markt (nach Küpper 2001, S. 313 und 395)

- Führungsstil
- Differenzierung der Unternehmensrechnung

Ein zentralistisches Führungssystem zeichnet sich durch ein hohes Maß der Zentralisierung, autoritären Führungsstil, detaillierte Ergebniskontrollen und eine undifferenzierte Unternehmensrechnung aus. Die Koordination erfolgt durch die Zentralisation der Entscheidungs- und Weisungskompetenzen.

Das System der Budgetierung ist in diesem Kontinuum durch eine Vergrößerung des Handlungsrahmens für die einzelnen Bereiche gekennzeichnet. Der Detaillierungs- und Delegationsgrad der Budgets, ihre Flexibilität und Kontrollformen können beträchtlich von starr bis stark flexibel variieren. Insgesamt ist der Spielraum untergeordneter Einheiten durch Ressourcenrestriktionen und Leistungsvorgaben mehr oder weniger begrenzt.

Ein weiterer Schritt zur Erweiterung der Spielräume untergeordneter Einheiten besteht in der vertikalen und horizontalen Koordination mittels gesamtzielbezogener Kennzahlen. Die Verbindung zur Strategie der Unternehmung kann hierbei explizit hergestellt werden. Im Zielbildungsprozess kann durchaus ein kooperatives Vorgehen („Zielvereinbarungen") dominieren. Die Kontrollen variieren zwischen Ergebnis- und Verhaltensorientierung.

Verrechnungs- und Lenkungspreissysteme bieten den größten Handlungsspielraum für untergeordnete Einheiten. Marktmechanismen dominieren. Als Kontrollmechanismen spielen Verhaltenskontrollen eine maßgebliche Rolle. Die Komplexität der Koordination ist hoch.

Die Wahl eines Koordinationssystems hängt von den jeweilgen Situationsbedingungen einer Unternehmung ab. Wissenschaftlich ist dieses Wahlproblem nicht gelöst. Die Modelle des Transaktionskostenansatzes, die hierfür entwickelt worden sind, sind von der praktischen Anwendung weit entfernt (vgl. hierzu Hofmann 2001). Insofern können hier nur tendenzielle Aussagen gemacht werden, die aber für sich eine gewisse Plausibilität beanspruchen.

Unternehmen entwickeln sich angesichts der zunehmenden Dynamik und Diskontinuität der Umwelt, verbunden mit schärferen geschwindigkeitsdominierten Wettbewerbsbedingungen zu Gebilden, deren Grenzen zur Unternehmensumwelt zunehmend verschwimmen (vgl. hierzu Picot/Reichwald/Wigand 2001).

Strategieflexibilität, d. h. die schnelle Anpassung an neue Herausforderungen ist existenznotwendig. Gleichzeitig wächst die unternehmensinterne Komplexität. Die notwendige Komplexitätsreduktion erfolgt durch Auslagerung der nicht zur Kernkompetenz gehörenden Prozesse sowie durch radikale Vereinfachung der verbleibenden Abläufe („Lean Management" und „Reengineering" sind die Praxisansätze hierzu).

Peter Drucker (2002) prognostiziert:

„The corporation of the next society will be very different from today. Traditional corporations today are organized along product or service lines and held together by ownership. The multinationals of 2025 are likely to be held together and controlled by strategy. Alliances, joint ventures, minority stakes, know-how agreements and contracts will increasingly be the building blocks of a confederation. This kind of organization will need a new kind of top management. One of the most important jobs ahead for top management will be to balance the conflicting demands on business being made by the need for both short-term and long-term results, and by the corporation's various constituencies: customers, shareholder, knowledge employees and communities." (FAZ, 9. November 2002, S. 61)

Die harsche Kritik an der Budgetierungspraxis ist nun verständlich. Die klassischen bürokratischen Systeme der Budgetierung sind nun bald 100 Jahre alt: „By 1925 virtually all management accounting practices used today had been developed ... At that point the pace of innovation seemed to stop." (Johnson/Kaplan 1987, S. 12) Sie sind Produkte des Zeitalters des Taylorismus und bedeuteten damals einen großen Fortschritt gegenüber der zentralistischen Führungssysteme.

Wir erleben gegenwärtig den nächsten Wachstumsschub in der Unternehmenskoordination. Drei wichtige Ansätze, die allesamt nicht als Beratermoden abqualifiziert werden dürfen, müssen hervorgehoben werden:

- „Better Budgeting": systematische Beschleunigung, Vereinfachung und Flexibilisierung der traditionellen Budgetierung.

- „Beyond Budgeting": Realisierung der Budgetierungsfunktionen durch einen Set an Instrumenten, das die Dysfunktionalitäten der traditionellen Budgets vermeidet.
- „Balanced Scorecard": Steuerung durch aus der Strategie abgeleiteten Zielgrößen.

Sie erweitern den Handlungsspielraum dezentraler Einheiten in Richtung Steuerung durch Ziele.

Zurück zu unserer Ausgangsfrage: Hat die Budgetierung noch Zukunft? Klare Antwort: Die traditionelle Budgetierung, wie sie vor bald 100 Jahren entwickelt worden ist, hat keine Zukunft mehr. Dazu haben sich die situativen Bedingungen grundlegend verändert. Je nach Unternehmenssituation wird sich die Vereinfachung, Beschleunigung und Flexibilisierung der Budgetierung („Better Budgeting") als Koordinationsansatz weiterhin behaupten.

Der Verzicht auf traditionelle Budgets („Beyond Budgeting") wird als Koordinationsansatz in der Zukunft vermehrt realisiert, wobei dies nur in dem Maße als erfolgversprechend beurteilt werden kann, als entsprechende funktionsadäquate Koordinationsinstrumente wie z. B. die Prozesskostenrechnung, Target Costing und die Balanced Scorecard zur Verfügung stehen.

Sicher wird die Balanced Scorecard als Management- und Steuerungssystem eine zentrale Rolle spielen.

Es ist wichtig zu betonen, dass die realen Koordinationssysteme der Praxis immer eine Mischung aus den vier Basissystemen darstellen und hierbei natürlich die Entwicklung meist durch schrittweise Schwerpunktverlagerung stattfindet. Es lässt sich sicher nicht als allgemein gültiges Rezept der „revolutionäre" Ansatz mancher Beyond-Budgeting-Adepten empfehlen. Gerade in größeren Unternehmen – die nicht auf der grünen Wiese neu aufgestellt werden – lässt sich mit dem going-concern-Prinzip eher ein evolutorisches Vorgehen verbinden. D. h. aus den verschiedenen Ansätzen ist ein individueller evolutorischer Prozess zu konzipieren. Angesichts der unaufhaltsamen Weiterentwicklung des Koordinationssystems entsteht für den Controller ein Dilemma (vgl. Picot/Reichwald/Wigand 2001, S. 543 f.): Einerseits verlangt die Entwicklung den Verzicht auf eine detaillierte Verhaltenssteuerung durch traditionelle Budgets und die Vergrößerung dezentraler Handlungsspielräume; andererseits entstehen hierbei Spielräume für opportunistisches Verhalten, die mit reinen Ergebniskontrollen nicht zu beseitigen sind. Hier sind verhaltensorientierte Führungsansätze (Motivation, organisationales Lernen, gemeinsame Normenentwicklung etc.) zum Ausgleich erforderlich.

Unsere Argumentation darf nicht allein konzeptionell vorgetragen werden. Es gibt zwei „legacy systems", die die Geschwindigkeit der Konzeptumsetzung bestimmen:
- Veränderungsbereitschaft der beteiligten Manager und Controller. Zugegeben, es ist nicht leicht, sich von tradierten Vorstellungen der Steuerung zu lösen. Hier ist Training und Coaching erforderlich. Dies ist ein hervorragendes Feld für Change Management.
- Verfügbarkeit adäquater IT-Systeme. Leider basieren die meisten IT-Systeme der Praxis auf traditionellen Controllinginstrumenten. Ihre Weiterentwicklung bzw. Ersatz ist eine Schlüsselbedingung für die neuen Ansätze.

Die Praxis zeigt aber, dass zahlreiche Unternehmen – getrieben von der Umfeldsituation – die Notwendigkeit erkannt haben, diesen Hindernissen Herr zu werden und ihr Koordinations- und Steuerungssystem weiterzuentwickeln.

Literatur

DAMBROWSKI, J.: Budgetierungssysteme in der deutschen Unternehmenspraxis, Darmstadt 1986.
DRUCKER, P. F.: The Next Society, in: FAZ, 9. Nov. 2002, S. 61.
EWERT, R./WAGENHOFER, A.: Interne Unternehmensrechnung, 5. Auflage, Berlin etc. 2003.
HOFMANN, CHR.: Anreizorientierte Controllingsysteme. Habilitationsschrift, München 2001.
HOPE, J./FRASER, R.: Figures of Hate, in: Financial Management (2001) February, S. 22–25.
HOPE, J./FRASER, R.: Beyond Budgeting – White Paper, Beyond Budgeting round Table, Poole, Dorset 1999.
HOPE, J./FRÄSER, R.: Beyond Budgeting, Boston imass. 2003 (dt. Übersetzung im Druck, Stuttgart 2003)
HORVÁTH, P.: Controlling, 8. Aufl., München 2001.
JOHNSON, TH. H./KAPLAN, R. S.: Relevance Lost – The Rise and Fall of Management Accounting, Boston Mass. 1987.
KAPLAN, R.S./NORTON, D.: The Balanced Scorecard, Boston Mass. 1996 (Deutsch: 1997).
KÜPPER, U.: Controlling-Konzeption, Aufgaben und Instrumente, 3. Aufl., Stuttgart 2001.
PFAFF, D.: Budgetierung, in: KÜPPER, H.-U./WAGENHOFER, S. (Hrsg.): Handwörterbuch Unternehmensrechnung und Controlling, 4. Aufl., Stuttgart 2002, Sp. 231–241.
PICOT, A./REICHWALD, R./WIGAND, T.: Die grenzenlose Unternehmung, 4. Aufl., Wiesbaden 2001.
TOEPFER, A.: Planungs- und Kontrollsysteme industrieller Unternehmungen, Berlin 1976.
WALLANDER, J.: Budgeten – ett onödigt ont, 2. Aufl. Stockholm 1995.
WELCH, J.: Interview, in: Fortune Magazine, May 29 1995.
WELSCH, G. A./HILTON, R. W./GORDON, P. N.: Budgeting-Profit Planning and Control, 5. Aufl. Englewood Cliffs N. J. 1988.

Innovation in der Organisation

Die Edition der Schweizerischen Gesellschaft für Organisation (SGO) hat sich bereits seit Jahren als fachlich hochstehende und gleichzeitig praxisorientierte Reihe für Managementliteratur im deutschsprachigen Raum fest etabliert. Im Herbst 2002 wird die Reihe nun um drei weitere Highlights erweitert:

neu

Manfred Bruhn
Integrierte Kundenorientierung
Implementierung der kundenorientierten Unternehmensführung
2002. 282 S.
(Schweizerische Gesellschaft für Organisation) Geb.
EUR 39,00
ISBN 3-409-12004-1

neu

Wilfried Krüger (Hrsg.)
Excellence in Change
Wege zur strategischen Erneuerung
2., vollst. überarb. Aufl. 2002. 370 S.
(Schweizerische Gesellschaft für Organisation) Geb.
EUR 44,50
ISBN 3-409-21578-6

neu

Oskar Grün / Jean-Claude Brunner
Der Kunde als Dienstleister
Von der Selbstbedienung zur Co-Produktion
2002. ca. 300 S.
(Schweizerische Gesellschaft für Organisation) Geb.
ca. EUR 39,00
ISBN 3-409-12003-3

Podiumsdiskussion mit den Autoren auf der Frankfurter Buchmesse 10.10.2002 15.00 Uhr
Anmeldung beim Gabler Verlag bis 5.10.2002
unter: 06 11.78 78-124

Änderungen vorbehalten.
Erhältlich beim Buchhandel oder beim Verlag.   Abraham-Lincoln-Str. 46, 65189 Wiesbaden, Tel.: 06 11.78 78-124, www.gabler.de

STATE-OF-THE-ART

Ein Performancedialog kann die Mängel der traditionellen Budgetierung beseitigen

Interview mit Herbert Pohl, McKinsey & Company

Herr Pohl, Kritik an der Budgetierung ist weit verbreitet. Konkret: Woran kann man in der Praxis erkennen, dass etwas falsch läuft?

Die Budgetprozesse, wie sie heute in vielen Unternehmen gelebt werden, sind in der Tat oft eine frustrierende Erfahrung für alle Beteiligten, bei der erhebliche Ressourcen für einen langen Zeitraum gebunden werden. Das Ergebnis wird von den meisten Beteiligten als eine lästige Formalie empfunden, die weder einen ausreichenden Verbindlichkeitsgrad hat, noch als Grundlage für Managemententscheidungen dient. In meinen Augen gibt es eine ganze Reihe von Indizien, die auf Schwächen im Budgetierungsprozess hindeuten. Dauert der Prozess länger als drei Monate? Ist der Budgetierungsprozess in die strategische Planung und damit eine Mehrjahresperspektive eingebettet? Werden in der Planung nicht nur Finanzzahlen, sondern auch die operativen Kennzahlen des Geschäfts berücksichtigt? Sind die Einheiten, für die geplant wird, in ihrer Bedeutung für den Unternehmenserfolg vergleichbar? Sind Veränderungen im Laufe der Budgetierung auf einen inhaltlichen Dialog und nicht auf Verhandlungen oder politische Erwägungen zurückzuführen?

Welche Zielrichtung sollten Unternehmen bei der Beseitigung dieser Mängel verfolgen?

Es geht im Kern darum, den Dialog zwischen der Finanzfunktion und den operativen Einheiten zu verbessern. Wir brauchen einen Performancedialog bei der die Finanzfunktion Partner und Treiber der Unternehmensperformance ist.

> „Wir brauchen einen Performancedialog bei der die Finanzfunktion Partner und Treiber der Unternehmensperformance ist."

Klingt gut, aber wie kann das Controlling die Qualität eines solchen Performancedialogs sicherstellen?

Ein Performancedialog hat verschiedene Implikationen. Zunächst brauchen beide Parteien eine gemeinsame Sprache. Diese Sprache muss auf den wesentlichen Treibern des Geschäfts und ihrer Verbindung zum Unternehmenswert aufsetzen. Beide Parteien müssen diese Sprache sprechen können. Schließlich sollte die Grammatik einfach sein: Einfache, kurze und schlanke Prozesse, die aber auch als verbindlich eingefordert werden.

Eine Überwindung des reinen Finanzfokus wird ja seit geraumer Zeit propagiert, insbesondere im Rahmen der Balanced Scorecard Diskussion. Wie kann man Budgetierung und Balanced Scorecard verbinden? Oder sollte man Hope/Fraser folgen und die Budgetierung gleich ganz abschaffen?

Die Budgetierung abzuschaffen, ist aus meiner Sicht derzeit keine Option. Ganz praktische Bedürfnisse der Unternehmen stehen bereits dagegen. Die Frage ist, worüber man sich im Budgetierungsprozess unterhält und wie man die Effizienz steigert. Man muss stärker geschäftsbezogene Budgetierungsformate finden: weg von den stark finanzgetriebenen und auf vollständige Detailinformation getrimmten Prozessen, hin zu einem tieferen Verständnis des Geschäftes und der Treiber des Erfolgs. Dabei muss man auch den Mut dazu haben, andere Informationen aus dem Planungsdialog konsequent herauszunehmen.

> „Die Budgetierung abzuschaffen, ist aus meiner Sicht derzeit keine Option."

Hat das nicht auch organisatorische Konsequenzen?

Die unmittelbare organisatorische Konsequenz betrifft die Finanzfunktion, allerdings in einer Art, wie sie heutzutage ohnehin in vielen Unternehmen bereits anzutreffen ist: der Controller muss – um im Bild des Dialogs zu bleiben – in der

Dr. Herbert Pohl
ist Associate Principal bei McKinsey & Company in München, wo er den Bereich „Integrated Performance Management" innerhalb der europäischen Practice Corporate

Lage sein, die gemeinsame Sprache zu sprechen. Das bedeutet für ihn die Abkehr von einem stark finanzgeprägten Profil und die Entwicklung hin zu einem Business Partner, der die geschäftlichen Opportunitäten erkennt und versteht. Wir werden künftig bei den Mitarbeitern einen stärkeren Austausch zwischen Controlling und den operativen Einheiten sehen.

> „Es ist ein Irrglaube, dass neue IT-Unterstützung allein die Lösung der Probleme bringt."

Hope/Fraser – die Autoren diverser Publikationen zu „Beyond Budgeting" – gehen ja in eine ganz ähnliche Richtung, indem sie die rein instrumentengetriebene Lösung als nicht weitreichend genug einschätzen. Vielmehr sei die Kombination solcher Ansätze mit Änderungen in Organisation und Verhalten von zentraler Bedeutung.

Diese Aussage kann ich voll unterstreichen. Ein gutes Beispiel hierfür war in den letzten Jahren die Diskussion um Wertmanagementkonzepte, die auch als „Metrics War" bezeichnet wurde. Wir haben dort auf der positiven Seite ein gutes Verständnis der theoretischen Grundlagen von Wertschöpfung und insbesondere der Bedeutung von Kapitalkosten erreicht. Auf der negativen Seite haben wir aber eine unsägliche und für die meisten Unternehmen irrelevante Diskussion erlebt über verschiedene Möglichkeiten, diese Wertsteigerung zu messen. Die Komplexität dieser Diskussion hat häufig von den eigentlichen Zielen abgelenkt. Entscheidend ist aber, dass die Metrik auf das Unternehmen angepasst ist und der dort herrschenden Kultur und dem Verständnis von Finanzkennzahlen entspricht. Dies muss in dem Prozess entsprechend gelebt werden. Lassen Sie mich noch einmal an das Ziel erinnern: die Qualität des Dialogs muss verbessert werden. Das erreicht man nicht allein mit einer Metrik und auch nicht mit weiteren Kennzahlen. Dabei kann es sich nur um Hilfsmittel handeln, die die Diskussion auf wesentliche Punkte fokussieren. Wir sprechen daher von „Integrated Performance Management" bei der die Implikationen für das Vorhaben und die Organisation explizit adressiert werden.

Welche Rolle spielt denn IT in dieser Diskussion? Werden durch die von Ihnen geforderten einfacheren Prozesse die meisten Probleme gelöst, oder holt man sich hier – gewissermaßen durch die Hintertür – ein neues IT-Projekt ins Haus?

IT kann erst im zweiten Schritt eine Problemlösung sein. Es ist ein Irrglaube, dass neue IT-Unterstützung allein die Lösung der Probleme bringt. Der Fokus auf IT führt teilweise zu desaströsen Ergebnissen. Entscheidend ist die Verbesserung des eigentlichen Prozesses. Erst in der zweiten Runde kann die IT-seitige Umsetzung erfolgen.

In der aktuellen Diskussion werden vielfach pauschale „one size fits all"-Lösungen propagiert. Welche branchen- oder funktionsspezifischen Unterschiede gilt es Ihres Erachtens zu beachten?

Die Unterschiede sind aus meiner Sicht nicht so sehr industriegetrieben, sondern viel mehr geschäftssystemgetrieben. Bei einer funktionalen Organisation mit einem hohen Grad an Interaktion zwischen Funktionen und Geschäftseinheiten, etwa im Transportbereich oder der Pharmaindustrie, existieren andere Anforderungen

Finance & Strategy leitet. Der Schwerpunkt seiner Arbeit liegt in den Bereichen Performance Management, Controlling, Investor Relations und IPO. Herbert Pohl hat in Freiburg, Genf, München und New York Rechts- und Wirtschaftswissenschaften studiert und über ein bilanzrechtliches Thema promoviert.

Klaus Wolf/Bodo Runzheimer
Risikomanagement und KonTraG
Konzeption und Implementierung
4., vollst. überarb.
u.erw. Aufl. 2003. 261 S.
Br. EUR 42,90
ISBN 3-409-41490-8

Wolf/Runzheimer entwickeln ein systematisch strukturiertes Konzept zum Aufbau eines Risikomanagement-Systems. Sie stellen unterschiedliche Instrumente der Risikoidentifikation, -bewertung, -behandlung und des -controlling vor und demonstrieren ihre Anwendbarkeit anhand zahlreicher Beispiele. Für die vierte Auflage haben die Autoren das Buch intensiv überarbeitet. Auf Basis des Status quo im Risikomanagement leiten sie künftige Handlungsschwerpunkte, wie z. B. die Einführung von Frühwarnsystemen oder die Erstellung eines Risikomanagement-Handbuches, ab und zeigen ihre praktische Umsetzung.

Änderungen vorbehalten.
Erhältlich beim Buchhandel oder beim Verlag.

Abraham-Lincoln-Str. 46,
65189 Wiesbaden,
Tel: 06 11 78 78-124,
Fax: 06 11 78 78-420
www.gabler.de

an deren Abstimmung, als bei weitgehend selbständigen Profit Center Organisationen wie man sie in manchen Retailunternehmen antrifft. Bei hoher Interaktion der Unternehmenseinheiten – Stichwort Verbundeffekte – braucht man ein gemeinsames Verständnis z. B. über die Mengen- und Preisentwicklung. Das Bedürfnis zu koordinieren ist größer als bei autonomen Unternehmenseinheiten, so dass ein gemeinsames Verständnis im Budgetierungsprozess und auch später im Forecastingprozess unabdingbar ist.

> „Die finanziellen Ziele sollten immer mit den Erwartungen des Kapitalmarkts abgeglichen werden."

Stichwort Forecastingprozess. Vielfach wird die Forderung nach rollierenden Forecasts laut.
Der dahinter stehende Wunsch ist ja die Vorhersagefähigkeit des Unternehmens zu verbessern und auch den Anforderungen des Kapitalmarktes anzugleichen. Häufig bringt die Konsolidierung vorhandener Forecastingsysteme bereits einen deutlichen Fortschritt bei der Qualität. In der Regel existieren in den Unternehmen verschiedene solcher Systeme, die aufgrund unterschiedlicher Fragestellungen aufgesetzt wurden, im Grunde aber ähnliche Ergebnisse liefern. Beispielsweise prognostiziert der Einkaufsbereich eigene Preis- und Mengenentwicklungen der Materialbeschaffung, während die Produktion weltweite Produktionsmengen und -kapazitäten vorhersagt. Im Sales oder Marketing kommen wieder andere Systeme zum Einsatz, die zukünftige Nachfrageentwicklungen verfolgen, also alles sehr ähnliche und miteinander verbundene Fragestellungen. Die Konsolidierung der Informationswerte dieser Systeme würde schon deutliche Verbesserungen bringen. Hier ist es die Aufgabe des Controlling für Konsistenz zu sorgen.

Welchen Beitrag können in diesem Zusammenhang marktorientierte, relativ formulierte Zielvorgaben leisten?
Was die finanziellen Ziele angeht, sollte man diese immer mit Erwartungen des Kapitalmarktes abgleichen. Explizite und implizite Erwartungen des Kapitalmarktes müssen hier von Anfang an in die Planung einfließen – zumindest bis auf Ebene der Business Units. Allerdings ist

> „Die Budgetierung wird bleiben, allerdings wird sie vom Charakter her spürbar verändert werden."

in der Praxis angesichts der Volatilität am Kapitalmarkt eine zunehmende Skepsis bezüglich einer „sklavischen" Verknüpfung zu beobachten. Dennoch sollte man die Wirkung einer Budgeterfüllung und mögliche Risiken auf die Bewertung des Unternehmens verstanden haben.
Ein weiterer wichtiger, aber noch wenig diskutierter Punkt, der sich auf die Kapitalmarkterwartungen auswirkt, ist die Verbindung des Budgets mit der Finanzierungsseite und damit der Risikostruktur des Unternehmens. Indem man ein neues Budget aufstellt, entscheidet man ja über neue Projekte, die zwangsläufig andere Risiken beinhalten, als sie im vorangegangenen Jahr vorhanden waren. Die Frage, welche Implikationen sich daraus für die Finanzierung des Unternehmens ergeben, wird heute noch zu selten im Budgetprozess gestellt.

Was häufig gefordert wird, ist eine Zielsetzung, die sich an Wettbewerbern orientiert, also in Form von Benchmarks. Was halten Sie denn von dieser Idee?
Benchmarking ist kaum auf einer jährlichen Basis und quer durch das Unternehmen wiederholbar. Vielmehr halte ich Benchmarking für ein geeignetes Instrument um Business Units zu challengen und um Ziele zu setzen. Man kann aber natürlich mit dieser Methode nie besser werden als der Benchmark. Wenn man sich dagegen eigene Ziele setzen möchte und den Anspruch hat, in bestimmten Bereichen Marktführer zu sein, hat Benchmarking kaum mehr als Informationscharakter.

Wie sehen Sie die Zukunft der Budgetierung? Wird es diese mittelfristig überhaupt noch geben?
Die Budgetierung wird bleiben, allerdings wird sie vom Charakter her spürbar verändert werden. Der Fokus der Budgetierung wird weniger auf einem stark formalisierten Prozess liegen, der einmal jährlich durchlaufen wird. Vielmehr wird es einen kontinuierlichen zukunftsgerichteten Prozess geben, der auf den Geschäftstreibern basiert und bei dem auch kontinuierlich gegengesteuert wird. Das bedeutet, dass auch der Feedback-Loop ausgeprägter sein wird, die Frage: was lerne ich unterjährig? Der Gefahr des größeren Aufwands durch diese Kontinuität kann man durch eine Fokussierung auf die wesentlichen Größen und Bereiche begegnen. Letztlich hat das auch Auswirkungen auf die Corporate Governance, das Verhältnis zum Aufsichtsrat.
Diesen Budgetierungsprozess zu optimieren, ist eines der drängendsten Probleme der CFO's. Das hängt auch mit der Rolle des CFO's zusammen. Vor zwei bis drei Jahren war diese noch sehr stark die Rolle eines Portfoliomanagers im Unternehmen, der sich mit M&A-Tätigkeiten und Kapitalmarktthemen gut positionieren konnte. Was wir heute sehen, ist ein Hinbewegen des CFO zum Business Partner und Treiber der Business Performance.

Herr Pohl, wir danken Ihnen für dieses Gespräch.

Das Interview führten
Utz Schäffer und Michael Zyder.

Participative Budgeting: For and Against[1]

Norman B. Macintosh

Introduction

The organizational behavioral ramifications of management accounting and information systems have come under the scrutiny of both practitioners and academics in this field for some time now. Some evidence is surfacing to suggest that accounting systems have been creating effects within organizations we had not bargained for. These systems, it seems, are not always embraced warmly by organizational participants; and the magnitude of the unintended negative consequences is sometimes alarming.

As a result, considerable research and theory-building has ensued over the past couple of decades researching this problem. Early on it became something of a convenience to refer to this whole endeavor as behavioral accounting. Most of the early studies of these systems postulated that if we could somehow get the human relations aspects right, then our accounting and information systems would work as they are supposed to. Participative budgeting was thought to be the answer.

This article reviews some of the important early studies dealing with issues of participative budgeting. For purposes of this article participative budgeting refers to the extent to which managers are allowed to participate in establishing budget targets to be used for evaluating and measuring their performance. In some organizations, top management unilaterally set operating budget targets and then issue them to the operating managers. In other organizations, operating managers have a say, usually a limited amount, in setting budget levels. In still other organizations, top management and operating managers share this responsibility. The type of participation effects the pattern of interaction between operating and top management. In the case of shared responsibility all managers, including the budgeting officers, are involved extensively in developing plans and translating them into budget targets.

Background

The idea to involve participants in the design of organizational arrangements that affect them had its origin in the famous Hawthorne study conducted nearly fifty years ago by Mayo (1945) and Roethlisberger and Dickson (1947). This study revealed that human factors could have a profound effect on the productivity of our technical-economic organizations. From these beginnings, the human relations school of organizational behavior emerged and soon gained wide appeal. The issue of participation in budgeting emerged as part of this development.

The basic tenet of the human relations school is the belief that participation has great potential for curing many of our organizational problems. Increased productivity follows the release of an individual's creative energies. The leader's role, then, is to create a climate that allows all members of an organization to participate fully in the decision process. In turn, participating individuals appreciate the responsibility entrusted to them; morale is high and motivation is increased. That was the story that emerged.

Moreover, participation implied a process that is democratic, employee-centered, in which sound human rela-

- This article reviews some of the important studies dealing with issues of participative budgeting.
- Some of the research suggests that participative budgeting has the potential for producing higher motivation and satisfaction on the part of the budgeted managers. Other research indicates the opposite, which is disturbing.
- It seems that participative budgeting facilitates the deliberate creation of slack on the part of those very managers who are motivated and satisfied.
- The management accountant, therefore, faces an uncomfortable dilemma – participation sometimes leads to high motivation to achieve the budget; yet at the same time it also reduces budget accuracy and facilitates organizational slack.
- Participative budgeting can work for you – but it can also work against you.

Norman B. Macintosh
B. Com., MBA, Ph. D., CA
is Professor Emeritus at the School of Business of the Queens' University in Kingston, Canada.
E-Mail: macintsh@post.queensu.ca

tions are given priority. Few managers would deny that such a working climate has greater value than an autocratic, production-centered system, dominated by the bureaucracy. For many years participation in decision-making was thought to be a panacea for effective organizational effort.

But this school of thought was later to come under closer scrutiny. So much so that for many years participative decision-making became the most contentious and significant debate in the study of organizational behavior. More resources and energy were devoted to this issue than to any other in the history of organizational behavior. Thoughtful and candid critiques of this approach, by notable theorists such as Perrow (1972) helped to develop a more balanced view of the human relations movement.

Yet the outcome of the debate still has not found closure. The believers have never been able to demonstrate rigorously that participative management really has a positive effect on productivity. The skeptics, for their part, have not been able to prove the opposite conclusively. So the issue remains unresolved. Still one cannot help but harbor the suspicion that enthusiasm for participation as a means to optimum efficiency and effectiveness outran careful research.

Early Studies

In any event it should be no great surprise to learn that the issue of participation found its way into the accounting and information systems field. Conventional thinking on management accounting soon embraced the concept of participation as the best means for getting managers and employees to make more effective use of accounting and information systems. Problems with imposed budgets were debated more than fifty years ago when a study by the National Industrial Conference Board (1931) indicated dissatisfaction with them and advised preparation by departments, followed by editing and revision in the central office. It was nearly twenty years later that Argyris (1952) reactivated the controversy by undertaking a study for the Controllership Foundation on the effects of budgets on people. The participation concept has troubled accountants for a long while.

Argyris' seminal study

Argyris' study in one company showed that budgets were viewed differently by budget people, factory supervisors, and front-line foremen and workers. To the budget people, who perceived themselves as the "answer-men" of the organization, the budget served the extremely important function of being "the eyes and ears of the plant." As they saw it, one part of their job involved a continuous uncovering of errors and weaknesses, as well as the examination and analysis of plant operations with an eye to increased efficiency. The next stage was to report the findings to top management so that pressure could be brought to bear on the lower echelons to increase productivity and achieve greater efficiency. They also believed that budgets present a challenging goal to front-line foremen and workers. For budget people, then, budgets were a powerful lever for motivating the workforce.

Factory supervisors held a somewhat different perspective, although all those interviewed considered that the budget department affected their world to a great extent. Top factory supervisors, in particular, invoked budgets frequently and strongly to maintain their authority. Front-line factor supervisors, by contrast, hardly ever used them. Nor did they mention budgets to production people for fear of crossing them and precipitating resentment, hostility, and aggression of the workers toward the company, with a consequent reduction in production.

Argyris' research team, although they did not interview any production workers, gained the impression that budgets were viewed with suspicion by the workforce. All factory supervisor pretty much agreed on the major problems with budgets: they were geared to results only, with no discussion of the process; they emphasized past instead of future performance; they were based on rigid standards; they were used to apply pressure for increasingly higher goals; they insulted a man's integrity rather than offering him motivation; and they included unrealistic goals that were almost impossible to meet.

These observations led to speculations about the underlying behavioral dynamics of budgeting. Workers, it was posited, form cohesive groups to counteract and combat the pressure management exerts through the arbitrary imposition of budgets. This, in consequence, leaves top management in a quandary. When they relax the pressure the groups do not disintegrate; on the contrary, unreal conditions are created and existing ones are exaggerated, so that the groups continue to "do battle" with management. Yet if further pressure is then applied, the result is head-on "do-or-die" battles.

As a way out of this dilemma, the study recommended that supervisors participate – in a truly genuine fashion – in making or changing the budgets that affect them. Another remedy proposed was to bring all the supervisors together in small face-to-face groups where they would confront each other and their mutual problems, reveal their own feelings, attitudes, and values towards budgets and then form new ones. The report also suggested training in human relations for controllers and accountants, as well as for accounting students. These remedies – participation, T-groups, and human relations training – would be recognized today, of course, as the standard human relations response.

Still, for the management accountant the study makes some telling points. The first is that since foremen and workers often form cohesive groups, the budget person must realize that he is dealing with groups, not individuals. The management accountant, then, should be familiar with the basics of group dynamics. The second point is that any success the budget people have in uncovering errors and weaknesses (which they then report to upper management), has the fault that it implies failure on the part of the front-line supervisors and the workforce. After all, the latter are responsible for the errors. And since the culprits can be easily singled out, they are particularly vulnerable. In short, manage-

Cohesiveness	Attitudes re. goal acceptance	Outcome
1. High	Positive	Maximum motivation and efficiency
2. Low	Positive	Efficient performance
3. Low	Negative	Production depressed
4. High	Negative	Most conducive to a production slow-down

Figure 1: Cohesiveness and Goal Acceptance

ment accountants only achieve success when they point to the failure of others. It is this dilemma that creates conflict between the management accountant and the foremen and workers. Unfortunately, this conflict is a fact of life. Once recognized, however, the management accountant may be able to find a mutually satisfactory and workable resolution to this problem.

Participation and group dynamics

Argyris' study, together with the momentum achieved by the participative management school, has had a lasting influence on research into behavioral accounting. Participation in budgeting, however, turned out to be more complex than Argyris anticipated. Becker and Green (1962) showed how participative budgeting was not merely a simple progression from participation, through budget and performance, and finally to comparison. Rather, they argued, while budgets act as controls to limit and inform people operating under budgets, these same people determine and limit each succeeding round of budgeting. And how they affect subsequent rounds depends upon first, the cohesiveness of the work group, and, second, on the group's acceptance of the stated goal. These two factors combine in four ways as shown in Figure 1.

The main lesson seems to be that if participation is encouraged, then the budgeting process inevitably becomes enmeshed in the group dynamics of the work force. A highly cohesive work force with a positive attitude toward the budget goal will yield maximum motivation and efficiency. But a similar highly cohesive work group with negative attitudes to the proposed goal will result in a production slow-down. Under participative budgeting, Becker and Green argue, the group process is the most important intervening determinant of final production. They also indicated that goal aspiration levels complicate the process even further and need to be brought into the equation. So it seems that participation can work either for or against you. It depends upon the attitudes of the work group.

Budgets and leadership style

In another effort following up the Argyris study, DeCoster and Fertakis (1968) investigated the idea that supervisors use budgets as a way of expressing their own patterns of leadership. They used the two Ohio State leadership dimensions-initiating structure and consideration. (The first refers to leadership action which establishes ways of getting the work done, clearly delineates roles, establishes channels of communication, provides detailed job instructions, and displays a definite concern for he task. The second includes respect for the ideas and feelings of subordinates, friendship, mutual trust, and communication about the process of work relationships.) Thus, they proposed that budgetary procedures encouraging supervisory consideration should be more effective than those linked with initiating structure. This proposition stemmed from the prevailing human relations belief that considerate managers achieve better performance than do those who stress output and production. The reasoning assumed that a participative approach to budget goal formulations would result in concerted effort to reach the goal, but with little felt pressure. It was also assumed that when under budget pressures, supervisors would switch to structuring behavior, take greater initiative in work assignment, emphasize the need for production, make most decisions themselves, and act like a directive boss. Therefore, when supervisors felt high budget pressure, consideration efforts would be neglected or ignored. In sum, it was anticipated that budget pressure would lead to greater initiating structure behavior on the part of supervisors and to and neglect of consideration of efforts.

This, however, proved not necessarily to be the case. A survey of supervisors in eight manufacturing firms indicated that *both* initiating structure and consideration were positively correlated with budget pressure. Also, the degree of pressure from immediate superiors proved to be positively correlated with both initiating structure and consideration efforts by supervisors. What might be happening, the study speculated, is that when supervisors induce budget-related pressure, supervisors increase both initiating structure and consideration efforts in order to get higher effectiveness out of the work group. They become ideal leaders. Such behavior, if applied consistently, could be constructive to the organization.

The study, then, showed that pressure from above induces leadership behavior which mirrors the ideal leadership style, rather than the detrimental effects alleged by the Argyris study. Budgets, it seems, may not be, after all, a major source of human relations problems.

Budget participation – a wider context

Another seminal study of the association of human-relations variables and financial controls was Hofstede's (1967) investigation of budget-related behavior in six large manufacturing firms. Hofstede was puzzled by the contradiction between findings in the US and his own observations in Holland. Whereas the former reported an emphasis on budgets was associated with pressure, aggression, conflict, inefficiency, and staff-line clashes, in Holland, in many instances, not only were such conflicts and negative human relations not noticeable, but in addition, neither managers nor employees appeared to be concerned with budgets. In fact, they seemed to motivate no-one at all. Believing these two conditions to be extremes, he set out to discover the precise conditions that lead to successful and positive attitudes to budgets. The key, he believed, would be found in participation in budget level setting.

The research plan followed a model of the effect of participation in standard setting which was much richer than the traditional model (see Figure 2). Participation was thought to be the key ingredient in bringing aspiration levels in line with budget standards and ultimately lead to greater motivation and, thus, higher productivity. Participation should lead to standards which are neither impossible to achieve nor so easy as to be useless. As a result, balance and fairness are brought to the financial control system. The result is an enhancement of autonomy, affiliation, and achievement needs.

There are, Hofstede came to believe, other factors which naturally limit the positive motivation of participation. These include: personality, culture, leadership practices, machine speeds, work standards studies, and other interdependent departments. Authoritarian personalities, for example, may be quite willing to accept, even welcome, non-participative standard-setting; and machine speeds and capabilities often are the major determinant of standards. Attitudes towards the financial controls are also important, and these are shaped by people in positions of higher authority (as Hopwood's (1973) research showed), as well as by participation.

The research sites, six plants in five large manufacturing firms, all held a reputation for being well managed and having good organizational practices. The questionnaire, administered to nearly 140 managers, supervisors, and staff officers, contained hundreds of questions about a wide range of factors including demographics, job attributes, departmental characteristics, market conditions, leadership style, attitudes, satisfaction, and morale, in addition to questions about the financial control systems. A number of major results emerged.

As anticipated, participation in the budget setting process proved to be positively associated with motivation to fulfill budget targets, but only for managers from the second level up – those who participated a great deal in setting the budget target. For first-level supervisors and employees, however, the situation was quite different. Although they did not participate in the budget process, they did participate to some extent in setting the technical production standards, thus indirectly influencing the budgets. This participation by first-level supervisors in setting technical standards did not lead to greater motivation to meet them. The results regarding participation, therefore, were mixed.

Generalizations of this sort, however, can be dangerous. In one plant, for example, budget standards were based on levels used in another company-owned plant, so the managers participated little in setting them. Yet these externally set standards were seen as valid and relevant. In another plant, first-line supervisors participated in budget setting because upper management believed that foremen should be considered part of the management team. As a result, they established separate cost centers so the foremen could have their own budgets. The company was highly cost-conscious and believed that all managers are responsible for performance. Budget performance also had a large influence in overall job appraisal. Budget participation and responsibility was a key element in this company's management philosophy and practices; and the foremen held positive attitudes to budget participation. In the other plants, by contrast, the foremen had mixed reactions.

Another important finding proved to be that the budgetee's supervisor plays a key role in the motivation to meet the budget. The communication between superior and subordinate proved most crucial, particularly the frequency of person-to-person contacts about budget results and efforts related to its achievement. Positive attitudes resulted from superiors using budget results in performance appraisal, and holding meetings

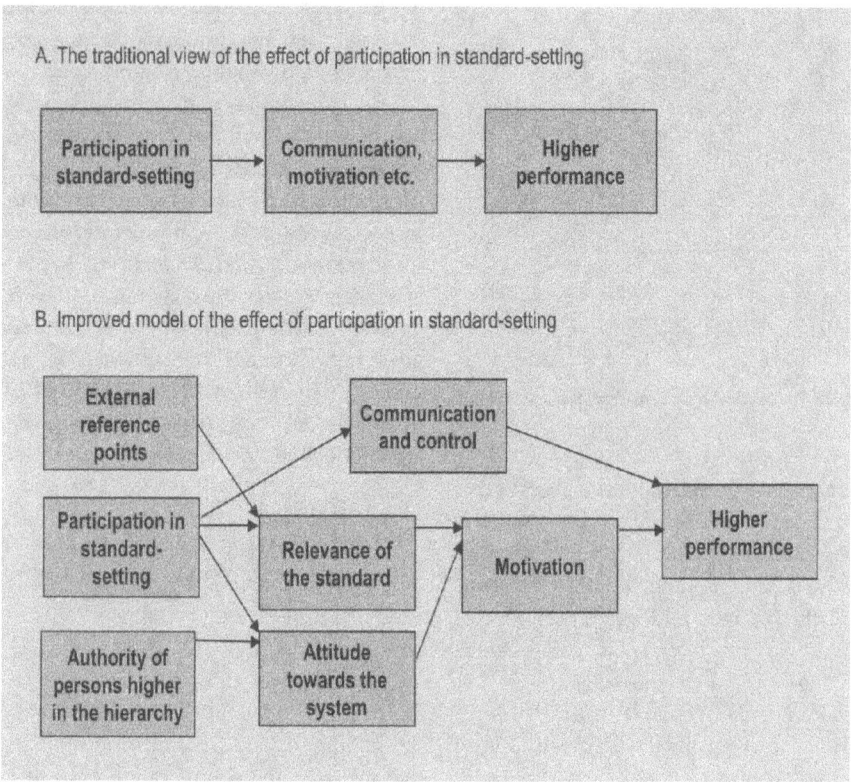

Figure 2: Two Views of the Effect of Participation in Standard-Setting (Adapted from Hofstede 1967, p. 178)

to discuss budget performance. As in Hopwood's (1973) study, the budget-related behavior of higher authorities turned out to be an important factor.

Game spirit of budgeting

Participation in budget target setting, then, would appear to be a necessary, but not sufficient, condition for high budget motivation. Target levels must be correct. Superordinates must hold the proper attitudes. But the key ingredient, Hofstede came to believe, is the "game spirit" which managers relied on to "play the budget game." Again and again, during his interviews and investigations, he was impressed with the different ways in which managers played the budget game. Some ignored the budget, others became overly concerned with it and carefully weighed every move in terms of its effect on meeting standards, while still others treated it in a positive but not pathological manner.

The way to establish this game spirit, Hofstede came to believe, was to create an atmosphere where the budget process is seen as a game with the budget an end for its own sake. People play games for the game itself. Players become highly involved and enjoy the challenge of competition. Play also involves certain rules which the players accept and conscientiously follow. It is this attitude that has the potential for creating team spirit.

Similarly, planning and control, essential factors for any organization, can be seen as a game by managers. The trick, then, is to get managers to approach the budget as if it were a game – in a positive and high-spirited way. A well-played budget game means involvement, co-operation, excitement, and a positive contribution. The key to this positive game spirit, Hofstede believed, was budget participation.

Participation by itself, it seems, is not enough to get managers to live with budgets and be motivated by them. Sufficient communication, correct target levels, judicious performance appraisal, and appropriate superordinate behavior are also necessary. And a positive game spirit will help healthy budget motivation to emerge.

		Locus of control	
		Internal	External
Influence in budget target-setting	High (participative)	High performance and fast learning 1	Low performance and slow learning 2
	Low (non-participative)	Low performance and slow learning 3	High performance and fast learning 4

Figure 3: Locus of Central Influence in Budget Target-Setting and Performance and Learning (Adapted from Brownell, 1981).

Budget participation and personality

The influence of personality as a moderating factor, as suggested by Hofstede, in the budgetary participation process was looked at later by Brownell (1981) in a controlled laboratory experiment. The personality variable selected was "locus of control," the degree to which individuals accept personal responsibility for what happens to them. Those of us with an external locus tend to perceive events, both good and bad, as unrelated to our own behavior and thus beyond our control. Those of us with an internal locus do the opposite.

The subjects in the experiment, undergraduate accounting students and management personnel, participated in a controlled business game where each assumed the role of one of four senior managers in a firm manufacturing and marketing a perishable product. They were required to submit a budget recommendation to top management for the level of sales for the next period. They then received a contrived recommended budget sales level for the other three managers. Finally, they received notification of the final budget level as determined by top management. This final budget was a weighted average of the estimates made by all four "managers" in the experiment. Each was informed of the level set by top management and received a statement of the percentage by which all of the four recommended budget levels deviated from the final decision. From the "high" participation group, the recommendation was given a weight of 90 percent, while for the "low" participation group, it was given a weight of only 5 percent. The amount of influence an individual had on the final jointly set budget was deemed to be the budget participation factor. Each "manager" also received the level of advertising expenditure which would produce an actual sales volume equal to the final budget. This information could be used to avoid either a costly stockout or an excess inventory of perishable products which could not be sold.

The general results are shown in Figure 3. When personality type and influence in budget target setting are congruent, as in cells 1 and 4, performance on the business game proved to be high. By contrast, when these factors were incongruent, as in cells 2 and 3, performance was lower. These results support the idea that personality and participation patterns interact in an important way.

Several other interesting findings emerged. For example, influence in budget target setting through participation resulted in better performance *only* for individuals who saw events as being a consequence of their own actions. External locus of control individuals, it seems, perform best when budget levels are assigned to them by top management. Learning rates also proved better for those subjects in their preferred participation mode (cells 1 and 4).

These results suggest that people who find themselves working under conditions which suit their personality learn faster, and consequently perform better, than when under unsuitable conditions. These results are consistent with previous psychological experiments which found that individuals who believe they have personal control over their environment preferred and performed better under conditions of self-control; while those with an external locus of control preferred and did better under conditions which were controlled by the experimenters.

Interestingly, internals outperformed externals and performance was generally superior for those, except for extreme externals, in the high participative group. The important implication is that high participation is generally the preferred condition except in extreme cases. The fact that internals did better than externals may be that the former, believing they had control over events became more involved in the game, whereas externals, attributing outcomes as beyond their control, were more inclined merely to go through the motions. In any event, the experiment provided evidence that accounting and information system designers should be careful to create the right chemistry between personality traits, participative budgeting patterns, and the roles imposed upon the manager. These findings were supported by studies by other researchers such as Milani (1975) and Collins (1978).

Budget participation and leadership structures

The effects of participative budgeting are also moderated by upper level executives initiating structure style. Research had found a positive relationship between formal bureaucratic initiating structure (clear-cut roles, formal communication channels, and detailed job instructions) and the job satisfaction of higher-level executives (House, 1971). This seemed to be due to the ability of these activities to clarify equivocal path-goal relationships and thus reduce the manager's role ambiguity and that this in turn would lead to increased efforts to achieve task goals. An unexpected finding indicated that consideration efforts (trust, respect, and rapport) by superiors had little effect either on job satisfaction or that resulting from the initiating structure-satisfaction relationship. The reason for this was thought to be that the work path for higher-level managers is already challenging, varied, and intrinsically satisfying – so consideration efforts are not necessary.

Routine, lower-level jobs, by contrast, frequently lack intrinsic satisfaction. They contain self-evident paths and clear-cut goals. Any attempt to introduce more structure is therefore bound to engender hostility and suspicion. Since the job of low-level employees is already unambiguous, they view any additional structuring as more external control imposed solely to keep them working at unsatisfying activities. For these jobs, leader-initiating structure was negatively associated with satisfaction and did little in the way of clarifying path-goal relationships. The successful leader of employees in routine jobs gives priority to consideration and support, thereby maximizing the social satisfaction of the job.

So it seems fair to say that financial controls in general, and budgets in particular, are part of an organization's initiating structure. A budget serves to delineate the budgeted manager's relationship between himself and his superior. It provides an important channel of subordinate-superior communication. And it helps to define the pattern of organizational authority and responsibility. In this way, a budget becomes an important part of the total initiating structure package. It emphasizes the rationalistic needs of the organization.

In the case of high-level managers, budgets help clarify their often ambiguously defined jobs. Upper management jobs are rife with uncertainty, conflict, and ambiguity. Managers can act by treating the budget as a surrogate for ambiguous path-goal responsibilities. By referring to the budgets they can assess decisions in terms of their effect on budget versus actual outcomes. This serves to reduce sharply role ambiguity; and, if this is the case, it follows that managers will feel positive about budgets as they provide structure to an ambiguous task. For them, then, working towards budget accomplishment provides motivation and satisfaction.

Moreover, for high-level managers, consideration factors, such as participation in the budgeting process, will have little, if any, moderating effect on their attitude to the budget. Given these factors, and assuming the budget to be a reasonably accurate surrogate of achievable goals, it should motivate high-level managers to work towards the over-all organizational goals, even in the absence of consideration efforts.

At lower levels in the organization, however, budgets work the other way around. Here, financial controls, such as budgets and cost standards, may tend to be perceived as redundant parts of the unnecessary and overloaded initiating structure. The well-defined path, often void of intrinsic satisfaction, is at least familiar; and if upper management view the financial controls as important to the operational control system they will, conversely, be thought of negatively by the lower-level employees. In other words, financial controls will not be as welcome at lower levels and may even correlate negatively with employee satisfaction. Under these conditions, consideration efforts such as active employee participation in the budgeting process may mitigate against these negative attitudes.

In order to investigate these ideas Macintosh (1983) surveyed 333 managers in 22 large industrial and commercial firms as a partial test of these ideas. The results revealed that an overwhelming majority of the managers in the sample held highly favorable attitudes towards budgets. A closer analysis of demographic factors indicated that when the budgeting process was seen as very important, attitudes to the budget were significantly higher than average. Conversely, when the budget process was considered to be only moderately important, budget attitudes were significantly less than average. This situation is similar to Hopwood's (1973) non-accounting style where the budget plays an unimportant part in the evaluation of performance.

Budget attitudes were also more favorable than average when perceived freedom to carry out responsibilities was more than needed. When freedom was felt not to be enough, they fell sharply. An explanation for this is that when the manager has more freedom than needed, the budget is one of the few official guidelines in an otherwise virtually unrestricted situation. By contrast, when job freedom is not enough the budget might be perceived as a further restricting device.

Budget attitudes also were more favorable for managers in their first year with the firm, and for those in widely diversified firms. Under both these conditions environmental uncertainty is probably higher than normal, in which case the budget would serve to reduce the uncertainty. It would serve also to provide concrete task-related feedback which achievement-oriented managers would appreciate. Attitudes were also significantly higher when the budget was seen as very important, and significantly lower when seen as only moderately important. Presumably, budgets only serve to reduce role ambiguity if they are an important part of the formal initiating structure of the firm and if they have the necessary top management support.

Another important idea that emerged is that at lower levels financial controls do not help reduce ambiguity since it is already low. Consequently, in routine jobs budgets are prone to be viewed negatively just as the Argyris (1952) study observed. Low-level supervisors believed the quickest way to cause trouble was to mention the budget to his employees, who saw it as a straightforward stratagem to apply pressure on them to increase their productivity. Budgets, taboo with employees on the line, were not invoked by the supervisors. Gerold (1952) reported similar findings. According to the factory foremen in his study, budgets breed fear and aggression in the employees towards the company, and dwelling on them has led to decreased productivity.

The key idea, however, is that the natural tendency towards negative budget attitudes at lower levels may be lessened through participation in the budget process. In support of this idea, Hofstede (1968) found that participation in the setting of financial standards was much less general for first-line supervisors than for other levels of management and he recommended that participation in budget setting could be fruitfully lowered to first-level supervisors. Argyris (1952) also suggested genuine participation in the budget process as a remedy to negative budget attitudes at lower levels; and others found that participation in budgeting resulted in an improvement in the relations of cost center heads with supervisors, and that without the moderating effects of considerate attitudes to subordinates and the maintenance of a supportive organizational climate, the structural concern with the accounting information was seen as threatening and served as a trigger for defensive dysfunctional behavior (Hopwood, 1973).

Participative budgeting and organizational slack

Early investigations into participative budgeting, however, were to take a curious twist. Evidence based on careful research began to appear which suggested that, rather than helping productivity, participative budgeting actually promotes inefficiency, because it leads to the creation of organizational slack.

Schiff and Lewin (1970), for example, conducted one of the milestone studies on this dysfunctional aspect of participative budgeting. Their study included an extensive analysis of the budget and control process in different divisions of three very large firms. It focused on divisional managers' behavior in connection with the budgetary control system imposed upon them by their corporate headquarters. Their findings were eye-opening.

Schiff and Lewin found that, in the first place, the budgeting process is a highly participative effort on the part of all managerial levels. So we need not advocate that organizations adopt participative budgeting; it is already a reality. The reason for this is straightforward. Since budget performance is used by corporate headquarters to judge divisional performance, divisional managers actively bargain for the final budget target levels. So it seems that the budgetary process, at least in large organizations, is already highly participative.

It is during the budget formulation process, Schiff and Lewin continued, that divisional managers deliberately built slack into their budgets. Since budgets were the main criteria for the measurement of performance, the divisional manager's interest was best served by obtaining a slack budget – one that was acceptable to headquarters officials and, more important, practically speaking, attainable as well. The result was bargained budgets which in most cases had 20 – 25 percent built-in slack.

Further, Schiff and Lewin observed, opportunities for incorporating slack are numerous, especially for managers with an intimate knowledge of the budgetary control and accounting systems. These managers employ simple budget-making decision rules that result in sales volume targets that are highly likely to be attained, and use initial price estimates which are lower than expected ranges and which find their way into the final budget at lower than their expected average. As a result of these and other tactics, the level of budgeted sales frequently falls well below the division's real estimated attainment.

On the cost side, divisional managers also introduced slack estimates. They use cost standards that exclude the effect of *known* planned improvements. These improvements were introduced subsequently only if needed to assure budget attainment. Managers use discretionary cost budgets in a similar manner. Discretionary spending, such as marketing expenses, training, special promotion and the like, appeared on budgets. Yet the actual spending was contingent on budget progress. For example, the advertising dollars actually spent were based upon the amount of budgeted spending remaining, rather than on an objective estimate of the effect of advertising on income. Likewise, divisional managers frequently budgeted for increased personnel levels and then delayed hirings as another simple method of creating slack. These practices make it relatively easy for managers to build slack into their budgets; moreover, divisional accounting officers actually assisted divisional managers in these practices. Such complicity was widespread. Participation in budgeting it seems clear, opens the door to slack-building tactics.

The research also found evidence that top management were aware of this padding and sandbagging. They even catered to it by imposing increased profit requirements during difficult years and accepting budgets without change in favorable years. So the process of creating slack is, it seems, legitimized and universally employed by managers at all levels to further their personal goals and desires. Schiff and Lewin concluded, not surprisingly, that the traditional participative budgeting process, contrary to general belief, does not necessarily result in the optimal use of resources. Often it leads to the opposite.

Onsi (1973) also took a look at the phenomenon of budgeting and organization slack. His study paid particular attention to the motivation underlying this custom. It involved 39 middle managers of five large national and international companies. Over 30 of these managers stated that they bargained for slack, not only in discretionary cost items, but also in manufacturing costs, in estimated sales volume, and in sales price. The prime reason given was the pressure of top management for both budget attainment and steady growth. This pressure was an over-riding concern for these managers. A second, although less important, reason they gave was the need to hedge against uncertainty.

The study also found that the practice of building-in slack was not limited to good times. Managers used slack to protect themselves during bad business conditions. Further, slack budgeting practices seemed to be influenced by the firm's growth patterns. Firms with steady growth had more slack practices than those in a widely fluctuating market. This research, then, adds a great deal of legitimacy to the notion that budget participation plays a key role in the creation of organizational slack.

These two research studies provide a dramatic warning that the use of participative budgeting advocated by the human relations school of financial controls must not be taken at face value. The realities are not nearly as one-sided nor as simple as this perspective suggests.

■ Conclusion

The above early studies shed a lot of light on the issue of participative approaches to budget setting. Some of the research suggests that participative budgeting has the potential for producing higher motivation and satisfaction on the part of the budgeted managers. Other research indicates that participative budgeting leads to budgets which are below what is truly attainable. This is disturbing. It seems that participative budgeting facilitates the deliberate creation of slack on the part of those very managers who are so motivated and satisfied.

The management accountant, therefore, faces an uncomfortable dilemma – participation sometimes leads to high motivation to achieve the budget; yet at the same time it also reduces budget accuracy and facilitates organizational slack. We cannot, it seems, have it both ways. Maybe there are established ways to finesse the trade-off; but as yet they have not been widely researched and understood.

This dilemma leaves management accountants in an unprotected position. There seems to be a real possibility that the creation of slack is caused – not totally, of course, but in no small measure – by the widespread practice of participative budgeting in our large organizations. It is small comfort to learn that similar practices have been reported by several researchers as the major problem of low productivity in the former Soviet Union industrial enterprise system. Nor does it help to know that Parkinson propounded his famous law that people will stretch a given piece of work as far as time and the possibility of making themselves more important by adding underlings will allow. Organizations, according to Parkinson's law, can only grow, and grow exponentially inefficient. Participative budgeting, it seems, may be aiding, rather than preventing, this phenomenon.

All of this points to a need for more research and new theories. It is likely that any new theories will have to deal with variables such as group attitudes, game spirit, managerial leadership styles, and participation, as if they were distributed randomly throughout organizations. They will have to be more general; and new theories will have to deal with such factors as environmental influences, character of resources, departmental interdependencies, types of structure, level in the hierarchy, role ambiguity, and technology. A number of personal factors also enter the equation, sine they clearly moderate the effects of participation on important outcomes such as performance, satisfaction, learning and slack. There is still much to be done. The articles that follow in this book shed much light on these issues.

Note
1 The ideas of this chapter are based on chapters 2 and 3 in Macintosh (1985) and chapter 12 in Macintosh (1994).

References
ARGYRIS, C. 1952. The Impact of Budgets on People. Ithaca, NY: Cornell University, Controllership Foundation, Inc.

BECKER, S. and D. GREEN. 1962. "Budgeting and Employee Behavior," The Journal of Business (October): 392 – 402.

BROWNELL, P. 1981. "Participation in Budgeting, Locus of Control and Organizational Effectiveness," The Accounting Review (October): 844 – 860.

COLLINS, F. 1978. "The Interaction of Budget Characteristics and Personality Variables with Budgetary Response Attitudes," The Accounting Review (April): 324 – 335.

DE COSTER, D. T. and J. P. FERTAKIS. 1968. "Budget Induced Pressure and Its Relationship to Supervisory Behaviour," The Journal of Accounting Research (Autumn): 237 – 246.

GEROLD, W. B. 1952. "The Impact of Budgets on People," Controller (March): 116 – 118.

HOFSTEDE, G. H. 1968. The Game of Budget Control. Assen, The Netherlands: Koninklijke Van Gorcum & Comp. N.V.

HOPWOOD, A. G. 1973. An Accounting System and Managerial Behavior. Hampshire, UK: Saxon House.

HOUSE, R. J. 1971. "A Path-Goal Theory of Leader Effectiveness," Administrative Science Quarterly (September): 321–328.

MACINTOSH, N. B. 1983. "Budget Attitudes: A Survey and Speculation," Cost and Management (January-February): 19–24.

MACINTOSH, N. B. 1985. The Social Software of Accounting and Information Systems. Chichester, UK: John Wiley & Sons.

MACINTOSH, N. B. 1994. Management Accounting and Control Systems: An Organizational and Behavioral Approach. Chichester, UK: John Wiley & Sons.

MAYO, I. 1945. The Social Problems of an Industrial Civilization. Cambridge, Mass.: Harvard University Press.

MILANI, K. 1974. "The Relationship of Participation in Budget Setting to Industrial Supervisor Performance and Attitudes: A Field Study," The Accounting Review (April): 274–284.

National Industrial Conference Board. 1931. Budgetary Control in Manufacturing Industries. New York.

ONSI, M. 1973. "Factor Analysis of Behavioral Variables," The Accounting Review (July): 636–648.

PERROW, C. 1972. Complex Organizations: A Critical Essay. Scott, Foresman and Company.

ROETHLISBERGER, F. J. and W. J. DICKSON. 1947. Management and the Worker. Cambridge, Mass.: Harvard University Press.

SCHIFF, M. and A. Y. LEWIN. 1970. "The Impact of People on Budgets," The Accounting Review 45/2: 259–268.

GWV Fachverlage

Controller (♀♂)

Gestalten Sie mit uns die Zukunft.

Wir sind eine starke Fachverlagsgruppe eines internationalen Medienkonzerns in Wiesbaden und bieten Ihnen vielfältige Entwicklungsmöglichkeiten.

Wir stehen für Kompetenz in Sachen Wirtschaft, Wissenschaft und Technik.

Als führender Informationsdienstleister bieten wir unseren Kunden
- Fachzeitschriften
- Fachbücher
- Fachtagungen und Seminare
- Fachmessen
- Neue Medien und Online-Dienste

Für den Bereich Controlling/Unternehmensentwicklung suchen wir zum nächstmöglichen Termin einen Controller (m/w).

Ihr Aufgabenbereich wird die aktive Weiterentwicklung und Optimierung unserer modernen Controlling-Instrumente sowie die Erstellung der monatlichen Berichte mit Schwerpunkt Kosten- und Leistungsrechnung umfassen. Darüber hinaus sind Sie für die Koordination und Durchführung von Budgetprozessen einschließlich laufender Forecasting- und Abweichungsanalysen zuständig. Sie unterstützen die Einführung konzernbasierter EDV-Systeme und sind kompetenter Ansprechpartner für Führungskräfte in Controllingfragen. Die Realisierung und Organisation von internen Schulungen sowie die Durchführung von ad hoc-Analysen und Sonderauswertungen runden Ihren Tätigkeitsbereich ab.

Den komplexen Anforderungen werden Sie am ehesten gerecht, wenn Sie sich nach abgeschlossenem betriebswirtschaftlichen Studium oder Abschluss einer kaufmännischen Ausbildung und einschlägiger Weiterbildungsmaßnahmen gezielt in Richtung Controlling weiterentwickelt haben. Sie verfügen über mehrjährige Berufserfahrung im Controlling, in denen Sie bereits Ihre analytische und selbständige Arbeitsweise sowie Ihre Bereitschaft zur systematischen Detailarbeit und zum außergewöhnlichen Engagement unter Beweis stellen konnten. Sichere MS-Office-Kenntnisse setzen wir ebenso voraus wie SAP R/3-Kenntnisse. Vorteilhaft wäre es, wenn Sie über ein grundlegendes Verständnis für (IAS-)Rechnungswesenstandards verfügten. Fachkompetenz und ein hohes Maß an Eigeninitiative zeichnen Sie aus.

Ihre Bewerbungsunterlagen zeigen uns, wie kompetent Sie sind, was Sie verdienen möchten und ab wann Sie bei uns starten wollen.

Wir freuen uns auf Ihre Bewerbung.

GWV Fachverlage GmbH
Personalabteilung, Angelique Fazeli, Kennziffer: VW 036
Abraham-Lincoln-Str. 46, 65189 Wiesbaden
Bewerbung-GWV@Bertelsmann.de, www.gwv-fachverlage.de

STATE-OF-THE-ART

Marketingbudgetierung – State of the Art, Herausforderungen und Lösungsansätze

Sven Reinecke und Dion Fuchs

Budgetierung als grundlegendes und anspruchsvolles Entscheidungsproblem des Marketing

- Die Entscheidung über die wertmaximierende Höhe und Verteilung der Marketingressourcen ist ein grundlegendes Marketingproblem und steht in einem engen Zusammenhang mit der Marketingeffektivität und -effizienz und damit dem Markterfolg eines Unternehmens.
- Während bei der Marketingbudgetierung in der Praxis noch vielfach unsystematische und vergangenheitsorientierte Ansätze angewendet werden, besteht in der Marketingwissenschaft noch großer Forschungsbedarf in diesem Bereich.
- Neuere Controllingentwicklungen wie Performance Measurement-Systeme oder verbesserte Ansätze der Budgetierung sind insbesondere vor dem Hintergrund des zunehmenden Effizienzdrucks auch für das Marketing relevant.
- Der Beitrag zeigt Herausforderungen, Lösungsansätze und weiteren Forschungsbedarf im Bereich der Marketingbudgetierung auf, insbesondere im Hinblick auf die ziel- und strategieorientierte Verknüpfung von Marketing Performance Measurement-Systemen mit der Marketingbudgetierung und der Berücksichtigung von Marketingkernaufgaben im Rahmen einer output- und prozessorientierten Marketingbudgetierung.

Die Entscheidung über die Höhe und Verteilung der einzusetzenden (finanziellen) Mittel im Rahmen der Marketingplanung und -budgetierung stellt eine grundlegende Herausforderung für das Marketingmanagement dar. Grundsätzlich müssen Unternehmen ihre Ressourcen dabei effektiv (d. h. wirksam im Hinblick auf die verfolgten Ziele) und effizient (d. h. wirtschaftlich) im Sinne eines wertorientierten Managements planen und einsetzen, um am Markt Erfolg zu haben. Marketingstrategien und -maßnahmen konkurrieren dabei um die knappen finanziellen Unternehmensressourcen und stehen aufgrund ihres hohen Anteils an den Gesamtkosten – in vielen Unternehmen sind dies 50 Prozent und mehr (Sheth/Sisodia 1995, S. 10; Kirchgeorg 2000, S. 409) – sowie ihres häufig schwer zu erfassenden Nutzens zunehmend im Mittelpunkt von Rationalisierungsbestrebungen des Top-Managements, das den Ausweis eines messbaren Wert- bzw. Erfolgsbeitrags des Marketing (Stichwort: Ökonomisierung des Marketing) fordert (vgl. Sheth/Sisodia 1995, S. 9). Dabei stehen Marketingverantwortliche heute vielfach vor der Herausforderung, mehr Leistung mit gleichbleibenden oder sogar weniger Mitteln erzielen zu müssen. Gleichzeitig nimmt die Wirkung klassischer Marketinginstrumente (insbesondere der Werbung) ab, während jene von neueren häufig ungewiss bleibt.

In Anbetracht dieser grundlegenden Anforderungen erscheint es problematisch, dass die Marketingbudgetierung in der Unternehmenspraxis vielfach unsystematisch und auf Basis von Erfahrungs- und Vergangenheitswerten erfolgt. So gab in einer aktuellen Untersuchung zur Marketingeffizienz die Hälfte der befragten Marketingleiter mittlerer und großer deutscher Unternehmen (n = 103) an, bei der Budgetierung nicht systematisch vorzugehen (Panella/Meurer 2002, S. 33). Zu einem ähnlichen Ergebnis kam eine Studie zum Performance Measurement im Marketing und Verkauf, bei der 45 Prozent der befragten deutschen und schweizerischen und 53 Prozent der US-amerikanischen Unternehmen angaben, dass die Budgetierung der Marketing-

Dr. Sven Reinecke
Dozent für Betriebswirtschaftslehre an der Universität St.Gallen (Schweiz) und Leiter des Kompetenzzentrums „Marketingplanung und -controlling" am dortigen Institut für Marketing und Handel.
E-Mail: sven.reinecke@unsig.ch

und Verkaufsaufwendungen primär auf Erfahrung des (Marketing-) Managements beruhte (Reinecke/Reibstein 2002, S. 21). Diese Untersuchungsergebnisse decken sich mit den Aussagen in der Literatur, wonach die Marketingbudgetierungspraxis häufig durch Faustregeln, Erfahrung und Intuition gekennzeichnet ist (vgl. Barzen 1990, S. 2; Piercy 1986, S. 67). Sie zeigen deutlich das Verbesserungspotenzial bzw. den Handlungsbedarf bei der Marketingbudgetierung in der Praxis auf.

Demgegenüber konnte die Marketingwissenschaft der Praxis bislang nur bedingt Hilfestellung geben, auch wenn das Thema angesichts seiner Bedeutung als Kernfrage der Marketingforschung in der Vergangenheit Gegenstand zahlreicher Publikationen war. Der Großteil der Veröffentlichungen in den sechziger und siebziger Jahren konzentrierte sich dabei allerdings auf die Entwicklung und Verfeinerung von Allokationsmodellen und Erklärungsansätzen, die weitgehend auf Teilbudgets des Kommunikationsmix beschränkt waren, während Wechselwirkungen mit anderen Instrumenten nicht oder nur in wenigen Ansätzen berücksichtigt wurden. Ein hoher Grad an Komplexität und die unterschiedliche Zweckausrichtung der Modelle verhinderten zudem deren Integration zu einem ganzheitlichen Ansatz der Marketingbudgetierung (vgl. Barzen 1990, S. 1 f.).

Lediglich zwei Monographien beschäftigen sich umfassend mit der Marketingbudgetierung: Während Piercy (1986) das Thema vor allem aus verhaltenswissenschaftlich-politischer Prozessperspektive beleuchtete und empirisch überprüfte, entwickelte Barzen (1990) auf Basis einer konzeptionellen Grundlagenanalyse einen integrierten Ansatz der Marketingbudgetierung.

Angesichts der bisher nicht zufriedenstellenden Ergebnisse der Forschung und des bestehenden Handlungsbedarfs in der Praxis erscheint es verwunderlich, dass kaum Publikationen existieren, die die aktuell diskutierten Verbesserungsansätze für die allgemeine Budgetierung (vgl. z. B. Gleich/Kopp 2001; Fraser/Hope 2001) auf den Marketingbereich übertragen.

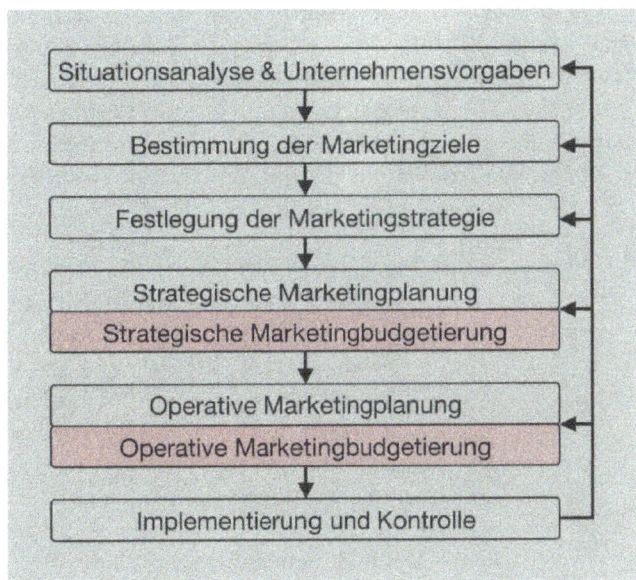

Abbildung 1: Marketingbudgetierung im Prozess der strategischen Marketingplanung

Grundlagen und Aspekte der Marketingbudgetierung

Zunächst werden in knapper Form Wesen und Funktionen, Kernfragen, Prozess, Methoden sowie wirkungsmessungsbezogene und verhaltenswissenschaftliche Aspekte der Marketingbudgetierung dargestellt.

Wesen und Funktionen der Marketingbudgetierung

Die periodische Budgetierung von wertmäßigen Soll-Größen stellt im Marketing ein zentrales Planungs- und Führungsinstrument zur Steuerung und Kontrolle von Organisationseinheiten dar. Marketingbudgets umfassen dabei sowohl Kosten- als auch Leistungsvorgaben (z. B. Umsatzerlöse, Absatzzahlen, Marktanteils- oder Gewinngrößen), die Sinne einer Profit-Center-Orientierung möglichst zu koppeln sind.

Aus Sicht des Marketingcontrolling (vgl. hierzu Weber/Schäffer 2001) sind Marketingplanung und -budgetierung eng miteinander verknüpft. So ist im klassischen Prozess der Marketingplanung (vgl. Abbildung 1) - bestehend aus Situationsanalyse, Bestimmung der Marketingziele, Festlegung der Marketingstrategie, strategische und operative Marketingplanung und -budgetierung sowie Implementierung und Kontrolle der budgetierten Maßnahmen – die Marketingbudgetierung idealerweise mit der strategischen bzw. operativen Marketingplanung eng verknüpft. Dabei baut sie auf Informationen der Planung über die mit bestimmten Maßnahmen realisierbaren Zielerreichungsgrade auf, wobei in ihrem Rahmen Verantwortung und Beurteilungsmaßstab für die tatsächliche Zielerreichung bestimmt werden (vgl. Diller 1998, S. 185 f.).

Aus der Vielfalt an Funktionen von Marketingbudgets lassen sich sechs

Dipl.-Kfm. Dion Fuchs
Wissenschaftlicher Mitarbeiter im Kompetenzzentrum „Marketingplanung und -controlling" des Instituts für Marketing und Handel und Doktorand im Fachprogramm Marketing an der Universität St. Gallen.
E-Mail: dion.fuchs@unisg.ch

wesentliche Aspekte unterscheiden (vgl. Barzen 1990, S. 12 ff.):
- *Prioritätenfunktion* (strategieadäquate Schwerpunktsetzung),
- *Zeitfunktion* (unterschiedliche zeitliche Budgetreichweiten in Form von strategischen und operativen Marketingbudgets),
- *Zielvereinbarungsfunktion* (analog dem Management-by-Objectives-Konzept),
- *Zurechenbarkeitsfunktion* (Aufteilung von Budgetgrößen auf Marketingorganisationseinheiten),
- *Motivations- und Verantwortungsfunktion* (Ergebnisverantwortung),
- *Steuerungs- und Kontrollfunktion* (Analyse von Abweichungen und deren Ursachen).

Besondere Bedeutung erlangt die Marketingbudgetierung insofern, als dass das Absatzbudget in der Regel als zentrale Planungsgrundlage für das Beschaffungs-, Produktions- und Finanzbudget dient.

Kernfragen der Marketingbudgetierung

Die optimale Allokation knapper Ressourcen im Rahmen der Marketingbudgetierung umfasst im Wesentlichen drei Fragen:
1) Welchen Geltungsbereich hat das Marketingbudget?
2) Wie hoch soll das Marketingbudget insgesamt sein?
3) Wie ist das Marketingbudget in sachlicher und zeitlicher Hinsicht zu verteilen?

Geltungsbereich: In der weitesten Form betrachtet umfasst das Marketingbudget sämtliche direkten und indirekten Kosten, die durch Marketingentscheidungen im Unternehmen verursacht werden, unabhängig davon, in welchem funktionalen Bereich sie entstehen (vgl. Weigand 1995, S. 1577). Das Verständnis darüber, welche Marketingmaßnahmen bzw. -kosten im Marketingbudget abzubilden sind, variiert sowohl in Marketingpraxis als auch -wissenschaft. Der Objektbereich der Marketingplanung bzw. -budgetierung ist dabei eng mit dem übergeordneten Verständnis von Marketing als Absatzfunktion einerseits oder unternehmensweiter Führungskonzeption andererseits verbunden. Relevant erscheint in diesem Zusammenhang insbesondere auch die Frage, ob das „Vertriebs-"Budget ein Bestandteil des Marketingbudgets ist (im Sinne eines Marketingmix-Instrumentalbereichs), oder ob es eine eigenständige Stellung neben dem Marketingbudget hat.

Insgesamt lässt sich beobachten, dass der Begriff Marketingbudget sowohl in der Marketingpraxis als auch -wissenschaft traditionell in erster Linie auf die Kommunikation und insbesondere die Werbung bezogen wird. Dies ist insofern nachvollziehbar, als dass die Kommunikationsaufwendungen häufig den größten Kostenblock im Marketing darstellen. Dagegen wird insbesondere der Bereich der Preisgestaltung im Zusammenhang mit der Marketingbudgetierung traditionell eher vernachlässigt.

Mit der Wandlung des Marketingverständnisses von der Absatzfunktion hin zur unternehmensweiten Führungskonzeption sowie bedingt durch technologische Innovationen hat sich für Unternehmen heute das Spektrum an Optionen zur Ausgestaltung der Marketinginstrumentalbereiche stark erweitert (Stichworte: Customer Relationship Marketing (CRM), Datamining, E-Business, Marketingkooperationen). Vor diesem Hintergrund erscheint eine Fokussierung auf Werbe- bzw. Kommunikationsmaßnahmen als nicht mehr angemessen. Vielmehr sollte sich der Geltungsbereich nicht nur auf die vier klassischen Marketinginstrumente (product, price, promotion, place) erstrecken, sondern auch auf Marketingmaßnahmen wie z. B. Corporate Events, Lobbying, CRM-Projekte oder Marketinginformationssysteme.

Nur wenn Unternehmen Transparenz darüber haben, welche Marketingmaßnahmen ihr Marketingbudget umfasst, können sie Effektivität und Effizienz ihres Marketing ganzheitlich beurteilen. Dabei sind insbesondere auch verdeckte und bereichsfremde Anteile am Marketingbudget zu erfassen, um einen kompletten und systematischen Überblick über sämtliche Marketingkosten zu haben. Dass dies in der Unternehmenspraxis keinesfalls gewährleistet ist, zeigt das Ergebnis der eingangs bereits zitierten Marketingeffizienz-Studie: So gab ein Drittel der Befragten an, keinen vollständigen Überblick über die Marketingkosten in ihrem Unternehmen zu haben (Panella/Meurer 2002, S. 33).

Höhe und Verteilung: Die Fragen nach der optimalen absoluten und relativen Höhe des Marketingbudgets und dessen Verteilung auf die Marketingmixinstrumente (z. B. Marken, Kommunikationsinstrumente oder Distributionskanäle), Absatzobjekte (z. B. Zielgruppen oder Verkaufsregionen) und/oder Marketingkernaufgaben (d. h. Kundenakquisition und -bindung, Leistungsinnovation und -pflege) stehen in einem engen Zusammenhang. Ziel muss es sein, diejenige Höhe und Aufteilung des Marketingbudgets zu bestimmen, die den Beitrag des Marketing zum Unternehmenserfolg bzw. -wert (Stichwort: Return on Marketing) maximieren, wobei die Finanzierbarkeit der budgetierten Maßnahmen sicherzustellen ist. Unternehmen sehen sich diesbezüglich vier Arten möglicher Fehler gegenüber (vgl. Wilson 1995, S. 284):

1. Marketingbudgets für bestimmte Absatzsegmente (z. B. Kunden, Produkte, Verkaufsgebiete) bzw. Kernaufgaben (Kundenakquisition und -bindung, Leistungsinnovation und -pflege; vgl. Tomczak/Reinecke 1996, 1999) sind zu hoch, sodass aufgrund abnehmender Grenzerträge eine Budgetsenkung den Gewinn steigern würde.
2. Marketingbudgets für bestimmte Absatzsegmente oder Kernaufgaben sind zu gering, so dass aufgrund zunehmender Grenzerträge eine Budgeterhöhung den Gewinn steigern würde.
3. Der Marketingmix ist ineffizient, da die Budgetverteilung auf die verschiedenen Instrumente bzw. Subinstrumente nicht optimal ist – so zum Beispiel zu viel für Werbung, zu wenig für Verkaufsförderung.
4. Die Marketingmaßnahmen sind nicht optimal auf die Absatzsegmente aufgeteilt, so dass eine veränderte Budgetverteilung den Gewinn steigern würde.

Der Nutzen dieser marginalanalytischen Betrachtung der Marketingbudgetierung ist für die Unternehmenspraxis jedoch aufgrund der erheblichen methodischen Schwierigkeiten und des großen Aufwands beschränkt (vgl. Diller 1998, S. 198 f.). Nachfolgend werden die zur Lösung des Allokationsproblems entwickelten bzw. in der Unternehmenspraxis eingesetzten Prozesse und Methoden vorgestellt und diskutiert (siehe Abb. 2).

Prozess der Marketingbudgetierung

Der Prozess der Marketingbudgetierung kann grundsätzlich nach einem der drei klassischen Ansätze erfolgen: Top-down, Bottom-up oder im Gegenstromverfahren (vgl. Becker 2001, S. 769):

Beim *Top-down-Ansatz* wird das Marketingbudget durch das Management vorgegeben, indem die Marketingleitung Budgetvorgaben für untergeordnete Organisationseinheiten (z. B. Produktmanagement oder Verkaufsgebietsleitung) macht. Dieses Vorgehen ist strategiegerecht und vermeidet zeitintensive Abstimmungsprozesse, stößt deshalb aber in der Regel auf Akzeptanzschwierigkeiten. Beim *Bottom-up-Ansatz* verläuft die Budgetplanung von unten nach oben, wobei die hierarchisch untergeordneten Organisationseinheiten Budgetvorschläge gemäß ihren Zielen und Plänen erarbeiten und diese dann mit der Marketingleitung abstimmen. Der Vorteil dieses Ansatzes liegt vor allem in der Nutzung des Markt- und Kundenwissens bei der Budgetzielfestlegung und der durch den höheren Partizipationsgrad erzielten besseren Mitarbeitermotivation auf den unteren Ebenen. Nachteile sind hoher Koordinationsaufwand und opportunistisches Verhalten bei der Budgetzielfestlegung (Stichwort: Budgetpolster). Im Rahmen des *Gegenstromverfahrens* werden Top-down- und Bottom-up-Ansatz miteinander kombiniert, wobei die Eröffnung entweder top-down oder bottom-up erfolgen kann.

Um die Marketingbudgetierung mit der Unternehmensstrategie zu verknüpfen, sollte die Marketingbudgethöhe und -verteilung grundsätzlich auf Basis der verfolgten Unternehmens- bzw. Marketingziele (z. B. Produktumsatz pro Kundensegment, Anzahl von Neukundenakquisitionen oder Produktwiederkaufrate einer bestimmten Zielgruppe) festgelegt werden. Insofern erscheint eine Budgetierung im Gegenstromverfahren mit Top-Down-Eröffnung am geeignetsten, um einerseits den Gewinn- bzw. Zielvorgaben des Managements Priorität einzuräumen, und um andererseits das Marktwissen der untergeordneten Marketingorganisationseinheiten wirksam zu nutzen und diese dadurch besser zur Budgetzielerreichung zu motivieren.

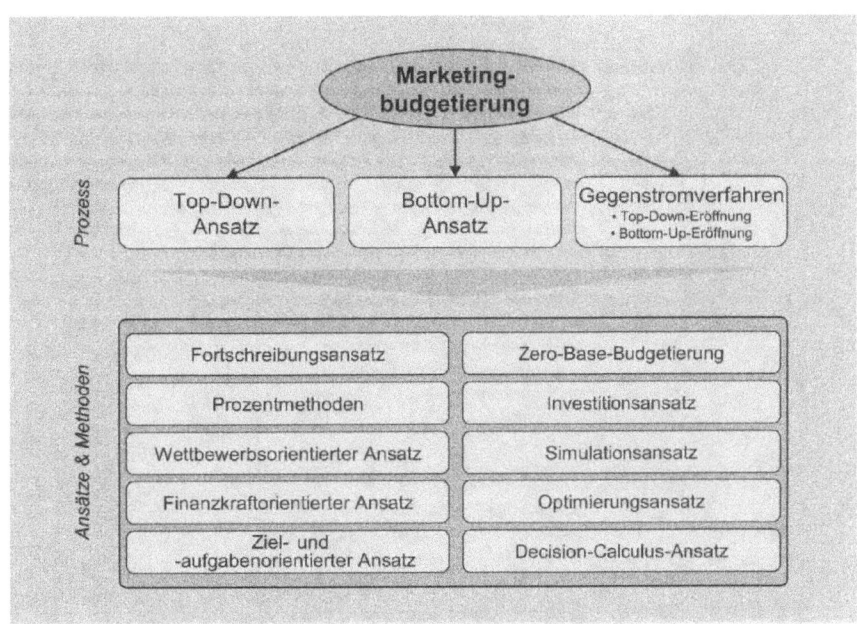

Abbildung 2: Prozess und Ansätze & Methoden der Marketingbudgetierung

Ansätze und Methoden der Marketingbudgetierung

Trotz der Entwicklung vielfältiger Ansätze und Methoden ist es bisher nicht gelungen, einen Marketingbudgetierungansatz zu finden, der das Allokationsproblem umfassend zu lösen fähig ist. Die Praxis der Marketingplanung und -budgetierung ist dadurch gekennzeichnet, dass Unternehmen verschiedene Ansätze und Methoden zur Festlegung der Marketingbudgethöhe und -verteilung heranziehen und kombinieren (Becker 2001, S. 773). Die eingangs bereits zitierte aktuelle Studie (Reinecke/Reibstein 2002, S. 20 f.) ermittelte im Hinblick auf die eingesetzten Budgetierungsmethoden im Marketing und Verkauf, dass die Marketingbudgetierung bei jeweils etwa der Hälfte der befragten deutschen und schweizer (n = 419) sowie US-amerikanischen Unternehmen (n = 234) vor allem auf Managementerfahrung basierte. Daneben beeinflussten das Budget und der Umsatz/Absatz der Vorperiode sowie der angestrebte Umsatz/Absatz (insbesondere in Deutschland/Schweiz) und der angestrebte Deckungsbeitrag bzw. Marktanteil (insbesondere in den USA) die Marketingbudgetierung bei vielen Unternehmen maßgeblich (siehe Abbildung 3).

In einer weiteren Studie (n = 124) gaben lediglich 53 Prozent der Unternehmen an, die Budgetaufteilung im Bereich Marktbearbeitung/Kommunikation auf Basis klar definierter Kommunikationsaufgaben und -ziele vorzunehmen, während 69 Prozent die Kommunikationsteilbudgets aufgrund von Erfahrung und vergangener Budgetstrukturen bestimmten (Belz/Simão/van Lier 2002, S. 134). Interessant erscheint in diesem Zusammenhang, dass bei einer Befragung von Marketingführungskräften in Großbritannien (n = 70) im Durchschnitt 26 Prozent des Marketingbudgets als verschwendet angesehen wurde (Marketing Leadership Council 2001, S. 3).

STATE-OF-THE-ART

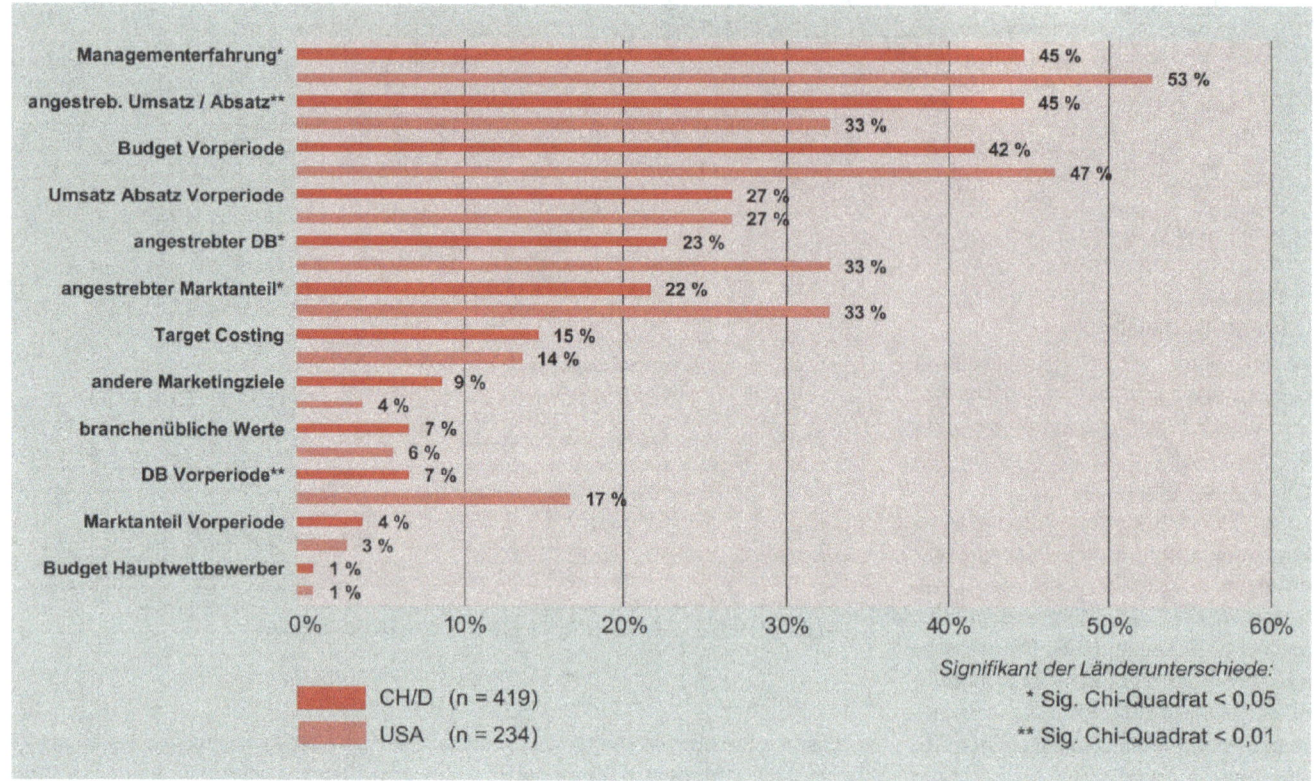

Abbildung 3: Eingesetzte Budgetierungsmethoden im Marketing und Verkauf in internationalen Vergleich (Quelle: Reinecke/Reibstein 2002, S. 21)

Bei den Ansätzen und Methoden der Marketingbudgetierung unterscheiden die vorhandenen Systematisierungen in der Literatur beispielsweise:
- heuristische versus analytische Ansätze (Bruhn 2003, S. 191 ff.),
- Prozentmethoden versus Nichtprozentmethoden (Becker 2001, S. 774 ff.),
- deskriptive versus explikative/prognostizierende versus normative Ansätze (Barzen 1990, S. 173 ff.),
- präskriptive, normativ-rationale vs. deskriptive Ansätze (Piercy 1986),
- wirkungsgestützte/nicht-wirkungsgestützte (Art der Ermittlung) versus monovariable/polyvariable (Anzahl der Faktoren) Ansätze (Landwehr 1988, S. 141 ff.).

Die nachfolgend dargestellten Ansätze und Methoden der Marketingbudgetierung unterscheiden sich insbesondere auch im Hinblick auf ihre Ziel- bzw. Strategieorientierung.

Beim *Fortschreibungsansatz* werden die Marketingbudgets der Vorperiode fortgeschrieben, eventuell mit einer prozentualen Anpassung (z. B. inflationsorientiert). Während der wesentliche Vorteil in der einfachen, schnellen und aufwandsminimalen Budgetbestimmung liegt, bestehen schwerwiegende Nachteile in der mangelnden Ziel-, Potenzial- und Wettbewerbsorientierung und der wahrscheinlichen Weiterführung von Budgetineffizienzen.

Bei Verwendung von *Prozentmethoden* (vgl. Kotler / Bliemel 2001, S. 908 f.; Meffert 2000, S. 786 f.) werden die Marketingbudgets als prozentuale Anteile einer gewählten Bezugsgröße (in der Regel Umsatz oder Deckungsbeitrag) bestimmt, wobei die jeweilige Bezugsgröße alternativ vergangenheits-, gegenwarts- oder zukunftsbezogen sein kann. Die Festlegung des Prozentsatzes kann anhand eigener Erfahrungen erfolgen oder ist an Prozentsätzen vergleichbarer Unternehmen oder branchenüblichen Werten orientiert. Schließlich kann es sich um einen festen oder im Zeitablauf variablen Prozentsatz handeln. Während die Vorteile dieser Methoden vor allem in ihrer einfachen Anwendung, ihrer Funktion als Orientierungshilfe bei der Budgetfestlegung unter Berücksichtigung der Budgetfinanzierbarkeit, ihrem geringen Informationsbedarf sowie der schnellen Ergebnisermittlung liegen, stehen diesen eine Vielzahl von Nachteilen entgegen: Dazu zählen insbesondere die fehlenden Grundlagen für die Bestimmung des Prozentsatzes und der Bezugsgröße und der fehlende Kausalzusammenhang zwischen Budgetbedarf und der gewählten Größe. Da das Marketingbudget letztere (z. B. Umsatz) ursächlich bestimmt, bedingt diese Methodenart eine prozyklische Budgetierung, so dass beispielsweise bei einem Umsatzrückgang das Marketingbudget entsprechend verringert würde, obwohl hier gegebenenfalls eine antizyklische Budgetierung sinnvoll wäre. Daher erscheint diese Methode allenfalls für Situationen mit geringer Marktkomplexität und -dynamik geeignet, so zum Beispiel in regulierten Märkten.

Beim *wettbewerbsorientierten Ansatz (Competitive-Parity-Ansatz)* (vgl. Kotler /

Bliemel 2001, S. 909 f.) richtet sich die Höhe des Marketingbudgets nach dem Budget des bzw. der wichtigsten Konkurrenten. Dabei wird häufig unterstellt, dass ein Unternehmen durch eine solche Konkurrenzorientierung seinen Marktanteil halten kann. Während der Wettbewerbsvergleich als Orientierungshilfe für die branchenübliche Marketingbudgethöhe dienen kann, erscheint eine ausschließliche Ausrichtung an den Aufwendungen der Konkurrenz nicht sinnvoll, weil eine Vielzahl unternehmensinterner und -externer Faktoren unberücksichtigt bleibt. So sind für die Marketingleistung nicht nur finanzielle Ressourcen, sondern auch qualitative und kreative (z. B. Originalität einer Werbebotschaft) relevant. Ferner werden bei dieser Methode vor allem unternehmensspezifische Marketingziele, -strategien und -kompetenzen sowie individuelle Marktbedingungen und Erfolgspotenziale ignoriert. Zudem ist es für Unternehmen in der Regel kaum möglich, hinreichend genaue Informationen über Höhe und Struktur der Marketingbudgets der Konkurrenz zu erhalten.

Beim finanzkraftorientierten Ansatz (All-you-can-afford-Ansatz) (vgl. Kotler/Bliemel 2001, S. 908) erfolgt die Marketingbudgetierung entsprechend den verfügbaren finanziellen Mitteln, die als Residualgröße nach Abzug der nicht dem Marketingbereich zurechenbaren Kosten sowie eines Mindestgewinns vom Erlös übrig bleiben. Somit werden nur finanzierbare und umsetzbare Vorhaben budgetiert. Allerdings wird der Kausalzusammenhang zwischen Marketingbudgets und Umsatz verkannt und somit Marketingmaßnahmen nicht als Investitionen, sondern einseitig als Kosten gesehen. Zudem wirkt dieser Ansatz prozyklisch, indem stetige und gegebenenfalls antizyklische Marketingmaßnahmen verhindert werden.

Ausgehend von den bzw. der – auf Basis einer Situationsanalyse – gewählten Marketingziele bzw. -strategie, werden beim *ziel- und aufgabenorientierten Ansatz (Objective-and-Task-Ansatz)* (vgl. Meffert 2001, S. 787 f.) die zur Ziel- und Strategieerreichung erforderlichen Aufgaben bzw. Maßnahmen kostenmäßig quantifiziert und budgetiert. Insofern handelt es sich um einen erfolgspotenzialorientierten und strategiekonsistenten Ansatz. Die wesentliche Schwierigkeit besteht allerdings darin, dass die Wirkung der ausgewählten Marketingmaßnahmen im Voraus bekannt sein muss, weil nur so die zur Zielerreichung erforderlichen Aufgaben bzw. Maßnahmen zu identifizieren und quantifizieren sind. Aufgrund des hohen Komplexitätsgrades der Unternehmens- und Marktrealität ist dies jedoch selten der Fall. Ein weiteres Problem besteht mangels methodischer Grundlage darin, die gewählten Ziele bzw. deren Ausmaße zu rechtfertigen. Um Effizienz sicherzustellen, sollte das gewählte Zielausmaß in Relation zur notwendigen Budgethöhe gesetzt und alternative Kombinationen verglichen werden.

Trotz dieser Probleme besitzt dieser Ansatz den positiven Aspekt, dass er Marketingverantwortliche zwingt, systematisch den Zusammenhang zwischen Zielen auf der einen und den zu ihrer Erreichung geeigneten Strategien bzw. Aufgaben auf der anderen Seite zu erforschen. So können Marketingmanager durch den Planungs- bzw. Budgetierungsprozess ein besseres Verständnis der Wirkungszusammenhänge infolge einer durch Marktforschungsmaßnahmen erhöhten Transparenz erzielen und damit budgetierungsrelevantes Wissen aufbauen.

Im Gegensatz zur Fortschreibung von Budgets erfolgt bei der *Zero-Base-Budgetierung* (vgl. Piercy 1986, S. 41 f.) zu Anfang jeder Budgetperiode eine Neubewertung der geplanten und laufenden Marketingmaßnahmen, wobei die Budgetinhalte jeweils im Hinblick auf die Ziele und Strategie zu rechtfertigen sind. Vorteilhaft ist dabei die systematische, ziel- und wertorientierte Budgetbestimmung bzw. -überprüfung. Der wesentliche Nachteil besteht allerdings in der hohen Komplexität, dem hohen Ressourcenaufwand und Akzeptanzproblemen bei den Budgetierungsbeteiligten. Als eine im Hinblick auf Kosten-Nutzen-Aspekte wirtschaftlichere Alternative bietet sich ein Variable-Base-Budgetierungsansatz an, bei dem nur strategierelevante bzw. risikosteigernde Budgetkomponenten jeweils neu bewertet werden, während andere, weniger relevante inkrementell fortgeschrieben bzw. weniger aufwendig bestimmt werden (vgl. Blanning 1981).

Beim *Investitionsansatz* (vgl. Barzen 1990, S. 186) werden Marketingstrategien und -maßnahmen als Investitionsprojekte betrachtet und in Form eines Investitionsplans und auf Basis einer Wirtschaftlichkeitsanalyse budgetiert. Dazu ist es notwendig, Projektaufwendungen und -erträge im Zeitablauf gegenüberzustellen und aufzurechnen, wobei sämtliche investitionsrelevante Größen – wie z. B. unterschiedliche kundensegmentbezogene Kosten aufgrund von Servicelevels oder Auftragsgrößen (vgl. Schultz/Gronstedt 1997) – zu berücksichtigen sind. Dieser Ansatz zeichnet sich vor allem durch sein analytisches und wirtschaftlichkeitsorientiertes Wesen aus. Eine Herausforderung besteht allerdings in der Quantifizierung der Höhe bzw. des zeitlichen Eintritts der zukünftigen Marketingerträge. Problematisch gestaltet sich zudem die Bestimmung eines risikoadäquaten Diskontierungszinses zur zeitlichen Vergleichbarkeit der Kosten- und Ertragsströme im Rahmen des Einsatzes von Investitionsverfahren wie der Kapitalwertmethode.

Der *Simulationsansatz* (vgl. Barzen 1990, S. 184 f.) setzt computergestützte Modelle ein, die die Beziehungen zwischen den Marketingmaßnahmen bzw. -aufwendungen und den erzielten Marktwirkungen abbilden, und die eine Vielzahl unternehmensinterner und -externer Einflussfaktoren in Form von Modellgleichungen berücksichtigen können. Auf diese Weise können Markt- und Absatzwirkungen alternativer Budgetierungsszenarien simuliert werden. Während durch die Einbeziehung möglichst vieler relevanter Einflussfaktoren im Idealfall ein recht realitätsnahes Modell entwickelt werden kann, stellen die hohe Modellkomplexität, der hohe Daten- und Informationsbedarf sowie der große zeitliche und kostenmäßige Aufwand für die Modellanwendung Herausforderungen dar, die dazu führen, dass Simulationen in der Praxis kaum eingesetzt werden.

Im Rahmen des *Optimierungsansatzes* (vgl. Piercy 1986, S. 34 ff.; Barzen 1990, S. 186) wird auf Basis getroffener Annahmen die optimale Budgetallokation durch mathematische Optimierung computergestützt bestimmt. Dabei erfolgt auf Grundlage marginalanalytischer Ansätze die Bestimmung einer effizienten Budgethöhe durch Maximierung oder Minimierung einer Zielfunktion (in der Regel Kostenminimierung oder Gewinnmaximierung) unter Berücksichtigung von Nebenbedingungen in Form von Wirkungsverzögerungen, Carry-Over-Effekten, Markt- und Wettbewerbseinflüssen oder Interdependenzen zwischen Marketingmaßnahmen. Solche Optimierungsmodelle führen zwar zu einer eindeutigen und quantifizierbaren Lösung des Marketingbudgetierungsproblems, doch die erforderliche Anpassung des Modells an die Realität ist häufig zu komplex. Die ermittelte optimale Lösung bewirkt auch nur dann einen Nutzen für die Budgetierungsentscheidung, wenn die zugrundeliegenden Modellgleichungen korrekt und vollständig und die Daten verfügbar bzw. zutreffend sind. Vor dem Hintergrund des hohen Zeit- und Kostenaufwands für die Entwicklung und Nutzung solcher Modelle erscheinen die aufgrund unrealistischer Annahmen und realitätsfremder Modellstrukturen erzielten ungenauen und unsicheren Ergebnisse zudem als gravierender Nachteil.

Bei dem auf Little (1970) zurückgehenden *Decision-Calculus-Ansatz* (vgl. Barzen 1990, S. 250 ff.) handelt es sich um ein modellbasiertes Verfahren zur Verarbeitung von Daten und subjektiven Einschätzungen, die der Entscheidungsunterstützung dienen. Im Mittelpunkt steht dabei das Abschätzen zukünftiger Marktreaktionen bei alternativen Marketingbudgethöhen auf Grundlage der subjektiven Realitätswahrnehmung des Marketingmanagers. Der Vorteil liegt dabei insbesondere in der hohen Benutzerfreundlichkeit und damit -akzeptanz, bedingt durch die Einfachheit, Robustheit, Anpassungsfähigkeit, Kommunikationsfähigkeit sowie Steuerungsmöglichkeit dieses Ansatzes. Problematisch erweist sich jedoch die Annahme der Kausalität zwischen Marktgrößen (z. B. Marktanteil) und Marketingteilbudget (z. B. Werbebudget), die Subjektivität des Dateninputs sowie die Gefahr manipulativen Verhaltens.

Unabhängig von der Art der eingesetzten Methoden können Marketingbudgets entweder *starr oder flexibel* bestimmt werden, wobei eine flexible Budgetierung alternative Budgethöhen bzw. -verteilungen für unterschiedliche Planungsszenarien umfasst (vgl. Diller 1998, S. 195).

Wirkungsmessung

Das Thema Wirkungsmessung von Marketingmaßnahmen ist mit der Marketingbudgetierung eng verknüpft, denn Allokationsentscheidungen im Marketing können nur dann optimal getroffen werden, wenn fundierte Aussagen über die kurz- und langfristige Wirkung bzw. Zielerreichungswahrscheinlichkeit spezifischer Marketingmaßnahmen aufgrund einer aussagekräftigen Leistungsmessung getroffen werden können. Die Komplexität von Marketingwirkungen z. B. aufgrund von Verzögerungs- (time lag), Nachhall- (carry over), Ausstrahlungs- (spill over) und Verfalleffekten (decay) macht die Messung der Marketingperformance äußerst anspruchsvoll (vgl. Becker 2001, S. 799). So überrascht es nicht, dass ein Drittel der befragten Unternehmen in der erwähnten Marketingeffizienz-Studie angab, ihre Marketing- und Kommunikationsmaßnahmen nicht systematisch zu messen (Panella/Meurer 2002, S. 34). Dennoch dürfen die Herausforderungen bei der Wirkungsmessung von Marketingmaßnahmen nicht dazu führen, auf eine systematische Messung zu verzichten. Im Idealfall unterstützen Wirkungs- oder Ergebnissimulationen von alternativen Maßnahmen bzw. Budgetvorgaben Marketingentscheidungsträger erheblich dabei, die Allokation der Marketingressourcen effektiv und effizient zu gestalten und dabei politischen, nicht-rationalen Entscheidungseinflüssen entgegenzuwirken.

Verhaltenswissenschaftliche Aspekte der Marketingbudgetierung

Eine ausschließlich rationale Betrachtung der Marketingbudgetierung würde der hohen Vielschichtigkeit und Komplexität des Untersuchungsgegenstands in der Praxis sicherlich nicht gerecht werden. Kotler/Bliemel (2001, S. 912) bemerken hierzu: „Wenngleich sich Unternehmen bei der Festlegung ihres Marketingbudgets auf Marketingtheorien und -modelle stützen sollten – und manche tun dies ausdrücklich – spielen in der Praxis nicht nur die Vernunft von Theorien, sondern auch insbesondere die Politik und die administrative Machbarkeit eine große Rolle." Angesichts der Erkenntnis, dass auf den Prozess der Marketingbudgetierung in der Praxis eine Vielzahl von organisationsbezogenen, personenabhängigen, nicht-rationalen und insbesondere (macht-)politischen Einflussfaktoren wirken, erscheint es nur konsequent, das Thema auch aus verhaltenswissenschaftlicher Perspektive zu durchdringen. So betrachtet Piercy (1986) das Marketingbudget primär als politisches Ergebnis auf Grundlage von Verhandlungsprozessen sowie von sozialer Interaktion und Einflussnahme. Er analysiert die Allokation von Marktingressourcen im Kontext des Unternehmensumfeldes, insbesondere der Machtverteilung innerhalb der Organisation sowie politischen Kämpfen und Verhandlungen (Piercy 1986, 1987). Dabei ist eine Trennbarkeit von Ziel- und Mittelentscheidung nicht gegeben, da das Budget die Machtverteilung insofern direkt beeinflusst, als dass die Höhe eines Teilbudgets Ausdruck für die Macht des Budgetverantwortlichen ist und somit das Budget eine Machtgrundlage für die Durchsetzung zukünftiger Budgetvorstellungen bildet. Beide Entscheidungen sind eng miteinander verknüpft: Bei Budgetverhandlungen – z. B. zwischen Verkaufs- und Werbeverantwortlichen – wird folglich auch immer über Einzelziele und -interessen verhandelt (vgl. Barzen 1990, S. 125).

Die Vernachlässigung der verhaltenswissenschaftliche Analyse des Marketingbudgetierungsprozesses in der Literatur steht dabei offensichtlich in einem engen Zusammenhang mit der weit verbreiteten Annahme, dass Entscheidungen auf Basis von Macht und Politik zu minderwertigeren Ergebnissen führen als solche, die anhand von rationalen und wissenschaftlichen Kriterien getroffen werden (vgl. Piercy 1986, S. 118/470). Vor dem Hintergrund der enormen Bedeutung müssen die von der Wissenschaft bereitgestellten Lösungsansätze bzw. Gestaltungsempfehlungen für die Praxis jedoch verhaltensbezogenen bzw. politischen Aspekten der Marketingbudgetierung unbedingt Rechnung tragen. Dabei kann die Veränderung organisationsbezogener Variablen – wie Organisationstruktur, Informationsflüsse, Entscheidungskompetenzen, soziale Interaktion, Anreizsysteme und Unternehmenskultur – für das Management mitunter größere Bedeutung haben als die reine Veränderung von Budgetierungsansätzen und -methoden (vgl. Piercy 1987, S. 58).

Herausforderungen, Lösungsansätze und Forschungsbedarf

Die bisherigen Ausführungen haben gezeigt, dass die Marketingbudgetierung in der Praxis mit vielfältigen Herausforderungen konfrontiert ist. Nachfolgend sollen – in Anlehnung an neuere Beiträge in der Controllingliteratur zur Verbesserung von Planung und Budgetierung (vgl. insbesondere Gleich/Kopp 2001) – anhand ausgewählter Herausforderungen konzeptionelle Lösungsansätze präsentiert sowie weiterer Forschungsbedarf aufgezeigt werden.

Verknüpfung von Marketingstrategie, -planung und -budgetierung

Um die Unternehmens- bzw. Marketingziele konsequent in Marketingmaßnahmen zu übersetzen, ist es erforderlich, die Marketingbudgetierung systematisch und wirksam mit der Marketingplanung zu verknüpfen. Strategisches und operatives Marketing sind in der Praxis allerdings häufig voneinander abgekoppelt; diese sogenannte Implementierungslücke ist bis heute noch nicht ausreichend gelöst (vgl. hierzu Backhaus 1999, S. 755; Day 1999). Daher gilt es, den Prozess der Strategieimplementierung im Marketing durch den Einsatz geeigneter Controllinginstrumente besser zu unterstützen. Zu diesem Zweck geeignet erscheinen insbesondere Marketing Performance Measurement-Systeme, die die Effektivität und Effizienz von Marketingaktivitäten mehrdimensional – d.h. anhand finanzieller Output-, aber insbesondere auch anhand nichtfinanzieller Vorsteuergrößen – messen und zur Steuerung der Maßnahmen dienen (vgl. Ambler 2000). In diesem Zusammenhang gilt es, die Budgetierung im Marketing stärker mit Werttreibern zu verknüpfen und an Erfolgspotenziale zu koppeln, die beispielsweise durch Kennzahlen wie Marken- oder Kundenwert operationalisiert werden können. Einer empirischen Untersuchung in Deutschland und der Schweiz (n = 276) zufolge besteht in diesem Bereich noch enormes Potenzial: So gaben lediglich 9 Prozent der befragten Unternehmen an, den Wert ihrer Marken regelmäßig zu analysieren; Customer-Lifetime-Analysen führten sogar nur 7 Prozent periodisch durch (Reinecke/Tomczak 2001, S. 82).

Im Rahmen weiterer Forschung sollte untersucht werden, wie sich Budgetierung und Performance Measurement-Systeme im Marketing auf dem Weg zu einer möglichst wirksamen Strategieimplementierung zusammenführen lassen. Dabei wäre beispielsweise auch zu untersuchen, welche Arten von – insbesondere auch nichtfinanziellen – Performancegrößen in Marketingbudgets ergänzend abgebildet werden sollten.

Relevant erscheinen in diesem Zusammenhang auch andere Lösungsansätze zur Verbesserung der Marketingimplementierung, wie z. B. der Ansatz der Hoshin-Planung (vgl. Akao 1991; Weber/Goeldel/Schäffer 1997, S. 287; Weber/Schäffer 2000, S. 51 ff.): Dabei werden die wichtigsten strategischen Aussagen in Form von Projekten gebündelt und unmittelbar – wie die Routinevorgaben des „operativen Geschäfts" – in die operative Planung übersetzt. Die Hoshin-Planung fokussiert bewusst auf wenige, zunächst rein qualitative Ziele, die allerdings auf der jeweiligen Stufe von den Betroffenen quantifiziert werden. Strategische Inhalte werden somit kaskadenartig in einem mehrstufigen Verfahren in die operative Planung übersetzt sowie umfassend und regelmäßig überprüft (Weber 1999, S. 151 f.).

Kernaufgabenorientierung

Der dominierende Marketingmix- bzw. Instrumentalfokus bei der Marketingbudgetierung kann dazu führen, dass die Instrumente inhaltlich zu wenig ziel- und aufgabenorientiert aufeinander abgestimmt werden. Relevante Marketingkernaufgaben – Kundenakquisition und -bindung, Leistungsinnovation und -pflege (vgl. Tomczak/Reinecke 1996, 1999) – werden dadurch nicht in den Budgetvorgaben abgebildet. Um die Marketingbudgetierung stärker an strategierelevanten Prozessen, Kernaufgaben und Outputs zu orientieren und somit eine rein finanzielle Inputorientierung zu überwinden, sollte sie mit den auf Basis eines Kennzahlensystems definierten Zielen verbunden werden. Eine Verknüpfung von Marketingzielen, -maßnahmenplanung und -budgetierung in Form eines Rasters (siehe Abbildung 4) erfüllt dabei mehrere Funktionen:

- Es stellt den Marketingzielen die konkret geplanten Maßnahmen gegenüber. Dadurch wird spezifiziert, mit welchen Maßnahmen welche Ziele erreicht werden sollen. Dieser Klärungsprozess unterbleibt in der Marketingpraxis häufig; so wird bei der Planung einer Maßnahme beispielsweise nicht immer definiert, ob damit Image- oder Umsatzziele verfolgt werden.
- Es hält die geplanten Kosten und die Verantwortung für die geplanten Maßnahmen fest und ermöglicht einen Überblick über das Marketinggesamtbudget.
- Es präzisiert, welche Kernaufgaben und somit welche Wachstums- und Erfolgstreiber durch die jeweiligen Maßnahmen in welcher Intensität erfüllt bzw. unterstützt werden. Diese Zuordnung ist anspruchsvoll, für eine konsistente Marketingplanung und -budgetierung jedoch unerlässlich.
- Es dient als Basis sowohl für die Kosten- als auch die Maßnahmen- und

Zielerreichungskontrolle. Insbesondere kann anhand des Rasters überprüft werden, ob die getroffenen Maßnahmen tatsächlich geeignet sind, die Ziele und insbesondere auch das angestrebte Kernaufgabenprofil (Gewichtung von Kundenakquisition, -bindung, Leistungsinnovation und -pflege) zu erreichen.

Selbstanpassende relative Marketingbudgetziele

Die Performancebeurteilung anhand absoluter Budgetvorgaben gestaltet sich insbesondere im Marketing als marktnaher Organisationseinheit problematisch, da dabei die Entwicklung des Wettbewerbs außer Acht gelassen wird. So hat eine „objektivere" – da marktorientierte – Beurteilung der Marketingbudgetleistung idealerweise relativ zu relevanten Leistungen der direkten Wettbewerber bzw. umfeldbezogener Bezugsgrößen (z. B. eigene Umsatzentwicklung relativ zur Umsatzentwicklung der Branche oder des direkten Wettbewerbers) zu erfolgen. Trotz konzeptioneller Überlegenheit von relativen gegenüber absoluten Budgetvorgaben zur Leistungsbewertung besteht hier neben der Schwierigkeit der Auswahl von Bezugsgrößen vor allem das Problem der Datenverfügbarkeit bzw. des Aufwands der Datenbeschaffung. Insofern ist im Rahmen weiterer Forschungen zu untersuchen, in welchen Situationen und für welche Zwecke sich relative Budgetvorgaben im Marketing eignen – z. B. ob eher für strategisch-langfristige als für operativ-kurzfristige Budgets.

Rollierende und flexible Marketingbudgetierung

Marketingbudgets, die sich auf einen fixen Zeitraum von einem Jahr beziehen, sind in einem sich rasch verändernden Wettbewerbsumfeld (Stichwort: New Economy) zur Performancesteuerung nicht oder nur bedingt tauglich, da die Budgetvorgaben und die ihnen zugrundeliegenden Annahmen durch dynamische Marktentwicklungen (z. B. infolge neuer Produkte, dem Ein- oder Austritt von Wettbewerbern oder Konsumententrends) schon lange vor Ablauf der Budgetie-

Kenngrößen und Ziele für das Jahr 2003	Maßnahmen und Projekte					
	Sponsoring	Direkt Marketing	Telefonverkauf	Aktion Produkt X	...	Kundenclub
gestützter Bekanntheitsgrad von 95 % bei Zielkunden	3	0	0	0	...	1
Neuakquisition von 2000 gehobenen Privatkunden	1	3	3	1	...	1
Steigerung der Kundenzufriedenheit im Kundensegment „Jugendliche" auf 85%	1	0	0	0	...	2
Reduktion der Kundenfluktuation auf 5 %	0	1	2	0	...	3
Erhöhung des durchschnittlichen Share of Wallet auf 25 %	1	0	2	1	...	2
25 % Marktanteil für Produkt X	0	1	2	3	...	...
...	...	...	...	...	...	...
Verantwortung	Marketing	Marketing	Verkauf	Verkauf	...	Marketing
Budgetierter Aufwand (Euro)	1'000'000	150'000	200'000	750'000	...	6'000'000
davon für:						
• Kundenakquisition	200'000	50'000	125'000	200'000	...	1'250'000
• Kundenbindung	200'000	25'000	50'000	100'000	...	1'750'000
• Leistungsinnovation	0	75'000	50'000	50'000	...	750'000
• Leistungspflege	200'000	0	25'000	400'000	...	750'000
• kernaufgabenübergreifend	400'000	0	0	0	...	1'500'000

0 = kein Einfluss; 1 = geringer Einfluss; 2 = mittlerer Einfluss; 3 = Schwerpunkt

Abbildung 4: Verknüpfung von instrumenten- und kernaufgabenbezogenen Marketingkennzahlen mit der Marketingbudgetierung

rungsperiode überholt sein können. Sich verändernde Wettbewerbsbedingungen werden dagegen von einer rollierenden Marketingbudgetierung besser berücksichtigt. Dabei erfolgt die Budgetierung statt für ein Jahr beispielsweise in jedem Quartal für die nächsten vier Quartale, wobei das erste, zeitnahe Quartal detailliert und die restlichen drei Quartale jeweils nur grob budgetiert werden.

Für ein dynamisches Wettbewerbsumfeld besser geeignet erscheint zudem eine flexible Marketingbudgetierung, die – im Gegensatz zu einer starren – alternative Budgetvorgaben in Abhängigkeit von unterschiedlichen Marktentwicklungsszenarien bestimmt.

Kombination detaillierter und globaler Marketingbudgetvorgaben

Budgetierungsprozesse im Marketing und in anderen Unternehmensbereichen werden häufig aufgrund ihres enormen zeitlichen und ressourcenbezogenen Aufwands und im Vergleich zum generierten Nutzen kritisiert. Um den Aufwand und die Komplexität des Marketingbudgetierungsprozesses möglichst gering zu halten, sollte der Detaillierungsgrad der Marketingbudgets daher unter Effizienzaspekten bestimmt werden – so zum Beispiel detaillierte Vorgaben für strategierelevante Projekte und Maßnahmen und globale für die Basisaktivität.

Adäquate Unterstützung des Marketingbudgetierungsprozesses

Eine wirksame und insbesondere flexible Marketingbudgetierung erfordert eine adäquate IT-Unterstützung. Statt der noch immer weitverbreiteten Kalkulation der Marketingbudgets mit Hilfe von Standardtabellenkalkulationsprogrammen sollte die Marketingbudgetierung durch eine leistungsstarke Planungs- und Budgetierungssoftware unterstützt werden, die idealerweise in das Unternehmensplanungs-IT-System integriert ist und ein Budgetcontrolling sowie Budgetsimulationen effizient ermöglicht.

Zahlreiche Marketingbudgetierungstabellen orientieren sich stark an den Kostenkategorien des Rechnungswesens, nicht aber an inhaltlichen Kriterien. Hier besteht maßgeblicher Forschungsbedarf: Wie kann die Marketingbudgetierung adressatengerecht gestaltet werden, so dass sie sowohl den inhaltlichen als auch den formalen Ansprüchen der verschiedenen Zielgruppen (Marketing- und Top Management, Controller, Finanzabteilung) gerecht wird?

Ausblick

Die Ziel- und Strategieorientierung der Marketingbudgetierung stellt auch in Zukunft eine zentrale Herausforderung dar. Dabei muss sichergestellt werden, dass die Marketingbudgetierung konsequent mit der Marketingplanung und insbesondere mit strategischen Werttreibern und Erfolgspotenzialen verknüpft wird. Dies stellt einen wesentlichen Verbesserungsansatz für die gegenwärtig weitverbreitete Budgetierungspraxis im Marketing dar, bei der die Marketingbudgets maßgeblich auf der Intuition der Marketingführungskräfte beruhen und somit kaum systematisch erstellt werden, aber später dennoch – gemäß einer Studie (Reinecke/Tomczak 2001, S. 81) von mehr als 75 Prozent – regelmäßig auf ihre Einhaltung überprüft werden.

Neben einer Integration der weitgehend fragmentierten Literatur zur Marketingbudgetierung sowie einer verstärkten Berücksichtigung verhaltenswissenschaftlicher Aspekte (Stichwort: Machtverteilung) bedarf es insbesondere weiterer deskriptiver, explorativer und konfirmatorischer empirischer Untersuchungen in diesem Bereich. Zu berücksichtigen ist dabei auch, dass zur Sicherstellung von Marketingeffektivität und -effizienz nicht allein Budgets, sondern insbesondere auch qualitative, inhaltlich-strategische Performanceaspekte eine zentrale Rolle spielen.

Literatur

AKAO, Y. (Hrsg.): Hoshin Kanri: Policy Deployment for Successful TQM, Cambridge (Massachusetts) 1991.
AMBLER, T.: Marketing and the Bottom Line – The New Metrics of Corporate Wealth, London 2000.
BACKHAUS, K.: Industriegütermarketing, 6. Aufl., München 1999.
BARZEN, D.: Marketing-Budgetierung, Frankfurt am Main/Bern/New York/Paris 1990.
BECKER, J.: Marketing-Konzeption: Grundlagen des ziel-strategischen und operativen Marketing-Managements, 7. Aufl., München 2001.
BELZ, C./SIMÃO, T./VAN LIER, M.: Chancen im Dialogmarketing, St. Gallen/Bern 2002.
BLANNING, R. W.: Variable-Base Budgeting for R&D, in: Management Science, 27. Jg. (1981), Heft 5, S. 547–558.
BRUHN, M.: Kommunikationspolitik: Systematischer Einsatz der Kommunikation für Unternehmen, 2. Aufl., München 2003.
DAY, G. S.: Misconceptions About Market Orientation, in: Journal of Market-Focused Management, 4. Jg. (1999), Heft 1, S. 5–16.
DILLER, H.: Marketingplanung, 2. Aufl., München 1998.
FRASER, R./HOPE, J.: Beyond Budgeting, in: Controlling, 13. Jg. (2001), Heft 8/9, S. 437–442.
Gleich, R./Kopp, J.: Ansätze zur Neugestaltung der Planung und Budgetierung: Methodische Innovationen und empirische Erkenntnisse, in: Controlling, 13. Jg. (2001), Heft 8/9, S. 429–436.
KIRCHGEORG, M.: Vertriebskosten, in: FISCHER, T. M. (Hrsg.): Kosten-Controlling: Neue Methoden und Inhalte, Stuttgart 2000, S. 407–427.
KOTLER, P./BLIEMEL, F.: Marketingmanagement: Analyse, Planung, Umsetzung und Steuerung, 10. Aufl., Stuttgart 2001.
LANDWEHR, R.: Standardisierung der internationalen Werbeplanung : eine Untersuchung der Prozeßstandardisierung am Beispiel der Werbebudgetierung im Automobilmarkt, Frankfurt am Main/Bern/New York/Paris 1988.
LITTLE, J. D. C.: Models and Managers: The Concept of a Decision Calculus, in: Management Science, 16. Jg. (1970), Heft 8, S. B-466–485.
Marketing Leadership Council: Measuring Marketing Performance : Results of Council Survey, Washington/London 2001.
MEFFERT, H.: Marketing: Grundlagen marktorientierter Unternehmensführung: Konzepte – Instrumente – Praxisbeispiele, 9. Aufl., Wiesbaden 2000.
PANELLA, A./MEURER, J.: Wertorientierte Markenführung, in: marketingjournal, 4/2002, S. 32–36.
PIERCY, N. F.: Marketing Budgeting, London/Sydney/Dover (NH) 1986.
PIERCY, N. F.: The Marketing Budgeting Process: Marketing Management Implications, in: Journal of Marketing, 51. Jg. (1987), October, S. 45–59.
REINECKE, S./REIBSTEIN, D. J.: Performance Measurement in Marketing und Verkauf : Einsatz von Marketingkennzahlen in den USA und Kontinentaleuropa, in: krp – Kostenrechnungspraxis, 46. Jg. (2002), Heft 1, S. 18–25.
REINECKE, S./TOMCZAK, T.: Einsatz von Instrumenten und Verfahren des Marketingcontrollings in der Praxis, in: REINECKE, S./TOMCZAK, T./ GEIS, G. (Hrsg.): Handbuch Marketingcontrolling: Marketing als Motor von Wachstum und Erfolg, Frankfurt/Wien 2001, S. 76–88.
SCHULTZ, D. E./GRONSTEDT, A.: Making Marcom an Investment, in: Marketing Management, 6. Jg. (1997), Heft 3, S. 40–49.
Sheth, J. N./Sisodia, R. S.: Feeling the Heat, in: Marketing Management, 4. Jg. (1995), Heft 2, S. 8–23.
TOMCZAK, T./REINECKE, S.: Der aufgabenorientierte Ansatz - eine neue Perspektive für das Marketing, Fachbericht für Marketing, St. Gallen 1996.
TOMCZAK, T./REINECKE, S.: Der aufgabenorientierte Ansatz als Basis eines marktorientierten Wertmanagements, in: GRÜNIG, R./PASQUIER, M. (Hrsg.): Strategisches Management und Marketing, Festschrift für Richard Kühn, Bern/Stuttgart/ Wien 1999, S. 293–327.
WEBER, J.: Einführung in das Controlling, 8. Aufl., Stuttgart 1999.
WEBER, J./GOELDEL, H./SCHÄFFER, U.: Zur Gestaltung der strategischen und operativen Planung, in: Die Unternehmung, 51. Jg. (1997), Heft 4, S. 273–295.
WEBER, J./SCHÄFFER, U.: Balanced Scorecard & Controlling: Implementierung – Nutzen für Manager und Controller – Erfahrungen in deutschen Unternehmen, 3. Aufl., Wiesbaden 2000.
WEBER, J./SCHÄFFER, U.: Marketingcontrolling: Sicherstellung der Rationalität in einer marktorientierten Unternehmensführung, in: REINECKE, S./TOMCZAK, T./GEIS, G. (Hrsg.): Handbuch Marketingcontrolling: Marketing als Motor von Wachstum und Erfolg, St. Gallen/Wien 2001, S. 32–49.
WEIGAND, C.: Marketing-Kosten, in: TIETZ, B./ KÖHLER, R./ZENTES, J. (Hrsg.): Handwörterbuch des Marketing, 2. Aufl., Stuttgart 1995, S. 1576–1585.
WILSON, R. M. S.: Marketing Budgeting and Resource Allocation, in: BAKER, M. J. (Hrsg.), Companion Encyclopedia of Marketing, 1995, S. 277–300.

Integrierte Unternehmensplanung im Konzern

Vom Absatzplan zur konsolidierten Spitzenkennzahl

Csaba Orbán/Alexander Bott

Unternehmensplanung im Wandel

Laut einer Studie der Unternehmensberatung BearingPoint mit dem Titel „Unternehmensplanung – Wertschöpfung oder Pflichtübung" verwendet die Mehrheit der deutschen Großunternehmen vorwiegend Excel-basierte Insel-Lösungen zur Abbildung des Planungsprozesses und zur Erfassung von Plandaten. Dies dürfte ein Grund sein, warum in letzter Zeit vermehrt die systemtechnische Unterstützung der Planung diskutiert wird. Hierbei geht es neben der Unterstützung des Prozesses vor allem aber auch um die inhaltliche Seite der Unternehmensplanung. In zunehmendem Maße müssen z. B. wertorientierte Kennzahlen in die Planung eingebunden und die Planzahlen konsolidiert werden.

Um den heutigen Anforderungen der Business Intelligence Rechnung zu tragen, müssen nach unserer Projekterfahrung folgende Kriterien durch ein Planungssystem erfüllt werden:

- Effizienz des Planungsprozesses
- Simulationsfähigkeit/Abbildung von Szenarien
- Flexibilität
- Integration der Teilpläne zu einer integrierten GuV, Bilanz- und Kapitalflussrechnung
- Integration von wertorientierten Kennzahlen
- Integration der Unternehmensplanung mit einem Konsolidierungstool
- Schnelles und konsistentes Plan/Ist-Reporting
- Unterstützung des Planungsworkflows

Diese Anforderungen können jedoch nicht von einer reinen Excel-Lösung abgedeckt werden. Vielmehr bedarf es hierzu spezieller, auf die Planung ausgerichtete Softwareprodukte. Die SAP AG hat für die Unternehmensplanung ein System entwickelt, welches diese Kriterien weitgehend erfüllt. Basierend auf einem Praxisbeispiel wird im Folgenden die Implementierung eines solchen umfassenden SAP Planungssystems vorgestellt.

Über das Projekt

Der Kunde

Das Praxisbeispiel bezieht sich auf ein Projekt in der Energiebranche. Die Konzernorganisation ist nach einer Matrix gemäß der Einzelgesellschaften (legale Sicht) und Segmente (Managementsicht) aufgebaut.

Die Ausgangssituation

Die Ist-Situation der Planung basierte systemseitig auf einer Excel-Landschaft. Die einzelnen Funktionsbereiche planten hierbei vorwiegend GuV-relevante Positionen. Bilanzzahlen wurden weitestgehend vernachlässigt. Des weiteren wurden die vollkonsolidierten Konzernunternehmen bzw. Teilkonzerne nur rudimentär in

---

- Unternehmen fordern heute flexible und integrierte Planungssysteme, um über einen effizienten Prozess qualitativ hochwertige Planzahlen zu generieren.
- SEM-BPS von SAP ist ein Softwaretool, mit dem ein modernes Planungssystem umgesetzt werden kann, das den heutigen Anforderungen gerecht wird.
- Ein integriertes Planungssystem umfasst alle relevanten Teilpläne mit den werttreibenden Faktoren und integriert diese zu konsistent aufeinander abgestimmten Bilanzen und GuVs.
- Durch die Einbindung einer Konsolidierungssoftware (EC-CS von SAP) werden Planzahlen korrekt konsolidiert und auf allen Konzernebenen mit Istzahlen vergleichbar gemacht.
- Ein leistungsfähiges Reportingsystem erlaubt es, entscheidungsrelevante Plan- und Istzahlen zur Verfügung zu stellen und zu analysieren.

Dipl.-Betriebswirt Csaba Orbán ist Consultant bei der Unternehmensberatung Bearing Point in Frankfurt/Main. Sein Spezialgebiet ist die Implementierung von Planungs- und Berichtssystemen, im speziellen unter Verwendung von SAP BW/SEM.
E-Mail: corban@bearingpoint.biz

die Konzernplanung mit eingeschlossen. Eine Integration der Teilpläne zu einer konsistenten GuV und Bilanz fand demnach nicht statt. Aufgrund der hohen Anzahl manueller Tätigkeiten zur Planerstellung wie auch für das Konzernreporting stand verhältnismäßig wenig Zeit für Analysen im Controlling zur Verfügung.

Die Herausforderung

Für diesen Konzern sollte innerhalb des Projektes ein System implementiert werden, welches eine integrierte Unternehmensplanung unterstützt. Die Entscheidung fiel bei der Softwareauswahl für das Konzernreporting auf die multidimensionale Datawarehouse Lösung SAP Business Information Warehouse (BW) und für die Unternehmensplanung auf SAP SEM Business Planning and Simulation (SEM-BPS). Bei der Implementierung sollte insbesondere die Integration mit dem Konsolidierungssystem SAP EC-CS vollzogen werden, wodurch die Ausgangsbasis für ein in jeder Hinsicht konsistentes Plan/Ist-Reporting auf Konzernebene geschaffen werden sollte.

Planung mit SEM BPS
Kundenanforderungen

Das zu implementierende Planungssystem sollte sowohl die Mittelfrist- und Budgetplanung als auch das monatliche Forecasting des Konzerns umfassen. Für die Muttergesellschaft und deren strategischen Geschäftseinheiten wurde aufgrund der Maßgeblichkeit im System BPS eine detaillierte Planung in einzelne Teilpläne vorgesehen, woraus sich eine integrierte Bilanz systemunterstützend entwickeln sollte. Die vollkonsolidierten Tochterunternehmen des Konzerns bzw.

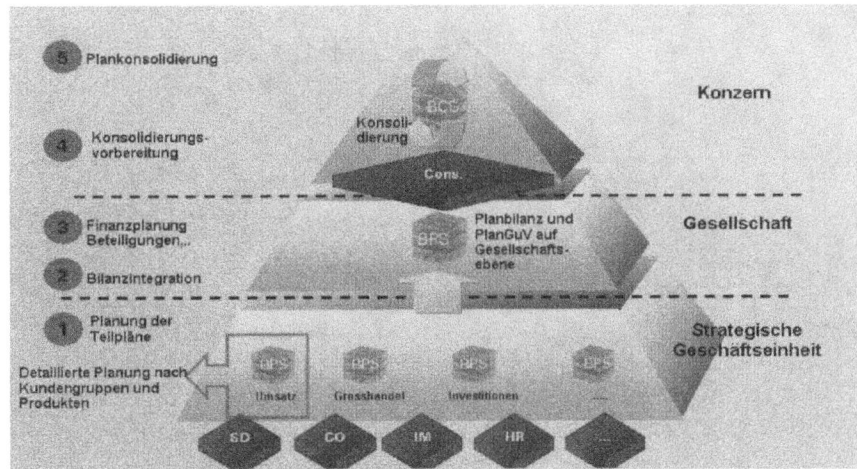

Abbildung 1: Integrierte Planung mit SEM BPS

Teilkonzerne meldeten ihre geplanten GuV und Bilanzpositionen in Summe und sollten somit im ersten Schritt der Implementierung nicht in die Teilpläne und die Bilanzintegration miteingebunden werden.

Der Planungshorizont der Mittelfristplanung ist 5 Jahre, wobei die Planwerte des ersten Jahres das Budget darstellten und auf Monatsebene periodisiert wurden und als Vorgabewerte für die Kostenstellenplanung im R/3 dienten. Die Planung sollte sowohl die legale als auch die Managementsicht unter Berücksichtigung der spezifischen Anforderungen aus den Rechungslegungsarten IAS und HGB abbilden. Die Bereitstellung bzw. die Erfassung der Plandaten erfolgte über manuelle Eingabemasken, da dem BPS keine anderen Vorsysteme zur Erfassung vorgeschaltet waren.

Weiterhin sollte der gesamte Prozess von der Erfassung der Teilpläne bis hin zur Konsolidierung der Plandaten bei der Implementierung abgedeckt werden, so dass sich graphisch veranschaulicht folgende Anforderungen für das integrierte Planungssystem ergaben:

Umsetzung des Planungsverfahrens

Aufgrund des generischen Charakters des Planungstools SEM-BPS können verschiedene Planungsverfahren unterstützt werden. So ist es z. B. vorstellbar, dass verantwortliche Abteilungen die Top-Down und Bottom-up Planung über BPS abstimmen. In dem zugrundeliegenden Praxisbeispiel wurde ein eher Business Unit-orientierter Planungsansatz abgebildet, d. h., dass die systemtechnische Unterstützung des Gegenstromverfahrens hier nicht umgesetzt worden ist.

Die Planungsphilosophie basierte vielmehr auf einem Top-Down Ansatz pro strategischer Geschäftseinheit. Im Rahmen der Mittelfristplanung wurde die Planung für über 100 Organisationseinheiten des Konzerns eingerichtet. Diese Einheiten decken die Matrixorganisation des Konzerns ab. Die Mittelfristplanung umfasst die Planjahre 1 bis 5 und erfolgt jährlich. Für das erste Jahr der Mittelfristplanung ist die Führung von Monatswerten vorgesehen. Da eine tatsächliche Planung auf Monatsbasis im ersten Jahr zu einer Vervielfachung des Eingabevo-

Dipl.-Betriebswirt Alexander Bott ist Consultant bei der Unternehmensberatung BearingPoint in Frankfurt/Main. Sein Spezialgebiet ist die Implementierung von Planungs- und Berichtssystemen, im speziellen unter Verwendung von SAP BW/SEM.
E-Mail: alexanderbott@bearingpoint.biz

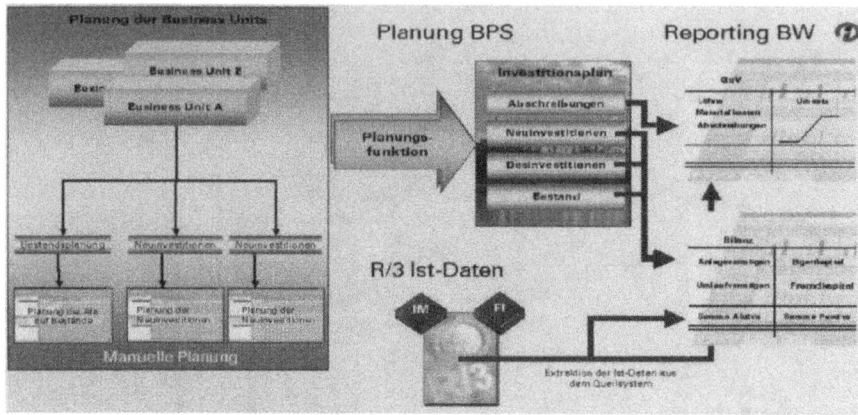

Abbildung 2: Investitionsplanung

lumens führt, wurde eine Aufteilung des Jahreswertes auf Monate vorgezogen. Die Verteilung auf Monate wurde durch SEM-BPS Funktionen unterstützt.

Da einige Positionen wie Umsätze und Einsatzkosten einen stark periodisch schwankenden Wert darstellen, kann eine einfache lineare Aufteilung auf Monate mittels einer Division durch 12 zu einer Verfälschung des Ergebnisses führen. Ein ausreichendes Maß an Genauigkeit wird über die Angabe einer prozentualen Verteilung der Werte pro Position über das Jahr oder durch eine Verteilung nach vorgegebenen Referenzen erreicht. Nicht schwankende Werte werden gleichmäßig linear auf Monate verteilt.

Des weiteren erfolgt monatlich eine Hochrechnung des ersten Planjahres auf Jahresebene (Forecasting).

Umsetzung der Planungsstrukturen und Planungsobjekte

Um ein effizientes Plan/Ist-Reporting zu gewährleisten, orientierte man sich bei der Festlegung der Datenstrukturen am Ist. Da der Kunde für die Aufbereitung der Istdaten das SAP Konsolidierungstool EC-CS nutzt und dieses für das Konzernreporting an das BW angebunden wurde, basierten die Datenstrukturen im Plan auf den Datenstrukturen des EC-CS. Diese deckten jedoch nicht die energiespezifischen Anforderungen in der Planung ab, so dass sie um energiespezifische Elemente zu erweitern waren.

Für die Planungsobjekte bedeutete dies, dass zur Abbildung der Planeinheiten Konsolidierungseinheiten genutzt wurden. Aufgrund des Top-Down-orientierten Ansatzes wurden für die Planung im Vergleich zum Ist aggregierte Konsolidierungseinheiten gewählt.

Umsetzung der Teilpläne

Für die Einbindung der Teilpläne wurden über die Nutzung eines standardisierten Excel-Add-in Eingabelayouts für die Plandateneingabe im System BPS eingerichtet. Diese Eingabelayouts bieten dem Plandatenerfassenden die gewohnte Excel-Umgebung unter Nutzung der BPS-Funktionalitäten und der zentralen Datenhaltung im BW. Bei den BPS-Funktionalitäten wurden z. B. einfache „Menge x Preis"-Funktionen im System hinterlegt, die der Anwender am System per Knopfdruck ausführen kann.

Kerngeschäft

Die Teilpläne des Kerngeschäfts orientierten sich an der energiespezifischen Wertschöpfungskette. Kernbestandteil dieses Planungsprozesses sind die Werttreiber Mengen und Preise. Darüber hinaus stellt der Mengenfluss durch das Unternehmen eine weitere wichtige Zielgröße der Planung dar. Als Ergebnis soll eine Umsatzplanung entstehen, die den Planer dazu veranlasst, das Entstehen seines Umsatzes und Ergebnisses über die Werttreiber genau zu steuern.

Zur Abdeckung der Energiebeschaffungsplanung wurden Eingabelayouts für die spezifischen Anforderungen der Handelstätigkeiten eingerichtet.

Neben der Beschaffungsplanung bedarf es einer Logistikplanung. Die Logistik im Energiebereich bestimmt den Weg, auf dem die beschaffte Energiemenge an den Endverbraucher gelangt. In der Branche der Energiedienstleistung stellt diesen wertschöpfenden Prozess die Netzabteilung sicher. Demzufolge wurden die entsprechenden Kosten und Erträge ebenfalls geplant.

Der Vertrieb ist das letzte Glied in der Wertschöpfungskette. Durch diesen wird der direkte Kontakt zum Kunden hergestellt. Im vorliegenden Fall wurden die Mengen und Preise nach Kundengruppen und Sparten erfasst. Hervorzuheben ist hierbei, dass bei der Preisplanung nach den einzelnen Preisbestandteilen (u. a. Arbeitspreis, Leistungspreis, Netznutzungsentgelte und Konzessionsabgabe) differenziert wurde.

Neben den energiespezifischen Teilplänen wurden die Gemeinkosten-, Personal-, die Investitions- sowie die Finanzplanung im BPS-System umgesetzt. Im Folgenden wird auf diese Teilpläne noch gesondert eingegangen:

Gemeinkostenplanung und Planung der zentralen Konzernfunktionen

Nach der Planung des Kerngeschäfts ist für alle Bereiche die Gemeinkostenplanung durchzuführen. Im Rahmen dieser Planung wurden auch die Leistungsbeziehungen mit den zentralen Konzernfunktionen berücksichtigt. Die zentralen Konzernfunktionen unterhalten Leistungsbeziehungen zu allen planenden Einheiten, was zu umfangreichen Binnenumsätzen führt.

Die Planung erfolgt auf Ebene der Konsolidierungseinheiten pro Partner und Positionsgruppe (Konto). Durch die Mitgabe der Partnerinformationen wird über SEM BPS-Funktionen der Leistungsaustausch erstellt. Gemäß dem Anforderungsprinzip werden den zentralen Bereichen die Umsätze durch die anfordernden Bereiche vorgegeben. Fordert eine Einheit beispielsweise von der Abteilung Informationstechnik EDV-Dienstleistungen an, so erfasst die entsprechende Einheit eine Fremdleistung mit dem Partner Informationstechnik. Die Aufwände werden dann automatisch über Planungsfunktionen der Abteilung Informationstechnik als Umsatz vorgegeben.

Investitionsplanung

Der Fokus der Investitionsplanung ist auf die Erfassung von Investitionsprojekten und deren weitreichende Auswirkung auf sämtliche Teile der Bilanz und GuV (Abschreibungen, Änderungen im Anlagenspiegel) gerichtet.

Insbesondere am Beispiel der Investitionsplanung kann der generische und unterstützende Charakter des Planungstools BPS hervorgehoben werden.

Um die Differenzierbarkeit einzelner Investitionen und deren spezifischer Nutzungsdauern nach IAS und HGB zu gewährleisten, wurden für die Planung der Investitionen ca. 100 verschiedene Investitionsarten und deren Nutzungsdauern getrennt nach IAS und HGB hinterlegt. Diese Investitionsarten wurden ebenfalls bestimmten Bilanzkonten zugeordnet. Neben den unterschiedlichen Nutzungsdauern wurde auch festgelegt, auf welche Art (linear, arithmetisch degressiv oder geometrisch-degressiv) die Abschreibung pro Investitionsart erfolgen sollte.

Nach den systemseitigen Einstellungen erfassten die einzelnen Planungseinheiten innerhalb der Investitionsplanung die Neuinvestitionen pro Investitionsart und Planjahr.

Über das Ausführen von Planungsfunktionen, die benutzerspezifisch im System hinterlegt waren, wurden die entsprechenden Abschreibungswerte ermittelt. Diese wurden gemäß dem Prinzip der doppelten Buchführung sowohl auf dem Bilanz- als auch auf dem GuV-Konto gegengebucht. Zusätzlich wurden die Buchungen auf den Sachanlagekonten bewegungsartenspezifisch dargestellt, so dass dem Anwender ein kompletter Anlagenspiegel für die Planwerte zur Verfügung stand (Zugänge, Abgänge, Abschreibungen, etc.).

Neben den Abschreibungen wurden in der Investitionsplanung auch Desinvestitionen berücksichtigt, wobei hier ein vereinfachtes Verfahren gewählt wurde. Eine Desinvestition wurde als bestimmter %-Satz der Neuinvestition ermittelt. Dies bedingte die Annahme, dass nur Anlagen, die keinen Restbuchwert mehr aufwiesen, desinvestiert wurden. Diese Anlageabgänge hatten somit keinen Einfluss auf Gewinn/Verlust in der GuV, d. h., dass außer der Ausbuchung aus der Bilanz und der Änderung des Anlagenspiegels kein weiterer Effekt entstand.

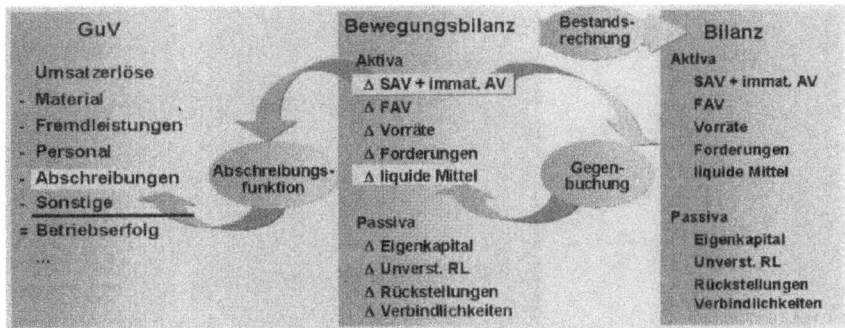

Abbildung 3: Integration der Investitionsplanung

Folgende Abbildungen verdeutlichen den Ablauf der Investitionsplanung und den integrativen Charakter bezüglich der Bilanz- und GuV-Integration:

Personalplanung

In der Personalplanung werden zum einen die Personalaufwendungen geplant. Zum anderen wurden die Anzahl der Mitarbeiter sowie die Personenjahre pro Konsolidierungseinheit erfasst.

Finanzplanung

Innerhalb der Finanzplanung werden sowohl die Tilgung bestehender langfristiger Verbindlichkeiten als auch die Neuaufnahme von langfristigen Krediten und darüber hinaus die Zinssätze auf Jahresebene geplant.

Bilanzintegration

Auf Basis der Teilpläne wird im Rahmen der Planung ferner integrativ eine Bilanz für die Muttergesellschaft entwickelt. Bei der Planbilanz handelt sich um eine Bewegungsbilanz; die Anfangbestände bzw. die Eröffnungsbilanz für die Planperiode sind somit ebenfalls zu berücksichtigen. Die Eröffnungsbilanz liegt generell erst nach Beginn der Planungsrunde im System als Jahresabschluss vor. Daher bedarf es der Eingabe einer geschätzten bzw. hochgerechneten Bilanz. Als Alternative kann zur Erstellung der Planeröffnungsbilanz auch das letzte vorliegende Ist aus dem Vorjahr herangezogen werden.

Im Rahmen der Bilanzintegration werden im wesentlichen folgende Vorgänge berücksichtigt:

Ableitung der Forderungen/ Verbindlichkeiten und der liquiden Mittel

Um eine integrierte Bilanz und GuV zu erhalten, bedarf es der Ableitung der GuV-Auswirkungen auf die Bilanz. Gemäß der doppelten Buchführung werden die zahlungswirksamen Erträge und Aufwendungen auf Forderungen und Verbindlichkeiten gegengebucht.

Mit Hilfe einer gesellschaftsspezifischen Verweilzeit werden die Forderungen und Verbindlichkeiten auf das Kontokorrentkonto übergeleitet. Bei den liquiden Mitteln bzw. dem Kontokorrentkonto handelt es sich daher um eine Residualgröße der Planung. Da die Finanzierungsart ein Cash Pooling Modell mit einer Finanzierungsgesellschaft darstellt, bildet diese Residualgrösse die Forderungen bzw. Verbindlichkeiten in Form eines Kontokorrents gegenüber der „Cash poolenden" Stelle.

Ermittlung des Zins- und Steuerergebnisses sowie des Jahresüberschusses

Nach der Ableitung der liquiden Mittel werden basierend auf den erfassten Mischzinssätzen der entsprechende Zinsaufwand bzw. Zinsertrag sowie der

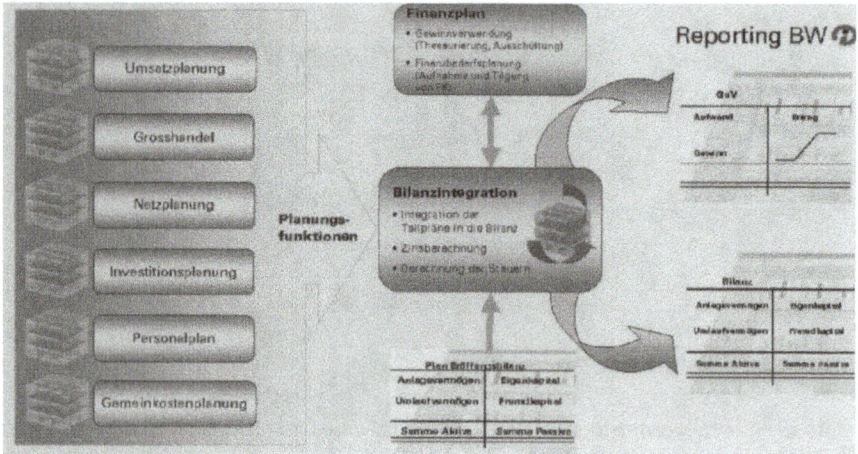

Abbildung 4: Bilanzintegration

resultierende Gewerbesteuer- und Körperschaftssteueraufwand ermittelt. Aus der Summe der GuV Positionen ergibt sich daraufhin der Jahresüberschuss.

Bezüglich der Bilanzintegration ist auf den iterativen Charakter dieses Prozesses hinzuweisen. Dies bedeutet, dass sich ein Gleichgewicht zwischen Aktiva und Passiva erst nach mehrmaligem Durchlauf des Bilanzintegrationsprozesses einstellt. Dies ist darauf zurückzuführen, dass sich die Komponenten liquide Mittel, Zinsen, Steuern und Jahresüberschuss wechselseitig bedingen. So ergibt sich nach erstmaliger Ausführung der Bilanzintegration ein Zinsaufwand, dessen bilanzielle Auswirkung auf die liquiden Mittel sich in der Bilanz noch nicht wiederfindet. Darüber hinaus können zu diesem Zeitpunkt auch Maßnahmen in der Finanzplanung erfolgen, da erst nach erstmaligem Ausführen der Bilanzintegration die Liquiditätslage des Konzerns in der Planung beurteilt werden kann. Demzufolge muss die Bilanzintegration erneut ausgeführt werden. In SEM BPS kann dieser Prozess durch im System eingerichtete Planungsfunktionen automatisiert angestoßen werden, wodurch sich nach mehrmaliger Iteration eine integrierte GuV und Bilanz ergibt.

Nach Durchführung der Bilanzintegration liegt somit pro Gesellschaft eine unkonsolidierte Bilanz und GuV vor; während sich auf Ebene der strategischen Geschäftsfelder GuV-Daten wiederfinden. Diese können anschliessend an das Konsolidierungssystem EC-CS zur Weiterverarbeitung übergeben werden.

Plankonsolidierung
Grundsätzliche Vorgehensweise bei der Einführung der Plankonsolidierung

Das Konsolidierungssystem EC-CS wurde im Konzern bereits vor Einführung der Unternehmensplanung mit SEM-BPS für die Konsolidierung der Quartals- und Jahresabschlüsse produktiv genutzt. Es stand daher ein bereits „gecustomiztes" System zur Verfügung, in das die Plankonsolidierung integriert werden sollte. Bei Beginn der Arbeiten gab es zwei grundlegende Vorgaben, an denen das Projekt Plankonsolidierung ausgerichtet werden sollte:

- Ermöglichung einer getrennten Konsolidierung und Datenhaltung der drei unterschiedlichen Planversionen Mehrjahresplan, Budget und Forecast, um eine flexible Handhabung sicherzustellen.
- Gewährleistung der inhaltlichen Vergleichbarkeit von Plan- und Istdaten im Konzernreporting auf allen Ebenen bzw. Stufen des Konzerns.

Die getrennte Konsolidierung und Darstellbarkeit der drei Planarten wurde in EC-CS durch das Anlegen von drei verschiedenen Ausprägungen des Objekts Version realisiert. Dies ermöglicht u. a. die Abbildung der unterschiedlichen Periodizitäten. Zusammen mit der bereits vorher genutzten Version für Istdaten umfasste das System somit 4 verschiedene Versionen.

Neben den Versionen sind in der Architektur von EC-CS auch die *Sicht* und der *Positionsplan* (Kontenplan) von entscheidender Bedeutung. Version, Sicht und Positionsplan bilden sozusagen die „Pfeiler" des Systems. Diese Pfeiler bewirken Abhängigkeiten im Bereich der Stammdaten und des Customizings. Beispielsweise gilt dies für einen großen Teil der betriebswirtschaftlichen Methoden anhand derer die Konsolidierung der Abschlüsse in EC-CS erfolgt sowie für Stammdaten wie Positionen (Konten) und Konsolidierungseinheiten (Organisationseinheiten).

Gemäß der Matrixorganisation des Konzerns bestanden vor dem Aufsetzen der Plankonsolidierung in EC-CS zwei unterschiedliche *Sichten* für die Konsolidierung der Istversion: eine legale Sicht zur Abbildung und Konsolidierung der legalen Konzernstruktur sowie eine Managementsicht, in der die interne Struktur des Konzerns nach Segmenten und Geschäftseinheiten abgebildet wird. Diese beiden Sichten erfordern daher unterschiedliche Organisationseinheiten, die in der jeweiligen Sicht den Konzern bilden. Alle Einstellungen bzgl. Organisationseinheiten sind abhängig von der jeweiligen Sicht und auch nur für diese gültig.

Zum anderen wird für die Istkonsolidierung ein Positionsplan verwendet, der alle für das Konzernreporting notwendigen Positionen enthält. Alle Einstellungen bzgl. Positionen sind abhängig von diesem Positionsplan und auch nur für diesen gültig.

Aufgrund dieser Abhängigkeiten der Einstellungen und Stammdaten von Sicht und Positionsplan wurde die grundsätzliche Entscheidung getroffen, in der Plankonsolidierung dieselben Sichten und denselben Positionsplan zu verwenden wie für die Konsolidierung der Istversion. Dies soll die größtmögliche Vergleichbarkeit von Plan- und Istdaten auch nach der Konsolidierung gewährleisten. Zum anderen ermöglichte es, den Aufwand für das Aufsetzen und die nachträgliche kontinuierliche Pflege des Systems so gering wie möglich zu halten, da die für die Istversion bereits vorgenommenen Einstellungen auch für die Planversionen verwendet werden konnten.

Allerdings bringt diese Entscheidung die Konsequenz mit sich, dass viele für die Plankonsolidierung gültigen Einstellungen von Entscheidungen der Konzernbuchhaltung und des Konzerncontrollings bzgl. der Istversion abhängen. Änderungen von Einstellungen für die Istkonsolidierung wirken sich automatisch auch auf die Plankonsolidierung aus. Eigene Sichten oder ein eigener Positionsplan hätten zwar mehr Flexibilität für die Plankonsolidierung durch eine Abkopplung von einigen Einstellungen der Istkonsolidierung gebracht. Sie hätten aber vor allem einen wesentlich höheren Customizing- und ständigen Pflegeaufwand erfordert.

Bei der gewählten Vorgehensweise ist es daher sehr wichtig, einen stetigen Abstimmungs- oder zumindest Informationsprozess zwischen den Verantwortlichen der Ist- und Plankonsolidierung sicherzustellen, um die Bedienbarkeit der Plankonsolidierung in EC-CS mittel- und langfristig zu gewährleisten.

Angewendete Plankonsolidierungsmethoden

Um auf Konzernebene mit Istzahlen vergleichbare Plandaten zu erhalten, ist eine wesentliche Voraussetzung, dass die betriebswirtschaftlichen Methoden, anhand derer in EC-CS die Konsolidierung durchgeführt wird, sehr nahe an den Methoden angelehnt sind, die in der Istkonsolidierung verwendet werden. Dies ist jedoch bei einer auf Planzahlen basierten Konsolidierung nicht immer möglich. Zum einen liegen Plandaten im Normalfall nicht auf der Detailstufe vor, auf der Istzahlen vorliegen. Zum anderen würde es in der Unternehmensplanung zu einem unverhältnismäßig hohen Aufwand kommen, wenn alle konsolidierungsrelevanten Informationen generiert werden sollten. Jedoch ist es für die Realisierbarkeit einer Plankonsolidierung unumgänglich, gewisse Zusatzinformationen (z. B. Partnerangaben) mitzuplanen. Die Plankonsolidierung sollte daher im Idealfall Bestandteil der Konzeptionierung bei der Einführung eines Planungssystems sein. In einer solchen Konzeptphase muss entschieden werden, welche Konsolidierungsmethoden in der Plankonsolidierung praktikabel sind und gleichzeitig mit dem Ist vergleichbare Daten bereitstellen. Außerdem ist zu klären, welche zusätzlichen Plandaten für die angestrebten Konsolidierungsmethoden gebraucht werden.

Bei diesem Projekt konnten die Methoden der Kapitalkonsolidierung eins zu eins aus dem Ist übernommen werden. Dies umfasst vor allem die Behandlung von Goodwill, Goodwillabschreibungen und stillen Reserven. Hierfür musste beim Aufsetzen der Plankonsolidierung die erste Kapitalkonsolidierung in der Art durchgeführt werden, dass als Ergebnis dieselben Kapitalaufrechnungen und Goodwillwerte entstehen wie zum gegebenen Zeitpunkt im Ist. Auf diesem Stand aufsetzend wurden dann die einzelnen Jahre bzw. Perioden des Planungszeitraumes konsolidiert. Identisch wie im Ist, konnten auch die Aufrechnungsmethoden im Rahmen der Aufwands- und Ertragseliminierung umgesetzt werden. Vereinfachungen mussten jedoch bei der Schuldenkonsolidierung hingenommen werden. Insgesamt wurde ein Ergebnis erreicht, das den Vergleich von konsolidierten Plan- und Istwerten ermöglicht und nicht von vornherein zu konsolidierungsbedingten Plan-Ist-Abweichungen auf Konzernebene führt.

Die Schnittstelle zwischen SEM-BPS und EC-CS

Nach der Durchführung der Bilanzintegration steht in SEM-BPS für jedes in die Planung einbezogene Konzernunternehmen eine integriertes und konsistentes Zahlenwerk zur Verfügung. In der legalen Sicht bedeutet dies jeweils eine Bilanz und eine GuV pro Gesellschaft und in der Managementsicht eine GuV pro Geschäftseinheit. Diese Daten bilden die Grundlage für die Konsolidierung der Planung in EC-CS.

Grundsätzlich ist zu wiederholen, dass das Datenmodell in SEM-BPS an dem in EC-CS vorgegebenen Datenmodell ausgerichtet wurde. Die rein technische Übertragung der Daten von einem System in das andere stellt aus diesem Grund kein größeres Problem dar. Für eine betriebswirtschaftlich sinnvolle und mit dem Ist vergleichbare Konsolidierung benötigt man jedoch Informationen, die nicht unbedingt aus einem herkömmlichen Planungsprozess hervorgehen oder zumindest nicht mit ausreichendem Detailgrad. Man muss daher zwischen einem technischen und einem inhaltlichen Aspekt der Schnittstelle unterscheiden.

Aus inhaltlicher Sicht muss, wie bereits erwähnt, ein Konsolidierungssystem wie EC-CS mit Daten versorgt werden, die die gewünschte Konsolidierungsqualität sicherstellen oder gar eine Konsolidierung erst ermöglichen. Besonders hervorzuheben sind hierbei die Partnerangaben bzgl. der zu konsolidierenden Partnerbeziehungen auf Ebene der Konzerngesellschaften in der legalen Sicht und der Geschäftseinheiten in der Managementsicht. Dabei reicht die bloße, einseitige Angabe des jeweiligen Partners nicht immer aus. Möchte man inhaltlich sinnvolle Ergebnisse erreichen, ist oft auch eine Abstimmung der Partnerbeziehungen zwischen den beteiligten Einheiten notwendig. Als Beispiel sei an dieser Stelle die Ausschüttung und der Empfang von Dividenden zwischen Mutter- und Tochterunternehmen genannt. Eine falsche Konsolidierung dieser in Konzernen oft nicht unwesentlichen Größe kann sich bis auf steuerungsrelevante Spitzenkennzahlen auf Konzernebene auswirken und zu Verzerrungen führen. Möchte man die Unternehmensplanung ernsthaft konsolidieren, muss man also einen gewissen Abstimmungsaufwand in Kauf nehmen. Es wird nun offensichtlich, dass der Wunsch nach einem konsolidierten Unternehmensplan nicht nur durch die systemtechnische Umsetzung einer Plankonsolidierung befriedigt werden kann. Stellenweise werden auch Anpassungen des Planungsprozesses notwendig, um einen reibungslosen Übergang von der Planung zur Plankonsolidierung sicherzustellen.

Als weiteren wesentlichen Punkt im Zusammenhang mit der Schnittstelle zwischen SEM-BPS und EC-CS ist die Zusammenführung der unterschiedlichen Granularitäten zu nennen. Aufgrund der Entscheidung, in der Plankonsolidierung dieselben Sichten und denselben Positionsplan wie in der Istkonsolidierung zu verwenden, war es notwendig, auf ein und der selben Stammdatenebene zu arbeiten. Dieser stellte insofern eine Schnittstellenproblematik dar, als dass die eigentliche Planung in SEM-BPS teilweise auf einer höheren Ebene vorgesehen war. Bei den Organisationseinheiten der beiden Sichten ergab sich kein Handlungsbedarf, da man in der legalen Sicht auf Ebene der Konzerngesellschaften plant und in der Managementsicht auf bereits für die Istkonsolidierung eingefügte Dummy-Einheiten zurückgreifen konnte. Zwischen Plan und Ist gab es insofern keine größeren Granularitätsunterschiede. Dies sah jedoch bei den in der Planung verwendeten Positionen anders aus. In SEM-BPS geschieht die Planung auf Positionsgruppenebene. Durch die Nutzung des Ist-Positionsplans ist man in der Plankonsolidierung jedoch auf die wesentlich detaillierteren werttragenden Einzelpositionen angewiesen. Wegen der Verwendung des Positionsplanes für externe Berichterstattungszwecke kam eine Ergänzung des Positionsplans um gesonderte Planpositionen nicht in Frage. Es musste daher ein inhaltliches Mapping der in der Planung verwendeten Positionsgruppen auf ausgesuchte Einzelpositionen durchgeführt werden. Da man sich bei der Auswahl der zu beplanenden Positionsgruppen in SEM-BPS am verwendeten Positionsplan orientierte, war dies unproblematisch.

Des weiteren sind vom gemeinsam verwendeten Positionsplan auch die Einstellungen der Kontierungsanforderungen der einzelnen Positionen abhängig. Wegen des Vorranges der externen Berichterstattung obliegt die Verantwortung bzgl. der Kontierungsanforderungen der Konzernbuchhaltung. Dies führt dazu, dass einige Positionen, die auf Grundlage des Mappings für die Plankonsolidierung genutzt werden, mit Zusatzkontierungen versorgt werden müssen, die nicht aus der Unternehmensplanung hervorgehen und auch nicht für die Plankonsolidierung notwendig sind. Als Beispiele sind hier einige Bewegungsarten oder Partnerangaben bei nicht plankonsolidierungsrelevanten Positionen zu nennen. Diese Zusatzkontierungen müssen daher in der Schnittstelle zwischen SEM-BPS und EC-CS angereichert werden. Ausserdem ist zu beachten, dass sich die Kontierunganforderungen aus Sicht der Konzernbuchhaltung durchaus im Laufe der Zeit ändern können. Entsprechende Anpassungen an den Einstellungen bzgl. der verwendeten Positionen sind dann die Folge. Die Plankonsolidierung muss sich an diese Änderungen anpassen und die entsprechenden Zusatzkontierungen liefern können. Normalerweise ist es in der Unternehmensplanung jedoch nicht praktikabel, sich ändernde und nur aus technischen Gründen notwendige Informationsanforderungen zu erfüllen. Eine geeignete Schnittstelle muss daher nicht nur die von EC-CS geforderten Kontierungsinformationen anreichern können. Sie muss auch flexibel und für den Nutzer einfach adaptierbar sein.

Die meisten Schnittstellenthemen des Projekts waren Konsequenzen der Entscheidung, in der Plankonsolidierung die Stammdaten der Istkonsolidierung zu verwenden. Grundsätzlich muss man sagen, dass bei einer solchen integrierten Lösung, die mehrere Systeme umfasst, jede Entscheidung hinsichtlich ihrer Auswirkung auf die Schnittstellen untersucht werden sollte. Nur wenn dies der Fall ist, können Lösungen bereits in der Konzeptphase gefunden und in das Gesamtkonzept integriert werden. Schnittstellenprobleme, die erst in der Realisierung erkannt werden, kann man oft nur durch umständliche Workarounds überwinden.

Vorbereitung der Plandaten auf die Konsolidierung

Für die technische Umsetzung einer Schnittstelle, die die beschriebenen Unterschiede zwischen den Systemen überwinden kann und ausserdem für den User leicht verständlich und anpassbar ist, bietet sich SEM-BPS mit seinen flexiblen Funktionen an. Die Plandaten befinden sich nach Abschluss der Planung bereits in SEM-BPS. Es muss also nicht noch ein weiteres Tool in das Gesamtsystem integriert werden. Nach Planung und Vorbereitung der Daten in SEM-BPS kann dann eine direkte Übernahme in EC-CS erfolgen.

Für die Vorbereitung der Plandaten auf die Konsolidierung wurde ein eigener Info Cube in BW bzw. ein eigenes Planungsgebiet in SEM-BPS angelegt. In diesen neuen Info Cube können die konsolidierungsrelevanten Plandaten über ein Multiplanungsgebiet aus den Info Cubes übernommen werden, in denen die ursprüngliche Planung stattfindet. Diese Vorgehensweise hat den Vorteil, dass die originären Plandaten und die für die Konsolidierung angereicherten Plandaten getrennt gehalten werden und daher eine flexiblere Handhabung möglich ist.

Das eigens für die Konsolidierungsvorbereitung angelegte Planungsgebiet enthält BPS-Funktionen, mit denen die notwendigen Maßnahmen zu Anpassungen und Anreicherungen der Plandaten automatisiert durchgeführt werden. U. a. ist mit diesen Funktionen das Mapping der in SEM-BPS beplanten Positionsgruppen auf die in EC-CS verwendeten werttragenden Einzelpositionen umgesetzt worden. Ebenfalls befüllen die Funktionen die von EC-CS geforderten aber für die Plankonsolidierung bedeutungslosen Zusatzkontierungen mit festgelegten Dummywerten. Durch die für einen entsprechend geschulten User einfache Bedienbarkeit der Funktionen von SEM-BPS können Anpassungen bei geänderten Kontierungsanforderungen in EC-CS sehr schnell und flexibel durchgeführt werden. Die Voraussetzung hierfür ist natürlich ein geeigneter Kommunikationsprozess zwischen Konzernbuchhaltung und den für die Plankonsolidierung zuständigen Mitarbeitern, der die zeitnahe Weitergabe von neuen oder geänderten Kontierungsanforderungen garantiert.

Die BPS-Funktionen für die Konsolidierungsvorbereitung sind in einer sogenannten Planungssequenz gebündelt und werden durch einen Mausklick ausgeführt. Diese One-Button-Funktionalität ermöglicht es selbst nicht oder nur wenig geschulten Usern, die Konsolidierungsvorbereitung anzustoßen. Nachdem die Planungssequenz bzw. alle Funktionen ausgeführt worden sind, stehen im Info Cube für die Konsolidierungsvorbereitung die Plandaten zum Einspielen in EC-CS bereit. Hierfür werden die Daten in einem automatisierten Vorgang in ein Flatfile (.txt oder .csv-Datei) extrahiert. Dieses Flatfile wird dann über den flexiblen Upload mit einer vorher eingestellten Uploadmethode in EC-CS hochgeladen. Anschließend erfolgt die Konsolidierung der Plandaten in EC-CS bzw. es werden Daten- und Konsolidierungsmonitor durchlaufen.

Reporting von konsolidierten Ist- und Planzahlen

Das letztendliche Ziel aller Bemühungen, das Zahlenwerk der Unternehmensplanung zu konsolidieren, ist die Erstellung von aussagefähigen und entscheidungsrelevanten Reports aus Konzernsicht. Als Mittel, um diese Anforderung umzusetzen ist schon im ersten Stadium des Projekts das Business Information Warehouse (BW) von SAP bzw. dessen Reportingtool Business Explorer Analyzer (BEx Analyzer) ausgewählt worden. Zwar verfügt auch EC-CS selbst über eine gut Reportingfunktionalität. BW in Verbindung mit dem BEx Analyzer bietet jedoch ein weitaus höhere Flexibilität und ist insgesamt wesentlich geeigneter, ein effizientes und umfassendes Reporting abzubilden. Ausserdem ist BW für die Nutzung von SEM-BPS notwendig und wird für das Reporting der einzelnen in SEM-BPS geplanten Teilpläne genutzt.

Nach Abschluss der Konsolidierung der Plandaten aller drei Planversionen in EC-CS werden die konsolidierten Zahlen über BW aus EC-CS extrahiert. Dies gilt ebenso für die konsolidierten Istdaten, die sich rein technisch nur durch eine andere Version von den Plandaten unterscheiden. Hierfür stehen im Business Content des BW alle notwendigen Extraktions- und Datenhaltungsobjekte zur Verfügung. Die Bereitstellung der konsolidierten Daten in BW ist daher i. d. R. unproblematisch und schnell realisierbar.

Die Berichtsinhalte, die im Reporting abgebildet werden sollten, wurden bereits in der Konzeptphase des Projektes definiert. Mit den in BW vorliegenden Ist und Plandaten wurden diese im BEx Analyzer umgesetzt. Für die legalen Einzelgesellschaften handelte es sich hierbei um Bilanzen und GuVs als Plan-Ist-, Plan-Forecast und Ist-Vorjahr-Vergleiche inkl. positionsgenauem Ausweis der Abweichungen. Zusätzlich wurden über Formelfunktionen im BEx Analyzer Cash Flow Reports abgebildet. Für die Geschäftseinheiten und Segmente der Managementsicht wurden GuVs in diversen Variationen umgesetzt. Mit Hilfe von Hierarchien, die aus EC-CS übernommen wurden, ist es mit allen Berichten möglich, sowohl auf unterster, unkonsolidierter Ebene als auch auf allen weiteren Zwischen- und Top-Ebenen korrekt konsolidierte Plan- und Istdaten zu reporten, zu vergleichen und zu analysieren.

Im Zuge des Übergangs zu einem wertorientierten Ansatz wurden in einem weiteren Schritt auch Wertkennzahlen auf Basis der konsolidierten Daten in BW berechnet und für das Reporting zur Verfügung gestellt. Mit den entsprechenden Berichten können diese Wertkennzahlen, sowohl auf Ist- als auch auf Planbasis, für die einzelnen Ebenen des Konzerns in der legalen Sicht und der Managementsicht berichtet werden.

Fazit

Die mit dem Kunden zusammen erarbeitete Lösung eines umfassenden Planungssystems stellte zum damaligen Zeitpunkt die erste allumfassende Lösung im Bereich SEM-BPS und BW dar. Beginnend mit der mengen- und wertmäßigen Zusammenführung der Teilpläne und der Bilanzintegration wird über die Plankonsolidierung ein konsistentes Plan- und Ist-Reporting auf Management- und Gesellschaftsebene ermöglicht. Die Notwendigkeit eines solchen Planungssystems wird nun vermehrt von den deutschen Großunternehmen erkannt und umgesetzt. Die Entwicklung der Nachfrage in diesem Bereich belegt eindeutig, dass ein derartiges Planungssystem zu einem Erfolgsfaktor des Controllings avanciert.

Die Integration der Konsolidierung in die Unternehmensplanung erhöht den Wert der Planung auf Konzernebene. So wird die Grundlage für die Auswertbarkeit und Vergleichbarkeit der Plandaten geschaffen. Komplexe Steuerungssysteme, die auf finanziellen Größen beruhen, wie z. B. wertorientierte Kennzahlen, erhalten eine verlässliche Basis, die auf allen Ebenen des Konzerns die Anwendbarkeit eines einheitlichen Maßstabes erlaubt. In Bezug auf die Integration einer Konsolidierungsfunktionalität in die Unternehmensplanung mit SEM-BPS muss vor allem auf den designierten EC-CS-Nachfolger SEM-BCS hingewiesen werden. Dieses System basiert wie BPS auf BW und hat somit die gleiche technische Basis.

Die komplexen und individuellen Bedürfnisse an Planungs- und Berichtssysteme, wie sie in diesem Praxisbeispiel umgesetzt wurden, belegen den wesentlichen Vorteil von SEM in Verbindung mit BW: Durch den generischen Charakter der Systeme ist nahezu jegliche unternehmensspezifische Anforderung an die Planung und das Reporting abbildbar.

Gabler Lehrbuch Highlights

Rainer Schwarz
Controlling-Systeme
Eine Einführung in Grundlagen, Komponenten und Methoden des Controlling
Horst Albach (Hrsg.)
2002. XX, 466 S. Br. mit CD
EUR 49,90
ISBN 3-409-12944-8

Klaus North
Wissensorientierte Unternehmensführung
Wertschöpfung durch Wissen
3., akt. u. erw. Aufl. 2002.
XIV, 340 S. Br.
EUR 34,90
ISBN 3-409-33029-1

Thomas Joos-Sachse
Controlling, Kostenrechnung und Kostenmanagement
Grundlagen – Instrumente – Neue Ansätze
2., überarb. Aufl. 2002.
XXII, 350 S. Br.
EUR 29,90
ISBN 3-409-21502-6

Günther Bourier
Wahrscheinlichkeitsrechnung und schließende Statistik
Praxisorientierte Einführung.
Mit Aufgaben und Lösungen
3., überarb. Aufl. 2002.
XII, 382 S. Br.
EUR 29,90
ISBN 3-409-31463-6

Bestellung

Fax: +49 (0) 611.78 78-420

321 02 102

Ja, ich bestelle:

___ Expl. Rainer Schwarz **Controlling-Systeme** Br. mit CD EUR 49,90 ISBN 3-409-12944-8

___ Expl. Klaus North **Wissensorientierte Unternehmensführung** Br. EUR 34,90 ISBN 3-409-33029-1

Vorname und Name

Straße (bitte kein Postfach)

___ Expl. Thomas Joos-Sachse **Controlling, Kostenrechnung und Kostenmanagement** Br. EUR 29,90 ISBN 3-409-21502-6

___ Expl. Günther Bourier **Wahrscheinlichkeitsrechnung und schließende Statistik** Br. EUR 29,90 ISBN 3-409-31463-6

Land, PLZ, Ort

Unterschrift

(zzgl. Versand EUR 3,26)

Änderungen vorbehalten. Erhältlich beim Buchhandel oder beim Verlag. Abraham-Lincoln-Str. 46, 65189 Wiesbaden, Tel.: +049 (0) 6 11.78 78-124, www.gabler.de

Die Budgetierung bei Gräfe und Unzer

Christian Kopp

Seit geraumer Zeit hat sich vor allem in Großunternehmen die Budgetierung als geeignetes Verfahren zur Steuerung des Unternehmens bzw. des Unternehmensverbundes durchgesetzt. In der Folgezeit wurden immer detailliertere Verfahren zur Abbildung der komplexen Abläufe im Unternehmen und der Unternehmensumwelt entwickelt, um auf diese Weise eine möglichst exakte Planung der zukünftigen Entwicklungen im Unternehmen sicher zu stellen. Die Aufgabe, diesen komplizierten *Budgetierungsprozess* zu koordinieren und zu steuern, liegt in den meisten Unternehmen in den Händen von Controllingabteilungen. Der Anstieg der Zahl von Controllern in der Mehrzahl der großen Unternehmen und Konzerne ist somit eng mit der primär vorherrschenden Unternehmenssteuerung durch Pläne (Budgets) verbunden.

Auch in vielen mittelständischen Unternehmen wurden in der Zwischenzeit wesentliche Elemente dieser bekannten Budgetierungsverfahren übernommen und auf die entsprechende Unternehmensgröße angepaßt. Die Gräfe und Unzer Verlag GmbH als typisch *mittelständisch strukturiertes Unternehmen* hat schon sehr früh begonnen, einen umfassenden, strukturierten und auf die Erfordernisse des Unternehmens angepassten Prozess der Budgetierung auszuarbeiten und einzusetzen.

Im folgenden Artikel soll nun der Planungs- und Budgetierungsprozess bei Gräfe und Unzer ausführlich dargestellt werden. Dabei soll neben der reinen Beschreibung der einzelnen Prozessschritte im besonderen ein Augenmerk auf die Fragestellungen gelegt werden, die aus der Sicht des Unternehmens Gräfe und Unzer gegenwärtig und in der Zukunft die wesentlichen Herausforderungen für eine sinnvolle *Weiterentwicklung der Budgetierung* bilden. Dies sind unter anderem Fragen der Abbildung einer ständig steigenden *Komplexität* der Unternehmensabläufe und der Unternehmensumwelt (Strukturbrüche), aber auch *Verhaltensaspekte* von prozessbeteiligten Personen, die eine entsprechende Berücksichtigung bei der Budgetierung finden müssen.

Gräfe und Unzer, ein Unternehmen der Ganske Verlagsgruppe – Marktumfeld und strategische Positionierung

Der Verlag Gräfe und Unzer in München ist seit 1990 ein Unternehmen der Ganske Verlagsgruppe GmbH, die ihren Firmensitz in Hamburg hat. Die Verlagsgruppe setzt ihre strategischen Schwerpunkte im Bereich des Buch- und Zeitschriftengeschäfts sowie im Feld der elektronischen Vermarktung von Inhalten. Wesentliche Unternehmen der Ganske Verlagsgruppe sind der Jahreszeitenverlag, Hoffmann und Campe sowie Gräfe und Unzer.

Dr. Christian Kopp
Leiter Finanzen und Controlling
bei Gräfe und
Unzer Verlag GmbH, München,
kopp@graefe-und-unzer.de

- Die Budgetierung ist mittlerweile auch in den meisten mittelständischen Unternehmen das vorherrschende Steuerungsinstrument.
- Bei Gräfe und Unzer hat eine enge Verzahnung von qualitativen strategischen Zielen und quantitativen Budgets eine hohe Bedeutung.
- Die Mittelfristplanung wurde verkürzt und im Komplexitätsgrad reduziert, um eine Konzentration auf die wesentlichen Aussagen sicherzustellen.
- Die Budgetierung erfolgt in erster Linie progressiv, ausgehend von der Umsatzplanung und unter der bindenden Nebenbedingung von zu erreichenden Ergebniszielen.
- Auch in der Zukunft stellt die Budgetierung ein wesentliches Steuerungsinstrument dar, wenn sie nicht isoliert steht und eine gestiegene Komplexität und Umweltdynamik in ihren Verfahren berücksichtigt.

Gräfe und Unzer deckt in der Verlagsgruppe das Segment des *Ratgeberverlages* ab. D. h., es werden Bücher entwickelt und vermarktet, die den Kunden einen konkreten praktischen Rat in unterschiedlichen Lebensfragen und -situationen liefern sollen. Dies reicht von Büchern zu Gesundheitsthemen, über Reiseführer bis zu Koch- und Weinbüchern. Gräfe und Unzer bewegt sich in diesem Bereich des Buchmarktes in einem stagnierenden Marktumfeld. Der zum Teil deutliche Umsatzzuwachs in den letzten Jahren wurde

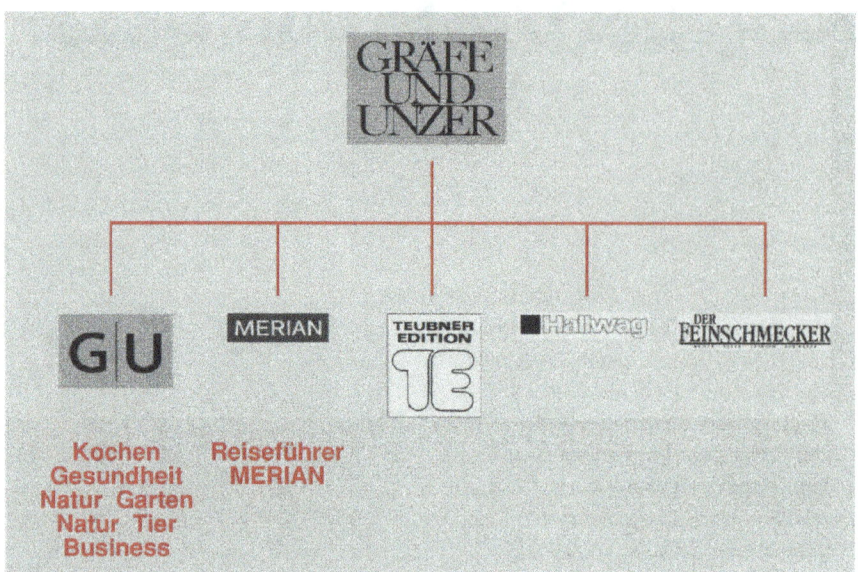

Abbildung 1: Das Markenportfolio von Gräfe und Unzer

folglich primär durch eine Verdrängung der Wettbewerber und einen damit verbundenen Zuwachs an Marktanteilen erreicht. Eine Differenzierung von den Konkurrenten findet in erster Linie durch eine hohe inhaltliche und optische Qualität der angebotenen Produkte statt. Da sich der Ratgebermarkt bedingt durch fortschreitende *Konzentrationsprozesse* und die Geschäftsaufgabe einzelner Konkurrenten im Umbruch befindet, soll die Verdrängung der anderen Marktteilnehmer auch in Zukunft verstärkt fortgesetzt werden. Gräfe und Unzer beschäftigt heute etwa 125 Mitarbeiter, mit denen ein Umsatz von ca. 60 Mio. Euro im Jahr 2002 realisiert wurde. Während die Entwicklung der Buchinhalte und die Betreuung der Autoren komplett intern realisiert wird, findet der Druck der Bücher durch beauftragte externe Druckereien und Buchbindereien statt.

Im Gegensatz zu Belletristik-Verlagen ist Gräfe und Unzer in geringerem Maße abhängig von der Bekanntheit der Autoren. Im Ratgeber-Segment spielt demgegenüber primär die Bekanntheit und die Stellung der Marke eine wesentliche Rolle bei der Kaufentscheidung der Kunden.

Folglich hat sich Gräfe und Unzer schon sehr früh und eindeutig nach Marken ausgerichtet, um diesem Aspekt entsprechend Rechnung zu tragen. Das *Markenportfolio* von Gräfe und Unzer, das im Jahr 2001 erweitert wurde um die Zukäufe von Teubner und Hallwag, ist in Abbildung 1 graphisch dargestellt. Entsprechend gliedert sich der Programmbereich des Unternehmens auch organisatorisch in die Markenverlage GU, Reise und die Premium-Produkte der Marken Teubner, Hallwag und Feinschmecker, die als Profit Center geführt werden.

Der Vertrieb der Produkte wird im Bereich des Buchhandels, der einen Umsatzanteil von etwa 70 % am Gesamtumsatz aufweist, durch angestellte Verlagsvertreter realisiert. Darüber hinaus erfolgt der Vertrieb im sogenannten Fachhandel durch freie Handelsvertreter. Der Lizenz- und Industrievertrieb, der auch eine internationale Verbreitung der Substanzen von Gräfe und Unzer ermöglicht, wird wiederum intern durchgeführt.

Neben den dargestellten besonderen Gegebenheiten des Ratgebersegmentes existieren auch im Buchmarkt einige Spezifika, die im Rahmen einer Planung der Unternehmensaktivitäten Berücksichtigung finden müssen. Beispielhaft können hier die weiterhin existierende *Buchpreisbindung*, das zum Teil umfassende Remissionsrecht von Handelskunden und das Urhebervertragsrecht genannt werden.

Entsprechend der kurz skizzierten unternehmerischen Ausrichtung von Gräfe und Unzer und seiner angestrebten Stellung im Ratgebermarkt wurden durch die Geschäftsleitung des Unternehmens die für einen Zeitraum von 10 Jahren geltenden *strategischen Ziele* des Verlages entwickelt. Diese Ziele stehen in engem Zusammenhang mit den übergeordneten strategischen Zielsetzungen der Ganske Verlagsgruppe und werden in regelmäßigen Abständen im Rahmen des Planungsprozesses einer kritischen Überprüfung unterzogen. Dabei handelt es sich – angelehnt an die Dimensionen der Balanced Scorecard – sowohl um finanzielle als auch um nicht-finanzielle strategische Zielsetzungen. Die nicht-finanziellen Ziele werden unterschieden nach Kundenzielen für End- und Handelskunden nach Prozess- und nach Mitarbeiterzielen. Die folgende Aufzählung zeigt beispielhaft eine Auswahl der wichtigsten finanziellen, markt- und kundenbezogenen Ziele:

- Wir erzielen eine Umsatzrentabilität vor Steuern von x %.
- Wir sind in allen relevanten Themen im Ratgebermarkt vertreten, mit dem Ziel Marktführer im jeweiligen Segment zu sein, mindestens aber Platz 2 oder 3 zu besetzen.
- Wir richten uns über Marken nach Zielgruppen aus.
- Unser Fokus ist der praktische Rat.
- Wir sind der Qualitätsführer im Markt.
- Wir bieten unseren Zielgruppen einen besseren und leichteren Zugang zu unseren Produkten im Handel als der Wettbewerb.

Die Spitzenkennzahl für das Unternehmen Gräfe und Unzer und die Verlagsgruppe bildet dabei die *Umsatzrentabilität*. Diese strenge Renditeorientierung – die sich in der Verlagsbranche im Gegensatz zu anderen Branchen erst relativ spät durchsetzt – ist eine wesentliche Grundlage aller Entscheidungen in der Unternehmensgruppe. Die hier skizzierte strategische Ausrichtung bildet den Rahmen für alle Aktivitäten des Unternehmens. Sie stellt folglich auch die Basis und den Ausgangspunkt für den Planungsprozess dar, der im weiteren näher erläutert werden soll.

Der Planungsprozess bei Gräfe und Unzer – Strategieklausur und 2-Jahresplanung als Grundlagen der Budgetierung

Die Budgetierung, also die konkrete und detaillierte Planung der Aktivitäten des Unternehmens und ihrer finanziellen Auswirkungen für das Folgejahr, ist eingebettet in den Gesamtkontext des Planungsprozesses. Den Ausgangspunkt dieses Prozesses bildet die *Strategieklausur der Geschäftsführung,* gefolgt von einer Mittelfristplanung mit einem zeitlichen Horizont von zwei Jahren und der Jahres- oder Budgetplanung. Die einzelnen Stufen dieses Planungsvorgehens sind in Abbildung 2 bildlich dargestellt und sollen im weiteren näher ausgeführt werden.

Das Ziel der Strategieklausur als Auftaktveranstaltung des Planungsprozesses eines Jahres ist die Ableitung von strategischen Vorgaben für den Zeitraum der *2-Jahresplanung*. In einem ersten Schritt wird dabei die schon erläuterte Überprüfung der strategischen Ziele des Unternehmens durchgeführt. Nach Abschluss dieser Revision werden folgende Parameter für den weiteren Prozess der Planung festgelegt:

1. Definition von qualitativen *strategischen Grundsätzen* und quantitativen Vorgaben für den Gesamtverlag
2. Ableitung von *qualitativen* und *quantitativen Zielvorgaben* für die einzelnen Verlage (GU, Reise, Teubner-Hallwag-Feinschmecker) und Vertriebskanäle als Prämissen für die Entwicklung der Verlags- und Vertriebsstrategien
3. Identifikation von Handlungsfeldern in den Querschnittsfunktionen des Verlages
4. Definition erfolgsrelevanter *strategischer Projekte*

Im Rahmen der Ableitung von quantitativen Vorgaben auf Unternehmensebene wird top down die von der Geschäftsleitung erwartete Entwicklung des Verlags im Planungszeitraum definiert. Dazu werden wesentliche, d. h. erfolgsrelevante Kennzahlen für Umsatz-, Kosten- und Ergebnisentwicklung in der nachfolgend in Abbildung 3 dargestellten Form erarbeitet.

Die Umsatzvorgaben für die einzelnen Segmente im Unternehmen werden auf Basis der unterstellten Marktentwicklung und der in den einzelnen Segmenten im Betrachtungszeitraum angestrebten *Marktanteile* ermittelt.

Eine wichtige Umsatzkennzahl ist beispielsweise das Verhältnis von Novitäten zu Backlist, also die Relation von neu erscheinenden zu bereits in den Vorjahren erschienenen Buchtiteln, ein wesentliches Kriterium für die Entwicklung eines Verlages. Ein hoher *Novitätenanteil* birgt einerseits hohes Umsatzpotential für die Zukunft, andererseits führt dies auch zu höheren Entwicklungskosten (Vorlaufkosten) in der betreffenden Periode und damit zu einer schlechteren Kostensituation. In Zeiten einer großen Flut von Neuprodukten und immer kürzerer Produktlebenszyklen ist das Erreichen einer wirtschaftlich gesunden Relation für jeden Verlag lebenswichtig.

Eine Ableitung der hier beschriebenen konkreten quantitativen Zielsetzungen hat immer mit zwei wesentlichen Problemfeldern zu kämpfen. Zum einen erfolgt die Formulierung der Ziele immer ceteris paribus, d. h. unter der Annahme bestimmter Umweltbedingungen. Zum anderen stellt sich naturgemäß die Frage nach der Motivationswirkung eines „richtig" gesetzten Ziels, das leistungsfördernd und nicht leistungshemmend wirkt.

Der Wirkungszusammenhang des ersten Problemfeldes lässt sich besonders plastisch mit dem Eintritt von gravierenden *gesamtwirtschaftlichen Änderungen* erläutern. Treten diese sogar in Form von sogenannten Strukturbrüchen auf, so basiert die verabschiedete Planung auf anderen und d. h. in diesem konkreten Fall falschen Prämissen. Geheilt werden kann dieses Problem zum Teil durch die Erarbeitung von unterschiedlichen Plan-Szenarien, die einen differierenden Prämissenkranz zugrunde legen. Denkbar ist dies für ein mittelständisches Unternehmen noch auf Ebene einzelner konkreter Vorgaben für die Gesamtunternehmensentwicklung. Für die Durchführung einer kompletten Planung in unterschiedlichen Szenarien sind aber meist weder die personellen noch die systemtechnischen Ressourcen vorhanden.

Auf Grundlage der Ergebnisse aus der Strategieklausur werden im Anschluss von den Verantwortlichen der zweiten Führungsebene die Marken- und Vertriebsstrategien für den Planungszeitraum entwickelt. Als wesentliche Erfahrung aus der Vergangenheit liegt der Organisation von Gräfe und Unzer heute eine Matrixstruktur zugrunde, in der die Verlags- und die Vertriebsleiter gleichberechtigt nebeneinander stehen. Notwendige programmatische respektive vertriebliche Entscheidung werden auf diese Weise frühzeitig mit allen Verant-

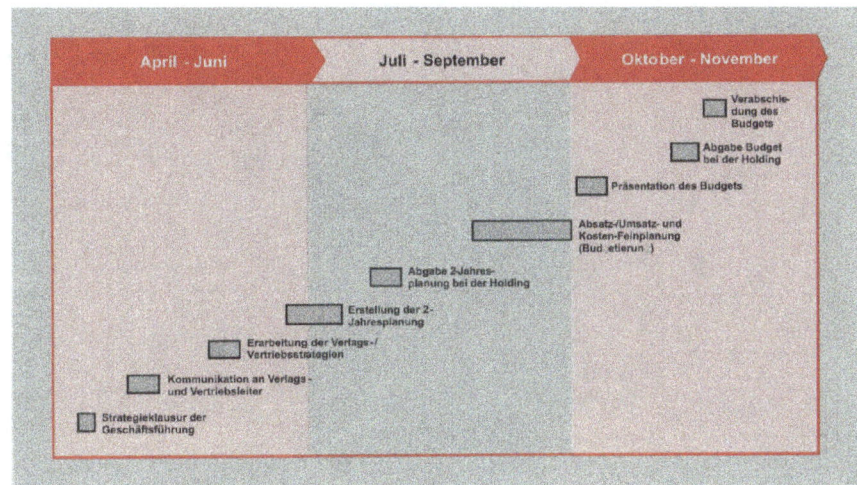

Abbildung 2: Die einzelnen Stufen des Planungsprozesses bei Gräfe und Unzer

in TEuro	Ist 1999 absolut in %	Ist 2000 absolut in %	Plan 2001 absolut in %	Plan 2002 absolut in %	Plan 2003 absolut in %
Umsatzentwicklung					
davon: Buchumsatz					
davon: Lizenzgeschäft					
davon: Industriegeschäft					
davon: Novi-Anteil					
davon: Backlist-Anteil					
Umsatzwachstum					
davon: Buchumsatz					
davon: Lizenzgeschäft					
davon: Industriegeschäft					
davon: Novi-Anteil					
davon: Backlist-Anteil					

Abbildung 3: Quantitative strategische Vorgaben

wortlichen im Unternehmen diskutiert. Die Entwicklung von ausgereiften Produkten für die es jedoch auf dem Markt keine Abnehmer gibt oder die Nutzung eines Vertriebskanals für den im Programm die geeigneten Produkte fehlen wird somit vermieden. Die Präsentation der einzelnen Verlags- und Vertriebsstrategien vor der Geschäftsführung stellt genau dieses Ineinandergreifen der einzelnen Aktivitäten bereits in einem sehr frühen Stadium des Prozesses sicher.

Nach der Kommunikation der top down durch die Geschäftsleitung entwickelten strategischen Zielvorgaben und der Übersetzung in Verlags- und Vertriebsstrategien, erfolgt nun die *2-Jahresplanung bottom up* in den einzelnen Verantwortungsbereichen. Um den Planungsaufwand und die Planungsergebnisse in ein sinnvolles und vor allem ökonomisches Verhältnis zu setzen, wurden hier im vergangenen Jahr zwei wesentliche Modifikationen unter dem Stichwort der *Komplexitätsreduzierung* vorgenommen. In einem ersten Schritt wurde der Planungshorizont dieser Mittelfristplanung von bisher drei auf nun zwei Jahre reduziert. Die Erfahrung hatte hier gezeigt, dass die letzten Perioden einer längerfristigen Planung sehr stark geprägt sind von der Unsicherheit der Prämissen und dass die notwendigen Aussagen im Regelfall in derselben Qualität auch mit wenigen aber entscheidungsrelevanten Kennzahlen abgeleitet werden können. Ein Problem, das vor allem in Großunternehmen mit zum Teil fünfperiodigen Detailplanungen nicht ganz unbekannt sein dürfte. Im nächsten Schritt wurde folglich auch der Detaillierungsgrad im Zuge einer Verringerung der Planungstiefe und -dichte deutlich reduziert. Die positiven Erfahrungen zeigen, dass die Transparenz der Planung und die Sicht der Entscheider auf die grundlegenden Zusammenhänge sich dadurch deutlich verbessern.

Kleinste Planungseinheit im Unternehmen ist nun die *Titelreihe*. Eine Titelreihe fasst thematisch vergleichbare Buchtitel in einer einheitlichen gestalterischen Form zusammen. Unterschieden wird dann innerhalb der Planung einer einzelnen Reihe nach Backlist-Titeln und nach Novitäten, die getrennt voneinander betrachtet werden. Zu Beginn der Planungsaktivitäten im Rahmen der 2-Jahresplanung erfolgt somit eine umsatzseitige Erfassung des Mengen- und Wertgerüstes auf Reihenebene. Aus den Absatzeinschätzungen des Vertriebes, den geplanten Ladenpreisen und den geplanten Handelsrabatten wird eine Umsatzplanung entwickelt. Eine weitere Aggregation der geplanten Umsätze auf Reihenebene erfolgt in zusätzlichen Schritten gemäß der in Abbildung 4 dargestellten Form über den Verlagsbereich (z. B. Kochen) und den Verlag (z. B. GU) zum Gesamtunternehmen.

Aufbauend auf der Umsatzplanung auf Reihenebene wird im weiteren die Planung der *Herstellkosten* im Umsatzkostenverfahren durchgeführt. Geplant werden analog zum Vorgehen bei der Umsatzplanung die durchschnittlichen Herstellkosten auf Reihenebene, wiederum unterschieden nach Backlist- und Novitäten-Titeln. Auf diese Weise erhält man den in der nächsten Abbildung 5 beispielhaft für den Verlagsbereich Gesundheit dargestellten Rohertrag (= Deckungsbeitrag I).

Auf Basis dieses damit festgelegten Grundgerüstes für die Aktivitäten der Planungsperiode werden alle weiteren

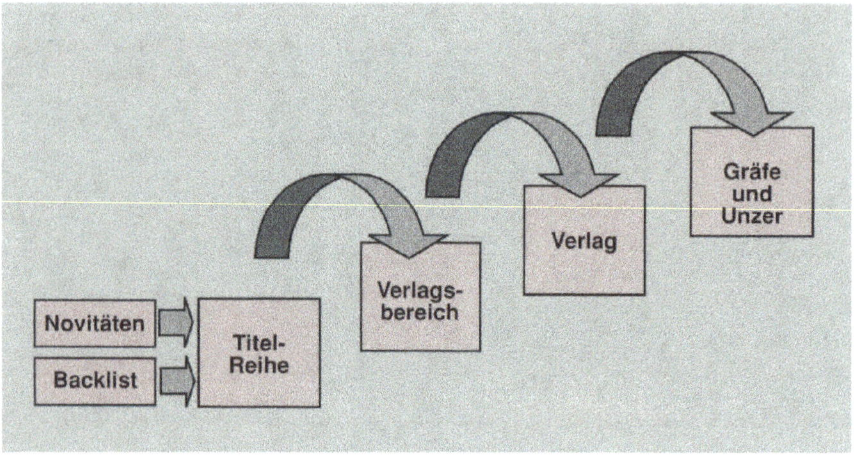

Abbildung 4: Die Aggregationsstufen der 2-Jahresplanung

Parameter – wie Planung von Marketingmaßnahmen, Personalplanung und Investitionsplanung – durch die Verantwortlichen in den Planungsprozess eingebracht und entsprechend in die *Deckungsbeitragsrechnungen* integriert. Die zum Teil komplexen Verfahren zur Ermittlung der einzelnen Kostenpositionen sollen im Kapitel zur Budgetierung ausführlicher erläutert werden.

Nach Einarbeitung der einzelnen Kostenpositionen in die Deckungsbeitragsrechnungen erhält man damit Plan-Ergebnisrechnungen auf den Ebenen Verlagsbereich, Verlag und Gesamtunternehmen, die als Profit Center geführt werden und deren Leiter (Verlagsleiter und Programmleiter) entsprechend Ergebnisverantwortung tragen. In einem weiteren Schritt werden diese Ergebnisrechnungen gespiegelt an den quantitativen Vorgaben aus der Strategieklausur. Treten im Rahmen dieser Analyse der *strategischen Lücken* deutliche Abweichungen zwischen der strategischen Vorgabe und der 2-Jahresplanung auf, so kommt es aufbauend auf einer Analyse der Ursachen zu einer bewussten strategischen Entscheidung der Geschäftsleitung hinsichtlich der *optimalen Ressourcenallokation* zur Erreichung der strategischen Zielsetzung auf Gesamtunternehmensebene. Vor allem das Ziel der Erreichung der geplanten Umsatzrendite steht dabei im Vordergrund. Durch dieses Vorgehen ist auch eine unmittelbare Ableitung der operativen Zielplanung aus der langfristigen strategischen Ausrichtung sichergestellt. Eine in vielen Unternehmen beklagte Diskrepanz zwischen strategischen Zielen einerseits und konkreten Budgetzielen andererseits kann auf diese Weise vermieden werden.

Nach Verabschiedung der 2-Jahresplanung durch den Vorstand der Ganske Verlagsgruppe, der die Planung in erster Linie hinsichtlich der Einhaltung der strategischen Vorgaben der Verlagsgruppe überprüft, bildet diese Freigabe gleichzeitig den gesetzten Zielrahmen für die detaillierte Budgetierung des Folgejahres.

Verlagsbereich Gesundheit	KUMULIERT				
Berichtsposition	Ist Vorjahr in TEuro	Plan in TEuro	Ist in TEuro	in % vom Umsatz	Abw. Plan in %
Vertriebserlöse netto Remittenden					
Netto-Vertriebs-Umsatz					
Herstellkosten (inkl. Festhonorare)					
DB I = Rohertrag					
Redaktionskosten extern Sponsorerlöse					
DB II					
Absatzhonorare Werbung Direkte Vertriebskosten Auslieferungskosten Frachten Skonti					
DB III					
Redaktionskosten intern Sonstige Honorare					
DB IV					

Abbildung 5: Deckungsbeitragsrechnung für einen Verlagsbereich

Der Budgetierungsprozess – Methoden, Verfahren und Problemstellungen

Der konkrete *Budgetierungsprozess*, also die operative Zielplanung für das folgende Wirtschaftsjahr beginnt bei Gräfe und Unzer im August der laufenden Periode. Dieser Planungsprozess ist geprägt von drei grundlegenden Umsetzungsaspekten, die auch weiter unten noch einmal graphisch in Abbildung 6 dargestellt sind.

Zum einen geht es in diesem Prozess um eine weitere *Konkretisierung und Detaillierung* der ersten Periode der 2-Jahresplanung, um mit den Verantwortlichen im Unternehmen eine explizite wirtschaftliche Zielplanung für das Folgejahr zu erarbeiten. Diese Planung setzt den Rahmen für ihre weiteren wirtschaftlichen Aktivitäten. Die wirtschaftliche Verantwortung wird neben der Gesamtzuständigkeit der Geschäftsführung durch die einzelnen Führungskräfte des Unternehmens getragen. Es wird dabei unterschieden zwischen Ergebnisverantwortung der Verlagsleiter für die sie betreffenden Verlage und Verlagsbereiche (Profit Center), Umsatz- und Deckungsbeitragsverantwortung der Vertriebsleiter, sowie Budgetverantwortung aller weiteren Abteilungsleiter (Cost Center).

Zum anderen werden im Rahmen der Budgetierung *auch neue Erkenntnisse* über die gegenwärtige wirtschaftliche Entwicklung des Unternehmens in die Überlegungen einbezogen. Standardmäßig werden bei Gräfe und Unzer in Quartalsabständen vier *Forecasts* durchgeführt. Den Ausgangspunkt hierfür bilden die bereits im Ist aufgelaufenen Monate ergänzt um eine Neuplanung der noch ausstehenden Monate bis zum Jahresende. Diese Forecasts greifen aktuelle wirtschaftliche Entwicklungen auf, stellen diese der verabschiedeten Planung gegenüber und ermöglichen es der Geschäftsleitung frühzeitig geeignete Maßnahmen zur Erreichung des geplanten Geschäftsergebnisses einzuleiten. Gerade in Zeiten schwieriger wirtschaftlicher Entwicklungen und negativer Planabweichungen sind diese Forecasts von besonderer Bedeutung. Im Rahmen der Budgetplanung werden die Erkenntnisse aus

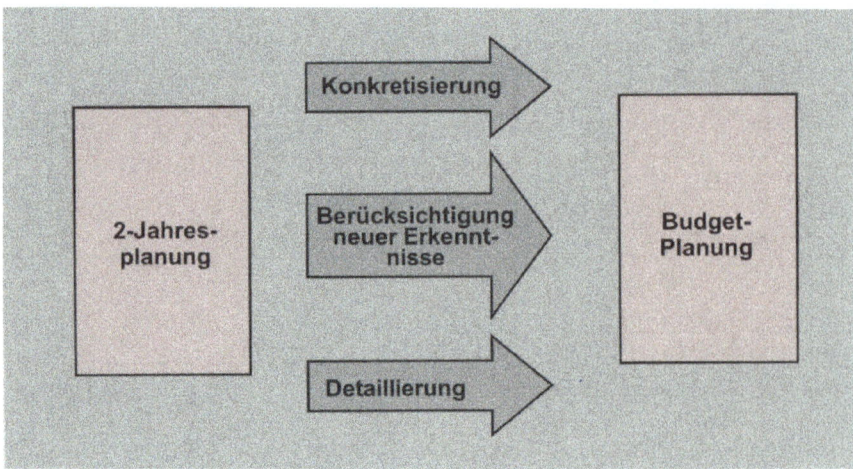

Abbildung 6: Der Weg von der 2-Jahresplanung zur Budgetplanung

dem Forecast II, der im Juli erstellt wird, in die Überlegungen integriert.

Von der Programmplanung zur Umsatzplanung

Den Ausgangspunkt der Planungsaktivitäten im Rahmen der Budgetierung bildet bei Gräfe und Unzer im Sinne eines *progressiven Ansatzes* die Absatzmengen- und damit eng verbunden die Umsatzplanung für das Unternehmen. Um die angestrebte Zielrendite – also die vorgegebene Umsatzrentabilität – für das Gesamtunternehmen zu erreichen, werden aber bereits vorab und abgeleitet aus den strategischen Vorgaben *Zieldeckungsgrade* für die einzelnen Verlage und Verlagsbereiche definiert, die sich entsprechend in den Einzelkalkulationen der geplanten Titel und damit in den aggregierten Kalkulationen der Titelreihen wiederfinden müssen. Titel, die einen Deckungsgrad unterhalb der Zielwerte erreichen, werden nur dann in die Planung aufgenommen, wenn damit ein unmittelbarer strategischer Nutzen verbunden ist, der aus Sicht der Verlagsleitung den negativen Ergebniseffekt kompensiert. Kumuliert muss die Zielrendite für den Verlagsbereich aber trotz der Aufnahme von deckungsbeitragsschwächeren, strategisch wichtigen Titeln erreicht werden. Folglich müssen andere Einzeltitel oder Titelreihen entsprechend höhere Deckungsbeiträge aufweisen.

Im Gegensatz zur 2-Jahresplanung erfolgt die Umsatzplanung für die *Novitätentitel* im Rahmen der Budgetierung auf *Einzeltitelebene,* um hinsichtlich Kalkulation und Absatzeinschätzung eine möglichst hohe Planungssicherheit zu erreichen. Für die Backlist-Titel – also diejenigen Bücher, die bereits vor der Planperiode erschienen sind, wird die Planung wiederum auf Ebene der Titelreihe realisiert. In der folgenden Abbildung 7 ist der Weg von der Programmplanung bis zur Umsatzplanung im Detail dargestellt.

Den ersten Schritt der Budgetierungsaktivitäten bildet die Programmplanung durch die Verlagsleitungen und Redaktionen der einzelnen Verlage im Unternehmen. In der Diskussion mit den einzelnen Vertriebsleitern werden für diese Programmplanungen entsprechende Absatzeinschätzungen ermittelt. Erreichen diese Absatzeinschätzungen relevante Schwellen, um eine wirtschaftliche Kalkulation sicherzustellen, werden die Titel in das Planprogramm aufgenommen. Unterschreiten sie diese *Schwellenwerte,* werden die Titel entweder modifiziert, durch entsprechende Marketingmaßnahmen begleitet oder fallen aus dem Programm.

Nach diesen Vorarbeiten findet ein zweitägiger Workshop, die sogenannte *Absatz- und Umsatzfeinplanung* statt, in deren Rahmen die konkreten Planwerte

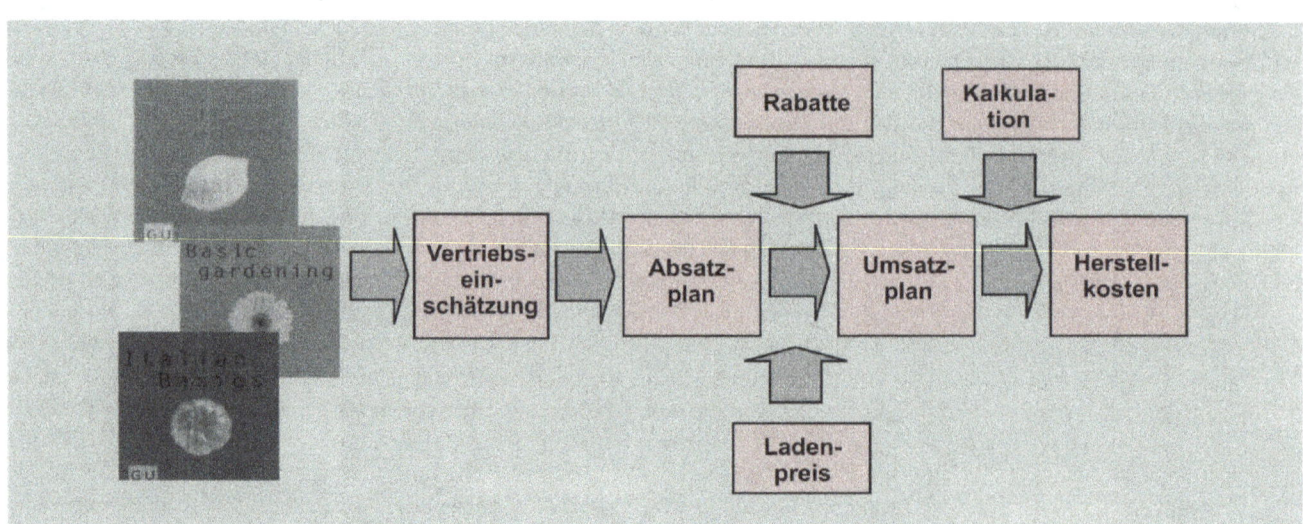

Abbildung 7: Der Prozess der Programm-, Absatz- und Umsatzplanung

für die einzelnen Reihen wiederum unterschieden nach Novitäten und Backlist ermittelt werden. Beteiligt an diesem Workshop sind die Vertriebs- und Verlagsleiter und als Moderator die Controllingabteilung. Die Beteiligung von Vertriebs- und Verlagsleitern führt zu einem engen Informationsaustausch und zu einem konkreten Commitment für die Planperiode. Unterschiedliche Einschätzungen können hier noch einmal konkret diskutiert und u. U. entsprechend zur Geschäftsleitung eskaliert werden.

Die Planung der Reihen erfolgt im Rahmen dieses Workshops nach folgenden Dimensionen:
- Monate
- Vertriebskanäle (Buchhandel und Fachhandelskanäle)
- Reihen (Novitäten und Backlist)

Eine Monatsplanung ist aufgrund der *deutlichen saisonalen Ausschläge* (z. B. Weihnachtsgeschäft) und der traditionell im Frühjahr und Herbst stattfindenden Novitätenauslieferungen zwingend notwendig. Die Planung wird demzufolge im in Abbildung 8 graphisch dargestellten Schema realisiert.

Auf Grundlage der für Einzelreihen festgelegten Ladenpreise und der in den einzelnen Vertriebskanälen gewährten durchschnittlichen Handelsrabatte errechnen sich dann im nächsten Schritt aus den Absatzzahlen die Umsatzwerte für die einzelnen Dimensionen und ihre Schnittmengen.

Im Anschluss daran erfolgt die Aggregation der Umsatzplanung von der Reihenebene auf die Ebenen von Verlagsbereichen, Verlagen und dem Gesamtunternehmen. Die Umsatzplanungen der Verlagsbereiche stellen die Grundlage für die sich anschließende Kostenplanung dar, die über verschiedene Deckungsbeitragsstufen zur *Profit Center-Planung* führt.

Während die Planung von bekannten Verlagsbereichen und Themenfeldern naturgemäß zu einer hohen Planungssicherheit führt, hat sich in der Vergangenheit gezeigt, dass durch internes Wachstum entwickelte oder durch Zukauf von Aktivitäten integrierte neue Themenfelder einer besonderen Betrachtung und Detaillierung in der Planung bedürfen. Auch inhaltlich eng verwandte Themengebiete weisen dabei zum Teil deutlich unterschiedliche Marktgegebenheiten auf und müssen daher entsprechend intensiv betrachtet werden. Dass aber auch in bekannten Themenfeldern entsprechende Strukturbrüche wie z. B. die Ereignisse am 11. September 2001 nicht vorhersehbar und daher nicht in ein Planungsszenario integrierbar sind, hat sich für Gräfe und Unzer deutlich an der Entwicklung des Reisemarktes gezeigt. Diese Entwicklungen müssen sich dabei nicht zwangsläufig auf das Gesamtunternehmen auswirken, sondern können auch entsprechend eng begrenzte Segmente beeinflussen. Als Folge des 11. September mussten die unter dem Label Merian vertriebenen Reiseführer entsprechende und nicht planbare Umsatzeinbußen hinnehmen. Andere Themenfelder waren von diesen Entwicklungen weit weniger betroffen in unterschiedlichen Bereichen kam es auch zu antizyklischen Entwicklungen. Gerade in diesen Situationen sich verändernder Umweltbedingungen haben die Forecast-Termine eine besondere Bedeutung, um auf diesem Weg zeitnah Maßnahmen einzuleiten, die z. B. eine Kompensation der Umsatzentwicklung zwischen einzelnen Bereichen sicherstellen.

Aufbauend auf der bestehenden Programmplanung werden in einem nächsten Schritt des Budgetierungsprozesses, die Umsatzanteile geplant, die auf einer Verwertung von bereits bestehenden oder neu entwickelten Substanzen beruhen. Im Sinne einer *"Verwertungskaskade"* werden dabei die im Unternehmen entwickelten Substanzen unterschiedlichen Verwertungsstufen unterzogen, um auf

Reihe: 222		Plan 2002					
		Jan	Feb	Mrz	Apr	Mai	Jun
SGB 1/1 Buchhandel SGB 1/1 Buchhandel	Novitäten Backlist						
SGB 1/1 Buchhandel	Gesamt						
SGB 1/2 Konzernwarenhäuser SGB 1/2 Konzernwarenhäuser	Novitäten Backlist						
SGB 1/2 Konzernwarenhäuser	Gesamt						
SGB 2/1 Hausrat SGB 2/1 Hausrat	Novitäten Backlist						
SGB 2/1 Hausrat	Gesamt						
SGB 2/2 Möbelhäuser SGB 2/2 Möbelhäuser	Novitäten Backlist						
SGB 2/2 Möbelhäuser	Gesamt						
SGB 2/3 Privatwarenhäuser/Märkte SGB 2/3 Privatwarenhäuser/Märkte	Novitäten Backlist						
SGB 2/3 Privatwarenhäuser/Märkte	Gesamt						
SGB 2/4 Sonstige SGB 2/4 Sonstige	Novitäten Backlist						
SGB 2/4 Sonstige	Gesamt						
SGB 2/5 Versender SGB 2/5 Versender	Novitäten Backlist						
SGB 2/5 Versender	Gesamt						
SGB 2/6 Weinhandlungen SGB 2/6 Weinhandlungen	Novitäten Backlist						
SGB 2/6 Weinhandlungen	Gesamt						

Abbildung 8: Dimensionen der Absatz- und Umsatzplanung

diesem Wege für die angefallenen Entwicklungskosten zusätzliche Deckungsbeiträge zu erwirtschaften. Neben der Substanzverwertung im sogenannten Modernen Antiquariat handelt es sich dabei im Falle von Gräfe und Unzer vor allem um das Lizenz- und das Industriegeschäft. Im Rahmen des Lizenzgeschäftes werden Lizenzen an den eigenen Substanzen an Lizenznehmer im In- und Ausland aktiv verkauft. Beim Industriegeschäft werden die Titelinhalte für Unternehmenskunden neu konfiguriert und als spezielle und zweckgebundene Ausgabe an diese Kunden ausgeliefert. Hierbei handelt es sich z. B. um spezielle Buchpräsente von Unternehmen für ihre Kunden. Die nachstehende Abbildung 9 gibt noch einmal einen Überblick über die einzelnen Stufen der Substanzverwertung. Da die Verwertungsumsätze unmittelbar aus den in einzelnen Verlagsbereichen entwickelten Substanzen generiert werden, werden diese Umsatzanteile entsprechend den jeweiligen Profit Centern (Verlagen respektive Verlagsbereichen) zugerechnet.

Die Planung von umsatzabhängigen Kostenpositionen

Dem Prinzip des progressiven Planungsvorgehens folgend findet in einem weiteren Schritt die Planung der mit der Herstellung der Bücher verbundenen Herstellkosten statt. Die Herstellkosten stellen die wesentliche Kostenposition für den Verlag dar und unterliegen deshalb sowohl in der Planung als auch bei anschließenden Soll-Ist-Vergleichen einer hohen Aufmerksamkeit. Inhaltlich umfassen sie zum einen *die technischen Herstellkosten* (z. B. für Druck, Papier und Bindung) und zum anderen die *redaktionellen Herstellkosten* (Honorare für Autoren und sonstige Entwicklungskosten). Wie bereits weiter oben beschrieben werden für die neu entwickelten Titel (Novitäten) Einzelkalkulationen für die Planung zugrunde gelegt. Für die bereits bestehenden Titel der Backlist existieren belastbare Annahmen über Reihendurchschnittswerte, die jedoch im Zuge des Budgetierungsprozesses hinsichtlich der erwarteten Entwicklung z. B. der Papierpreise untersucht werden. Der permanente Abgleich von Vor- und Nachkalkulationen und die Analyse von *Abweichungsursachen* stellt hier eine dauerhafte hohe Planungsqualität sicher.

Da die technische Herstellung der Bücher durch von Gräfe und Unzer beauftragte Firmen (Druckereien und Buchbindereien) erfolgt, kommt der Herstellungsabteilung im Unternehmen in erster Linie die wichtige Rolle des *Prozessmanagements* zu. Ziel ist es dabei, durch geschickte Steuerung und Bündelung von Produktionsaufträgen entsprechende Kostenvorteile über Degressionseffekte bei gleichzeitiger Erreichung der hohen Qualitätsanforderungen an die Endprodukte zu erzielen. In Zeiten großer Schwankungen z. B. bei den Papierpreisen, wie sie in den letzten Jahren zu beobachten waren, ist es hier von besonderer Bedeutung durch entsprechende Prozessverbesserungen Kostensenkungen und damit Wettbewerbsvorteile und Planungssicherheit bei den Herstellkosten zu erzielen.

Die *Honorarsituation* stellt sich in Ratgeber-Verlagen anders als im Bereich der Belletristik dar. In der Belletristik und hier vor allem bei der Verpflichtung von bekannten Autoren werden in der Regel hohe Garantiehonorare vorab fällig, die meist unabhängig von der Höhe und der Anzahl der Auflagen sind und die sich damit im Normalfall erst über mehrere Auflagen amortisieren und folglich das Risiko einer Entscheidung für die Produktion eines bestimmten Buches deutlich erhöhen. Im Ratgeberbereich werden dagegen in erster Linie auflagenbezogene Pauschalhonorare gezahlt, die eine Planung der Honorarsituation für die Einzelauflage eines Titels ermöglichen.

Wie bereits weiter oben beschrieben, gibt es für die einzelnen Verlagsbereiche Deckungsbeitragsvorgaben, die den Rahmen setzen für die Kostenplanung von Titelreihen und Einzeltiteln und damit trotz eines progressiven Planungsvorgehens implizit die Erreichung von Ergebnisvorgaben sicherstellen. Die schließlich in die Planung einfließenden Kalkulationen stellen nach Verabschiedung des Budgets sowohl für die Abteilung Herstellung (hinsichtlich der technischen Herstellkosten) als auch für die Redaktionen (hinsichtlich der redaktionellen Kosten) die verbindlichen und im Rahmen der Titelproduktion des Planungszeitraums einzuhaltenden Vorgaben dar.

Da die Darstellung der Herstellkosten in der Ergebnisrechnung nach dem Umsatzkostenverfahren erfolgt, kommt der Überleitung der Produktionskosten in eine Liquiditätsplanung eine besondere Bedeutung zu, die damit auch die unmittelbare Verbindung zur *Lagerbestandsentwicklung* herstellt.

Neben den Herstellkosten stellen auch die direkten Vertriebskosten direkt um-

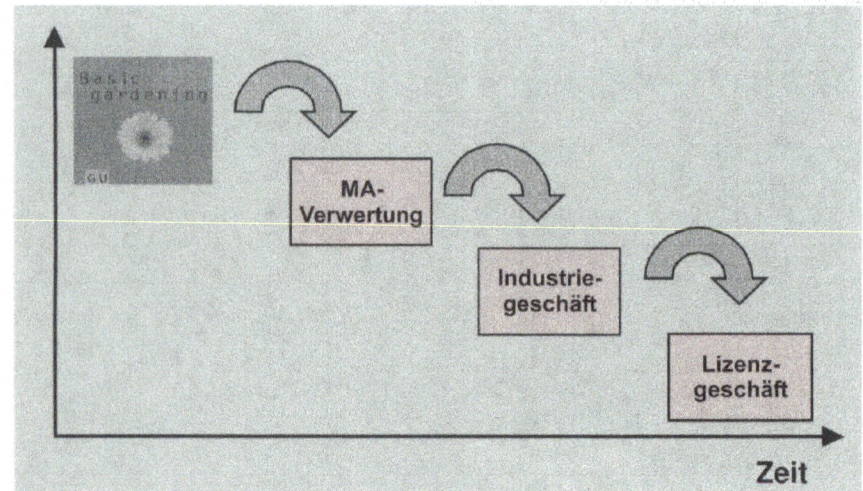

Abbildung 9: Die „Verwertungskaskade" bei Gräfe und Unzer

satzabhängige Kostenpositionen dar. Dies sind in erster Linie die Vertreterprovisionen und die Auslieferungskosten. Während sich die Vertreterprovisionen – unterschieden nach angestellten Vertretern und freien Handelsvertretern und in Abhängigkeit von den differenzierten Provisionssätzen – detailliert planen lassen und hier ähnliche Regelungen wie in anderen Branchen gelten, weisen die Auslieferungskosten wiederum verlagsspezifische Besonderheiten auf.

Um die logistischen Anforderungen an *die Auslieferung von Verlagsprodukten* an die Handelskunden der Verlage optimal zu erfüllen, sind in den letzten Jahren in Deutschland einige große Auslieferungsunternehmen entstanden, die als Dienstleister auftreten. Da gerade in diesem Bereich deutliche Größendegressionseffekte zu erzielen sind, die sich entsprechend in den Kosten auswirken, ist ein Großteil der Verlage dazu übergegangen, ein *Outsourcing* der Auslieferung zu realisieren. Die Verlagsauslieferungen übernehmen dabei im Sinne eines Full-Service-Anbieters die Lagerung, die Auftragsbearbeitung und den Versand der Bücher für die Verlage. Auch Gräfe und Unzer hat diese Logistikleistungen bereits zu einem sehr frühen Zeitpunkt an einen Dienstleister vergeben. Die *Wertschöpfungskette* des Verlags beschränkt sich somit auf alle Aktivitäten um die Entwicklung, Vermarktung und den Vertrieb von Ratgeber-Produkten. In diesen Bereichen sind aufgrund der Kernkompetenzen des Unternehmens auch entsprechende Wettbewerbsvorteile zu erzielen.

Die Planung der Auslieferungskosten des Unternehmens ist grundsätzlich aufgrund umfangreicher Vereinbarungen mit dem Dienstleister detailliert möglich. Um die Planung ressourcenschonend durchführen zu können, wurden jedoch die wesentlichen Kostentreiber identifiziert und in den Planungsprozess integriert. Neben den unmittelbar absatzabhängigen Versandkosten sind dies in erster Linie *Lagerkosten* und die Kosten im Zusammenhang mit der Bearbeitung von Remissionen. Es kommt somit einer optimalen Produktionssteuerung, die zum einen die uneingeschränkte Lieferfähigkeit und zum anderen die Reduzierung von *Lagerkosten* zum Ziel hat, eine wesentliche Bedeutung zu. Darüber hinaus stellt das bereits weiter oben beschriebene *Remissionsrecht* von Handelskunden und die Bearbeitung von Rücksendungen einen entscheidenden Kostenfaktor dar. Eine möglichst genaue Einschätzung der Remissionssituation für den Planungszeitraum bildet hier die wesentliche Basis für eine zielgenaue Kostenplanung. Die Ermittlung von durchschnittlichen Vergangenheitswerten und Erkenntnisse über Unterschiede in einzelnen Vertriebskanälen bilden hier die entsprechende Planungsgrundlage.

Die Planung von Marketingmaßnahmen zur Absatzförderung

Entsprechend der oben dargestellten, konsequenten Ausrichtung von Gräfe und Unzer auf die einzelnen Marken im Portfolio, hat die Durchführung von Marketingmaßnahmen und die damit verbundene Planung der Marketingbudgets sowie die sich daran anschließende Kontrolle der Budgeteinhaltung eine besondere Bedeutung. Die Aktivitäten im Bereich des Marketing zielen dabei sowohl auf den Handel (Buch- und Fachhandel) als auch auf den Endkunden.

Grundlegend wird zwischen zwei Arten von Marketingaktivitäten unterschieden. Zum einen sind dies Maßnahmen, die übergreifend mit dem Ziel der Förderung der *Markenbekanntheit* für das Gesamtunternehmen oder einzelne Markenverlage verbunden sind und nicht konkret einem einzelnen Titel (Kostenträger) oder einer Gruppe von Titeln zuordenbar sind. Beispielhaft hierfür ist die Teilnahme an der Frankfurter Buchmesse zu nennen. Daneben gibt es aber auch eine Reihe von Marketingmaßnahmen, die direkt mit der Förderung eines einzelnen Titels oder einer Titelreihe in Verbin-

Österreichischer Controller-Preis 2003

Das Österreichische Controller-Institut schreibt den Österreichischen Controller-Preis 2003 für hervorragende wissenschaftliche Arbeiten auf dem Gebiet des Operativen und Strategischen Controlling aus. Es werden neben Autoren aus der Wissenschaft auch Autoren aus der Wirtschaftspraxis zur Einreichung ihrer Arbeiten ausdrücklich ermuntert. Die Arbeiten müssen im Zeitraum 1.1.2002 bis 1.6.2003 fertiggestellt (approbiert) worden sein. Das Österreichische Controller-Institut bietet an, geeignete Arbeiten in angemessener Zeit in einer seiner Schriftenreihen zu veröffentlichen. Alle eingereichten Arbeiten werden von einer Jury des Österreichischen Controller-Instituts beurteilt. Der Rechtsweg ist ausgeschlossen.

Der Preis wird in zwei Kategorien ausgeschrieben:

A Dissertationen und Habilitationsschriften   **B** Diplomarbeiten und „Praktiker"arbeiten

Die Preissumme beträgt 7.500.-- Euro.

EUR 5.000,- entfallen auf die Kategorie A, EUR 2.500,- auf die Kategorie B. Die Preise können auch geteilt oder gekürzt vergeben werden.

Die Preisverleihung findet im Rahmen des Österreichischen Controllertages in der Wirtschaftsuniversität Wien statt.

Die Arbeiten sind bis **spätestens 9. Juni 2003** zu Handen Herrn o. Univ.-Prof. Dr. Rolf Eschenbach beim Österreichischen Controller-Institut, Billrothstraße 4, A-1190 Wien, einzureichen.

www.oeci.at

Kostenstelle Controlling	KUMULIERT			
Berichtsposition	Plan in TEuro	Ist in TEuro	Abw. Plan abs.	Abw. Plan in %
Fremdarbeit				
Personal (inkl. Nebenkosten)				
Volontäre/Praktikanten				
Aushilfslöhne				
Bewirtung				
Fachliteratur				
Geschenke				
Personalanzeigen				
Reisekosten				
Kurierkosten				
Schulung				
Tagungen				
Marktforschung				
Markenanmeldungen/Titelschutz				
Rechts- und Unternehmensberatung				
Kfz-Kosten				
Summe direkte Kosten (o. Freie Mitarbeit)				
Umlagen (Miete, Afa etc.)				
Gesamtsumme (o. Freie Mitarbeit)				

Abbildung 10: Die wesentlichen Positionen der Kostenstellenplanung

dung zu bringen sind. Diese Aktivitäten werden immer im Kontext mit der Umsatzplanung gesehen und in die entsprechenden Deckungsbeitragsrechnungen einbezogen. In der Planung werden die Maßnahmen folglich auch mit entsprechenden Umsatzszenarien unterlegt. Obwohl bei Marketingmaßnahmen natürlich immer die Frage der *konkreten Messbarkeit* und der monetären Wirkungen von Einzelaktivitäten im Raum steht, wird damit ein hohes Maß an Transparenz gewährleistet. Nur wenn die relevanten Titel auch unter Einbeziehung der Kosten für die Marketingaktivitäten einen höheren Deckungsbeitrag erwirtschaften als dies ohne Durchführung der Maßnahmen der Fall wäre, werden sie realisiert.

Um die *Wirkung von Marketingaktivitäten* messbar zu machen, besteht naturgemäß das Ziel, den Umfang von nicht unmittelbar zuordenbaren Maßnahmen eng begrenzt zu halten. Alle wesentlichen Aktivitäten werden folglich im Rahmen der Planung hinsichtlich ihrer Zuordenbarkeit überprüft.

Die Budgetierung der Abteilungskosten

Einen weiteren wesentlichen Bestandteil der Planungsaktivitäten stellt die Planung der *Kostenstellen* dar. Dabei wird unterschieden zwischen den Kostenstellen der Verlagsleitungen und der Redaktionen, die unmittelbar den Profit Centern zugerechnet und in die Deckungsbeitragsrechung der Bereiche einbezogen werden, sowie allen sonstigen Kostenstellen, die unter dem Begriff der Betriebsbereitschaftskosten subsumiert werden.

Die wesentliche Grundlage der Kostenstellenplanung ist die *Personalplanung* durch die Geschäftsführung. In Abhängigkeit vom unterstellten Umsatzvolumen und den Projekten der Planperiode wird die Personalplanung auf Abteilungs- d. h. Kostenstellenebene erstellt. Aus ihr lässt sich dann durch die Geschäftsführung die Planung der Personalkosten und durch die betreffenden Kostenstellenleiter die Planung aller sonstigen Kostenpositionen ableiten. Alle unmittelbar einer Abteilung zuordenbaren Kostenarten werden dabei auch berücksichtigt. Es verbleiben damit nur wenige Gemeinkostenpositionen, die einer zentralen Planung durch die Geschäftsführung unterliegen. Abbildung 10 gibt noch einmal einen Überblick über alle im Rahmen der Kostenstellenplanung erfassten Kostenarten.

Alle geplanten Kostenstellen werden in einem nächsten Schritt noch einmal mit dem verantwortlichen Geschäftsführungsmitglied verifiziert und erst dann in die Gesamtplanung eingestellt. Um bewusst dem rationalen Verhalten der Planenden – Puffer in ihrer Planung zu berücksichtigen – gegenzusteuern, werden die Freigaben der einzelnen Kostenpositionen in jeder Planperiode nach Verabschiedung der Planung variiert. Beschränkte Freigaben ermöglichen es zudem, bei Änderungen in der Geschäftsentwicklung schnell und wirksam Anpassungen vorzunehmen.

Wie beschrieben, werden die Kostenstellen der Verlagsleitungen und der Redaktionen direkt in die Deckungsbeitragsrechnungen integriert. Die Verrechnung der sonstigen Kostenstellen auf die Profit Center erfolgt grundsätzlich über ein *Umlageverfahren*. Verfahren der internen Leistungsverrechnung, bei denen in großen Unternehmen häufig versucht wird einen internen Markt zu simulieren und über fiktive Marktpreise Leistungen zu verrechnen, haben sich in einem mittelständischen Unternehmen nicht als das geeignete Instrument erwiesen. Der hohen Komplexität dieser Verfahren steht in der Regel ein nur geringer zusätzlicher Erkenntnisgewinn gegenüber.

Nach Planung aller Umsatz- und Kostenpositionen erfolgt die *Aggregation* der Daten in der unter Abbildung 11 dargestellten Form über die Verlags- bis zur Gesamtunternehmensebene.

Ähnlich wie im Rahmen der 2-Jahresplanung wird im nächsten Schritt eine Gegenüberstellung mit den Planvorgaben der Ganske Verlagsgruppe durch die Geschäftsführung durchgeführt. Gegebenenfalls werden entsprechende *aktivitätenunterlegte Anpassungen* integriert. Schließlich erfolgt im November des laufenden Geschäftsjahres die Freigabe der Planung für das folgende Wirtschaftsjahr.

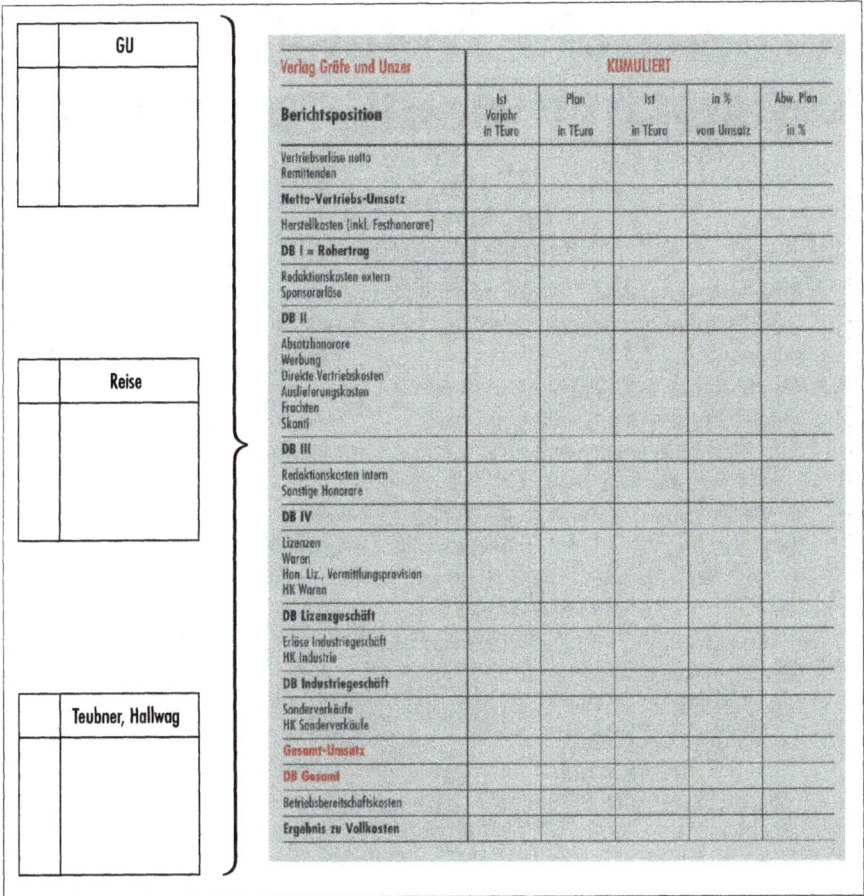

Abbildung 11: Die Aggregation der Ergebnisrechnung

Budgetierung – ein geeignetes Steuerungsinstrument für die Zukunft?

In verschiedenen Artikeln wird in der Literatur seit geraumer Zeit die Frage aufgeworfen, ob die klassische Budgetierung das geeignete Steuerungsinstrument für die Zukunft darstellt. Das Schlagwort in diesem Zusammenhang lautet sehr häufig „beyond budgeting". Bleibt die Budgetierung sklavisch in alten Mustern verhaftet, wird sie es sicher schwer haben, die Anforderungen der Zukunft an ein Steuerungsinstrument bei steigender Komplexität sowohl im Unternehmen als auch in der Unternehmensumwelt zu erfüllen. Aus der Sicht eines mittelständischen Unternehmens macht die Budgetierung aber durchaus weiterhin Sinn, wenn die folgenden Aspekte auch in der *Zukunft* in den Budgetierungsprozess einbezogen werden:

- Eine enge Verzahnung von strategischer und meist qualitativ formulierter Grundausrichtung des Unternehmens mit der detaillierten Budgetierung stellt auch zukünftig eine zwingende Anforderung an einen *integrierten Strategie- und Planungsprozess* im Unternehmen dar. Nur so kann eine unmittelbare Umsetzung der strategischen Zielsetzungen des Unternehmens und des Unternehmensverbundes sicher gestellt werden.
- Die Zielformulierung für Führungskräfte im Unternehmen muss sicher in der Zukunft über die reinen finanziellen Kennzahlen hinausgehen und darüber hinaus auch aktivitätenbezogene Anforderungen und Ziele einbeziehen. Eine sehr umfassende und streng strukturierte Form der Umsetzung dieser Zielsetzung stellt die häufig diskutierte Balanced Scorecard dar. Eine weitreichende Umsetzung der Balanced Scorecard auf allen Ebenen, geht sicher über die vorhandenen Ressourcen in einem mittelständischen Unternehmen hinaus. Der Grundgedanke der Balanced Scorecard der Einbeziehung von *nicht-finanziellen Kennzahlen,* die eine Bedeutung als vorlaufende Indikatoren haben, ist aber sicher auch im mittelständischen Umfeld von elementarer Bedeutung.
- Die steigende Komplexität der Unternehmensstruktur und der Unternehmensumwelt stellen hohe Anforderungen an den Planungsprozess. Die Antwort darauf, muss aber nicht zwangsläufig in einer stärkeren Detaillierung der Budgetierung bestehen. Vielmehr wird es in der Zukunft in erster Linie darauf ankommen, unterschiedliche Szenarien in die Überlegungen einzubeziehen, um schnell auf eintretende Veränderungen reagieren zu können. Um den Erstellungsaufwand und den Nutzen dieser *Szenarien* in einem sinnvollen Verhältnis zu halten, ist es von grundlegender Bedeutung, ausgewählte, steuerungsrelevante *Schlüsselkennzahlen* zu identifizieren und auf diesen die Betrachtung aufzubauen.

Gräfe und Unzer befindet sich hinsichtlich dieser Aufgabenstellungen aus der Sicht des Unternehmens auf dem richtigen Weg, wenn auch erst ein Teil dieser Wegstrecke zurückgelegt ist.

Literatur

BUNCE, P./FRASER, R./HOPE, J.: Beyond Budgeting – Breaking free from the annual performance trap, White Paper, Hrsg. v. Beyond Budgeting Round Table, CAM-I, Dorset, 2002.
RIEG, R.: Beyond Budgeting – Ende oder Neubeginn der Budgetierung, in: Controlling, 2001, Heft 11, S. 571 – 576.
WEBER, J./SCHÄFFER, U.: Balanced Scorecard und Controlling, 3. Auflage, Wiesbaden 2000.
WEBER, JÜRGEN: Einführung in das Controlling, 9. Auflage, Stuttgart 2002.

PRAXIS & BRANCHEN

Die Budgetierung bei SKF ist heute viel stärker an der strategischen Planung orientiert

Interview mit Gunnar Gremlin

Die SKF Gruppe

Das Unternehmen ist der weltweit führende Lieferant von Produkten, kundenspezifischen Systemlösungen und Serviceleistungen in der Branche Wälzlager und Dichtungen. Das Unternehmen liefert an seine Kunden in der ganzen Welt Systemlösungen zur Verbesserung ihrer Wettbewerbsfähigkeit.

Das Unternehmen hat eigene Produktionsstätten in mehr als 20 Ländern und Vertriebsgesellschaften in 70 Ländern. Durch ein weltweites Netz von Vertragshändlern und Wiederverkäufern ist die SKF Gruppe in mehr als 130 Ländern vertreten. Insgesamt beschäftigt die SKF weltweit ca. 40.000 Mitarbeiter.

Die SKF in Deutschland

Die SKF GmbH in Schweinfurt ist die Holding-Gesellschaft einiger Unternehmen der SKF Gruppe in Deutschland mit ca. 6.000 Beschäftigten. Die Produktion der Wälzlagerbauarten wurde in den letzten Jahren an den Produktionsstandorten der Gruppe fokussiert; Deutschland ist somit Produktionszentrum für Zylinderrollenlager, Kegelrollenlager, Großlager, Automobil-Spezialprodukte und Komponenten. Das Lieferprogramm umfasst darüber hinaus Linearsysteme, Gleitlager, Kugel- und Rollengewindespindeln, Dichtungen, Spezialstähle und Präzisionsprodukte. Die Hauptabnehmerbranchen sind der Maschinenbau, sowie die Automobil- und Elektroindustrie.

Herr Gremlin, skizzieren Sie uns doch bitte, wie Ihr Budgetierungssystem früher aussah.

Wir hatten früher ein sehr umfangreiches Planungs- und Budgetierungssystem. Der Budgetierungsprozess begann bereits im Mai und dauerte somit über sieben Monate. Im Rahmen der Budgeterstellung wurde viel Aufwand betrieben – z.B. durch die Einbeziehung statistischer Methoden und aufwendiger Prognoseverfahren –, und die einzelnen Bereiche wurden detailliert beplant. Letztlich haben wir aber festgestellt, dass die Ergebnisse nicht wirklich verwertbar waren, da die Prognosequalität aufgrund von Nachfrageschwankungen zu gering war. Dies führte schließlich zu einer Neugestaltung des Budgetierungsprozesses.

Und wie hat sich dieser Prozess verändert?

Heute ist die Budgetierung bei SKF zunächst einmal viel stärker an der strategischen Planung orientiert. Diese Top-down-Planung umfasst einen Drei-Jahres-Horizont, in dem einige wenige Hauptziele, wie etwa der Return on Capital Employed oder der Gewinn pro Aktie vorgegeben werden. Also Ziele, die dem Shareholder Value-Gedanken Rechnung tragen. Daneben gibt es die Scorecards, mit denen eher qualitative Ziele festgelegt werden, allerdings ebenfalls in begrenztem Umfang. Diese Vorgaben werden anschließend in einen einjährigen Plan auf die Business Divisions und weiter auf die Business Units heruntergebrochen, um von diesen operationalisiert zu werden. Damit erhalten diese dezentralen Einheiten eine große Geschäftsverantwortung, da sie innerhalb dieser Vorgaben selbst entscheiden können, was konkret geschieht.

Welche Instrumente kommen darüber hinaus bei SKF zum Einsatz?

Wir setzen vor allem im Volumenbereich, also zur Unterstützung der Produktionsplanung, ein rollierendes Forecastingsystem ein, das quartalsweise die Zielentwicklung verfolgt. Grundlage dafür sind Marktanalysen, die wichtig sind, da unsere Hauptkunden aus der Automobilindustrie und dem Maschinenbau von Konjunkturschwankungen betroffen sind, die sich letztlich auch auf unsere Produktion auswirken. Insbesondere die welt- und wirtschaftspolitischen Entwicklungen der letzten Jahre haben dazu beigetragen, dass es selbst innerhalb eines Jahres zu starken Schwankungen kommen kann.

Wie wirkt sich das auf die Bewertungs- und Incentivesysteme in Ihrem Unternehmen aus? Werden die Ziele nun während des Jahres angepasst?

Grundsätzlich werden unsere Business Unit Manager weiterhin gegen die einmal verabschiedeten Budgetziele evaluiert, zu denen sie sich committen. Letztendlich gehört es ja zur Managementaufgabe, gegenzusteuern. Das Forecastingsystem unterstützt den Manager in der Form,

Gunnar Gremlin ist Executive Vice President der AB SKF, der Muttergesellschaft der SKF Gruppe und Vorsitzender der Geschäftsführung der deutschen SKF GmbH in Schweinfurt. In seiner über 30-jährigen Laufbahn bei SKF war er in verschiedenen verantwortlichen Positionen des Konzerns weltweit tätig. Gunnar Gremlin hat einen Bachelor of Sciences in Business Administration von der Gothenburg School of Economics sowie einen Abschluss des Harvard Business School International Senior Management Program.

dass es frühzeitig etwa eine schlechte Marktentwicklung signalisiert und dem Manager somit Zeit gibt, entsprechende Gegenmaßnahmen einzuleiten. Die Qualität unserer Forecasts hat sich hier auch entscheidend verbessert, so dass wir die Erfahrung machen konnten, dass unsere Budgets inzwischen sehr realitätsnah sind. Deshalb sehen wir in der Regel auch keinen Sinn darin, unsere Ziele während des Jahres anzupassen. Zwei Ausnahmen gibt es allerdings: Wir greifen dann korrigierend in die Ziele ein, wenn wirklich dramatische Ereignisse eintreten. Und wir halten Maßnahmenpläne bereit, die konkrete Schritte beinhalten, wenn bestimmte Situationen eintreten sollten. Das geschieht allerdings nur, wenn bereits zu Beginn der Budgetierungsrunde große Unsicherheiten bezüglich der zukünftigen Entwicklung der wirtschaftlichen Situation absehbar sind, was nur selten der Fall ist.

Gibt es denn, wenn man auf die dezentrale Ebene blickt, Unterschiede im Budgetsystem und den eingesetzten Instrumenten zwischen verschiedenen Business Divisions?
Aufgrund unserer Verantwortungsdezentralisierung kann ich Ihnen das gar nicht detailliert beantworten. Was die Rahmenbedingungen, den groben Prozessaufbau und Hauptmeilensteine angeht, ist das System überall dasselbe. Es ist aber durchaus wahrscheinlich, dass in einigen Einheiten geschäftsbedingte Anpassungen vorgenommen werden. Unseren reinen Serviceeinheiten liegt eine andere Art von Geschäftsmodell zugrunde als unseren produzierenden Einheiten, was dann wieder andere Instrumente erfordert. Das liegt aber in der Hand der verantwortlichen dezentralen Manager. Von zentraler Stelle aus greifen wir da in der Regel nicht ein.

Wenn Sie zurück blicken, was war bei SKF der Hauptkritikpunkt, der schließlich dazu führte, dass das Budgetierungssystem grundlegend überarbeitet wurde?
Der größte Mangel unseres Budgetierungsprozesses war, dass er zu aufwendig und zu wenig wertschaffend war. Der naheliegende Schluss hieß, eine Vereinfachung ist notwendig. Realisiert wurde das einerseits durch eine rein zeitliche Verkürzung und andererseits durch eine bessere Abstimmung der einzelnen Planungsschritte im Prozess. Im Zuge der Neugestaltung der Budgetierung konnte durch die Integration der strategischen Zielsetzung in den Planungsprozess auch eine deutliche Wertsteigerung erreicht werden. Durch die wenigen klaren Vorgaben seitens der Geschäftsleitung erreichen wir insgesamt eine bessere Steuerung des Geschäfts.

„In einer Fertigungsindustrie ist es schwer möglich, ganz ohne Budgets auszukommen."

Und wer war der Initiator und Treiber dieses Changeprozesses?
Das war vor fünf Jahren unser CEO Sune Carlsson. Er hatte eine klare Botschaft, die lautete: „Gewinne sind wichtiger als die Volumenentwicklung." Mit anderen Worten, der reine Zugewinn von Marktanteilen ist nicht zwangsläufig entscheidend. Wichtig ist, dass jedes Geschäft profitabel ist und eine Rendite erwirtschaftet. Um dieses Ziel zu erreichen, verabschiedeten wir uns teilweise von der eher zentralistischen Struktur, die bei SKF vorzufinden war und etablierten die heutige Struktur mit eigenverantwortlichen Business Divisions und Business Units. Durch die größere Geschäftsverantwortung für die Business Unit Verantwortlichen gab es auch einen kulturellen Wandel hin zu mehr unternehmerischem Denken und Handeln.

Was waren die Erfolgsfaktoren bei diesem kulturellen Wandel?
SKF hatte vor fünf Jahren große Probleme. Somit mussten wir zunächst einen radikalen und schmerzhaften Turnaround meistern, der es erforderlich machte, dass wir uns von einigen Geschäften trennen und andere wieder zurück in die Gewinnzone führen mussten. Diese Rationalisierungsmaßnahmen und die Restrukturierung des gesamten Geschäfts waren der erste Schritt. Danach war es wichtig, die wieder erreichte Gewinnsituation zu stabilisieren, indem wir

„Gewinne sind wichtiger als die Volumenentwicklung."

unsere Pricingstrategie änderten und Marginalgeschäfte unterließen. Nur wenn jedes Geschäft einen ausreichenden Profit abwirft, können wir unsere Marktführerschaft behaupten. Die logische Konsequenz, die nun folgte, war die Implementierung des neuen Planungs- und Budgetierungssystems. Wenn man den Leuten mehr Geschäftsverantwortung überträgt, braucht man ein Follow-up und ein Planungssystem. Dieses darf allerdings nicht so bürokratisch sein, dass die eigentliche Initiative wieder eingeengt wird. Deshalb kam die Entwicklung des neuen Budgetierungssystems Hand in Hand mit dem Restrukturierungsprozess.

Gab es denn größere Barrieren im Laufe dieses Prozesses?
Erstaunlicherweise nicht. Der neue Planungs- und Budgetierungsprozess stellt eine Vereinfachung für die Mitarbeiter dar, da es sich um einen übersichtlicheren Prozess handelt. Auch im Management gab es keine Angst davor, ein Stück der Macht abzugeben, da wir durchgehend über gute Leute verfügen. Sicherlich wirkte aber auch der sich schnell einstellende Erfolg positiv auf die Implementierung und das Commitment.

Wenn Sie einen Ausblick wagen, wie schätzen Sie die weitere Entwicklung des Budgetierungsprozesses bei SKF ein?
Ich denke, dass wir den eingeschlagenen Weg weiter verfolgen werden, obwohl in diesem Jahr ein Wechsel an der Konzernspitze ansteht. Dass wir uns ganz von unserer Budgetierung verabschieden, glaube ich nicht. In der Fertigungsindustrie ist es schwer möglich, ganz ohne Budgets auszukommen.

Herr Gremlin, herzlichen Dank für dieses Interview.

Das Interview führten
Michael Zyder und Alexander Köth.

PRAXIS & BRANCHEN

Strategische Planung für nachhaltigen Geschäftserfolg

Werner Kemke/Dirk E. Witmer

■ Einleitung

Die turbulenten Änderungen im Unternehmensumfeld, im besonderen im Auslauf der 90er Jahre und zu Beginn des neuen Jahrtausends, haben die Begrenztheit der konventionellen Planungs-, Budgetierungs- und Zielsetzungsprozesse aufgezeigt. Konventionelle Planungskonzepte scheinen zu detailliert, zu komplex und kurz nach Verabschiedung veraltet zu sein und scheinen eher vergangene Ereignisse statt zukünftige Opportunitäten zu betonen. Die Dynamik des Unternehmensumfeldes und die gleichzeitige Starrheit von traditioneller Planung und Budgetierung bereiten den Unternehmen hierbei die Hauptprobleme.

Mit ihrem ersten Fachbeitrag eröffneten *Jeremy Hope* und *Robin Fraser* 1997 die in der Fachpresse zwischen Praktikern und Theoretikern mittlerweile intensiv geführte Diskussion über 'Beyond Budgeting', welche Sinn und Zweck der traditionellen Budgetierung und Zielsetzung hinterfragt.

Während viele Unternehmen, aufgrund bestehender Unzufriedenheit über die traditionelle Planung und Budgetierung, ihre teils ineffektiven Budgetierungssysteme durchleuchten und reorganisieren, haben nur wenige Unternehmen eine Organisation ganz ohne Budgets erfolgreich etabliert, wie beispielsweise *Svenska Handelsbanken* oder *Borealis*.

> **Main Statements**
>
> ● UBS Financial Services Group und deren Business Group Wealth Management & Business Banking (UBS-WM&BB) arbeiten kontinuierlich an der Verbesserung und Weiterentwicklung ihres Planungsansatzes.
> ● Der Planungsprozess von UBS-WM&BB besteht aus drei Hauptprozessschritten (Review des bestehenden Business Plan, Erstellen des Business Plan für die neue Planperiode, Jahresplanung/Budgetierung), wobei der Business Plan-Prozess den wichtigsten Teilprozess darstellt.
> ● Die qualitativen Planungsinhalte sind stark strategiefokussiert. Aus der Vision wird die strategische Stoßrichtung (Grobstrategie) festgelegt und daraus werden nach Festlegung der Mess- und Zielgrößen spezifische Aktivitäten und Aktionen abgeleitet.
> ● Die quantitativen Planungsinhalte sind auf wenige aussagekräftige Positionen der Gewinn- und Verlustrechnung begrenzt.
> ● Im Planungsprozess kommen neuere Management- bzw. Controlling-Methoden zur Anwendung (Balanced Scorecard, Value Based Management, Szenario-Analysen).
> ● Der Planungsansatz von UBS-WM&BB kann somit als zukunfts- und strategieorientiert, markt- bzw. outputorientiert, nicht finanzlastig und relativ flexibel hinsichtlich der Abbildung der existierenden Unternehmenskomplexität beurteilt werden.

Von den meisten Unternehmen wird eine schrittweise Verbesserung des Planung- und Budgetierungsansatzes angestrebt. Diese Vorgehensweise wird in der Fachpresse meist als ‚Better Budgeting' oder ‚Advanced Budgeting' bezeichnet.

Auch die UBS Financial Services Group im Allgemeinen und deren Business Group (Unternehmensgruppe) UBS Wealth Management and Business Banking (UBS-WM&BB) im Speziellen haben die Schwächen der traditionellen Budgetierung erkannt. Die Herausforderung liegt in der Identifizierung möglicher alternativer Planungs- und Zielsetzungsmethoden, die gleichzeitig den Anforderungen der UBS-Organisation angepasst sind.

Werner Kemke
Head of Planning
UBS-Wealth
Management and Business Banking,
Zürich,
E-Mail: werner.kemke@ubs.com

Dirk E. Witmer
Planning,
UBS-Wealth
Management and Business B
Zürich,
E-Mail: dirk.witmer@ubs.cor

Im vorliegenden Beitrag wird der Planungsprozess der Business Group UBS-WM&BB dargestellt. Daran anschließend werden die einzelnen Planungsinhalte und Planungsinstrumente erläutert und diskutiert. Nach der Darstellung der Funktionen der Planung bei UBS-WM&BB wird unter Bezugnahme auf neuere Ansätze von Planung und Budgetierung der Planungsansatz von UBS-WM&BB beurteilt.

Vorstellung der UBS

UBS Financial Services Group im Überblick

UBS Financial Services Group ist, als eines der führenden globalen Finanzinstitute, an den wichtigsten internationalen Finanzzentren vertreten. Durch 1.500 Büros in 50 Ländern ist UBS weltweit präsent und beschäftigt ungefähr 70.000 Mitarbeiter. UBS operiert als integrierte Unternehmensgruppe. Abbildung 1 zeigt die Konzernstruktur mit den vier operativen Business Groups (BGs) und dem Corporate Center. Im Juni 2003 wird die Integration der Gruppe durch die Einführung einer einzigen einheitlichen Marke weiter intensiviert.

UBS Wealth Management & Business Banking (UBS-WM&BB): UBS-WM&BB ist der weltweit führende Vermögensverwalter für Privatvermögen. Der Private Banking-Bereich offeriert umfassende, individuell angepasste Vermögensmanagement-Services für Privatkunden, verteilt auf ihre weltweiten Büros – von Toronto bis Singapur. Im Business Banking-Bereich nutzen vier Millionen Individual- und Firmenkunden auf dem Schweizer Markt das komplette Angebot an Finanzservices. Ein Viertel des Schweizer Kreditmarktes wird von UBS-WM&BB betreut.

UBS Global Asset Management (UBS-Global AM): UBS-Global AM ist ein bedeutender institutioneller Vermögensverwalter und Fondsanbieter. Die wichtigsten Marken schließen Brinson Partner, O´Connor, Phillips&Drew und UBS-Global Asset Management ein.

UBS Warburg (UBS-W): UBS-W operiert weltweit im internationalen Investment Banking und Wertpapiergeschäft, indem es innovative Dienstleistungen und Produkte anbietet und anspruchsvolle Analysen für interne und externe Kunden vornimmt. UBS-W hat umfassenden Zugang zu den Finanzmärkten und bedient sowohl Firmenkunden und institutionelle Kunden als auch andere Bereiche der UBS-Gruppe.

UBS PaineWebber (UBS-PW): UBS-PW betreibt die private Vermögensverwaltung für das US-amerikanische Klientel.

UBS Corporate Center (UBS-CC): Die integrierende Rolle von UBS-CC soll sicherstellen, dass die UBS-Gruppe als kohärentes und effektives Ganzes auftritt und die allgemeinen, verbindenden Konzernziele verfolgt werden, damit letztlich das Gesamtergebnis der Gruppe größer ist als die Summe ihrer Einzelteile.

Das, im Gegensatz zu einer Holding-Struktur oder einem Firmenkonglomerat verfolgte, integrierte Geschäftsmodell der UBS gesteht den Unternehmensgruppen große Freiheiten zu, wobei die Zusammenarbeit zwischen den Unternehmensgruppen der integrale Hauptbestandteil der Strategie von UBS ist, um so Synergien optimal im Sinne der Kunden nutzen zu können (siehe Abbildung 2).

UBS Wealth Management & Business Banking im Überblick

UBS Wealth Management & Business Banking ist in neun Bereiche (Business Areas) eingeteilt – sechs Logistik- bzw. Support-Bereiche und drei Front-Bereiche (siehe Abbildung 3). Die Planungsfunktion ist organisatorisch innerhalb des Bereichs 'Chief Financial Officer' als Stab angesiedelt.

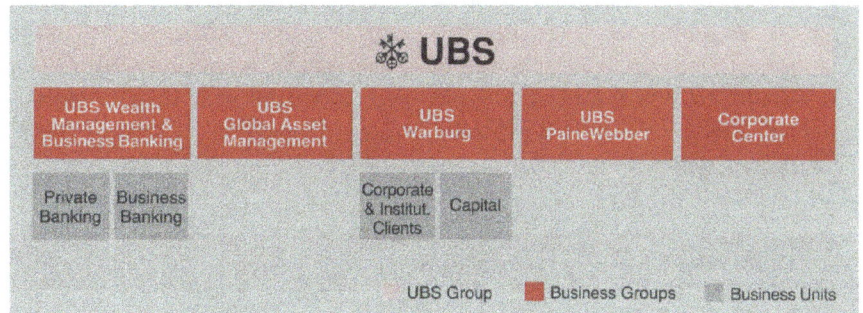

Abbildung 1: Organisationsstruktur der UBS

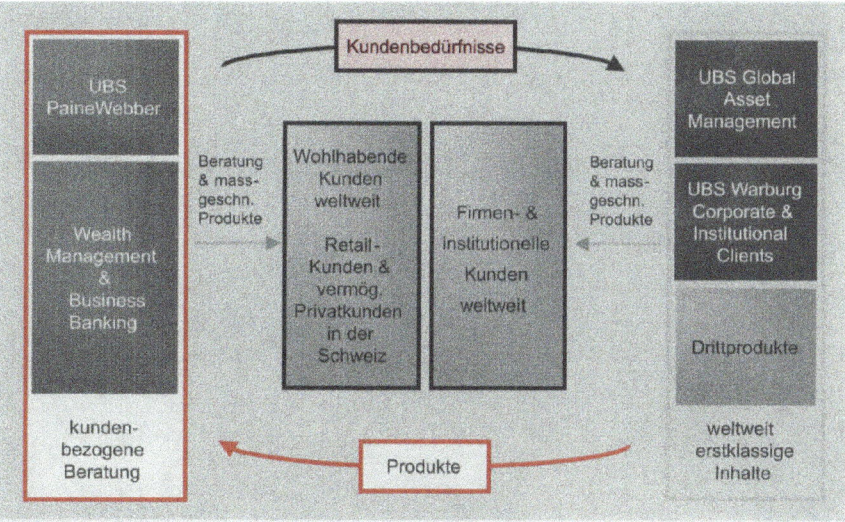

Abbildung 2: UBS-Konzern – Ein integratives, kundenorientiertes Geschäftsmodell

PRAXIS & BRANCHEN

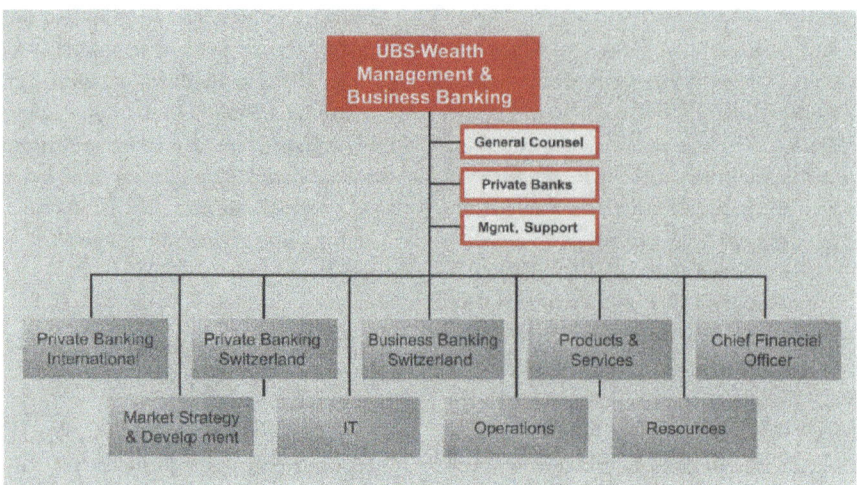

Abbildung 3: Organisationsstruktur von UBS Wealth Management & Business Banking

Die zentrale Planungsabteilung von UBS-WM&BB determiniert und koordiniert den Planungsprozess unter Berücksichtigung der spezifischen Anforderungen des Senior Management und Corporate Center. Zur Verdeutlichung der Größenordnung der zu planenden Daten sind in Abbildung 4 die Kerngrößen des Unternehmensbereiches UBS-WM&BB für die letzten drei Jahre aufgelistet.

CHFm	2000	2001	2002
Total Operating Income	13'570	12'884	12'614
Total Operating Expense	8'343	7'984	7'718
Operating Profit before Tax	**5'227**	**4'900**	**4'896**
Invested Assets (CHFbn)	1'037	1'006	893
Headcount	30'272	29'469	28'930

Abbildung 4: Key Figures von UBS Wealth Management & Business Banking

Abbildung 5: 2002 Planungsprozess UBS-WM&BB

Planungsprozess

Beschreibung des Planungsprozesses auf Divisionsstufe UBS-WM&BB

Der Planungsprozess wird jedes Jahr an die jeweiligen externen und internen Gegebenheiten angepasst. Für das Planjahr 2002 handelt es sich hierbei um einen dreistufigen Prozess (siehe Abbildung 5).

- Der Planungsprozess auf Business Group-Stufe bei UBS-WM&BB beginnt in diesem Planjahr mit einer *Analyse und Überprüfung (Review) des bestehenden Planes*. Hierzu werden die laufenden Resultate mit den Vorgaben aus dem bestehenden Plan verglichen und unter Berücksichtigung der aktuellen Rahmenbedingungen auf das Jahresende projiziert. Die im Mai durchgeführte, unterjährige Analyse und der ‚Reality Check' des bestehenden Business Planes geben dem Senior Management eine fundierte und aktualisierte Grundlage für die Überprüfung der zu erwartenden Gesamtjahresresultate. Für den Fall, dass die prognostizierten Jahresendwerte die bestehenden Ziele und die Erwartungshaltung des Managements und/oder der Investoren nicht erfüllen, wird diese Zwischen-Planung gegebenenfalls als Auslöser für die bereitstehenden ‚Notfall-Pläne' (‚contingency plans') herangezogen.

- Der *Business Plan (BP)* stellt den Kern des Planungsprozesses dar. Aus der Vision werden Global-Strategien abgeleitet sowie aktuelle Informationen aus Business Plan-Überprüfung und externen Wirtschaftsentwicklungen berücksichtigt. Ferner wird die Strategie detailliert in das operationale System der Business Areas (BA, organisatorische Einheiten unterhalb der Business Group) transformiert, indem durch die einzelnen BAs explizit Messgrößen und Aktionen zur Zielerreichung formuliert werden müssen. Der Planungshorizont für den Business Plan umfasst die kommenden drei Jahre – für den Planungsprozess 2002 somit die Jahre 2003 – 2005.

- Nach Verabschiedung des BP schließt sich in den BAs von UBS-WM&BB eine für den Konzern nicht obligatorische *Jahresplanung (Budgetierung)* für das erste Planjahr an. Die auf Business Group- und BA-Stufe aggregierten Daten des BP werden hier auf die einzelnen Standorte, Funktionen (Organisationseinheiten, Profit und Service Center) und detaillierteren Positionen des Erlös- und Kosten-

Schemas des internen Management Accounting Systems heruntergebrochen („Operative Planung'). Für die Jahresplanung werden den einzelnen Business Groups zum Zwecke der Flexibilität und Anpassung an ihre Business Group-Spezifika keine Vorgaben von Konzernseite gemacht. Die aggregierte Information (quantitative als auch qualitative) des BP stellt somit die Verbindung zwischen strategischer und operativer Planung dar.

Die einzelnen Business Groups waren und sind für die Inhalte des Business Plan Review und des aktuellen Business Plans voll verantwortlich. Wegen der Komplexität, die die Abstimmung der heterogenen und autarken Business Groups bzw. Business Units (funktionale Einteilung der extern publizierten Unternehmensteile) erfordert, wird der Planungsprozess vom Konzerncontrolling koordiniert. Hierzu werden die Anforderungen, beispielsweise der Detaillierungsgrad und die Planungstiefe der geforderten Informationen und Zahlen definiert und in verbindliche Vorgaben („Business Plan Instructions') umgewandelt. In der Business Group UBS-WM&BB werden die Daten von den unteren hierarchischen Stufen und den Front-Einheiten in den jeweiligen Planungsabteilungen vorkonsolidiert und entsprechend den Vorgaben aufbereitet.

Beschreibung des Business Plan Prozesses

Den Schwerpunkt des Planungsprozesses stellt der Business Plan (BP) dar. Dieser Prozess unterscheidet sich innerhalb der einzelnen Unternehmensbereiche. Für UBS-WM&BB besteht der BP-Prozess aus mehreren aufeinanderfolgenden, teilweise ineinandergreifenden Teilprozessen (siehe Abbildung 6), deren Schwerpunkte im Folgenden dargestellt werden.

Als *wichtigster Schritt* kann die *Planung der Geschäftsbereiche* (Business Areas) angesehen werden. Jeder einzelne Geschäftsbereich erstellt diesbezüglich einen eigenen Business Plan (siehe Planungsinhalt).

Vorgeschaltet und parallel zu diesem Hauptprozess sind die sogenannten *Sub-*

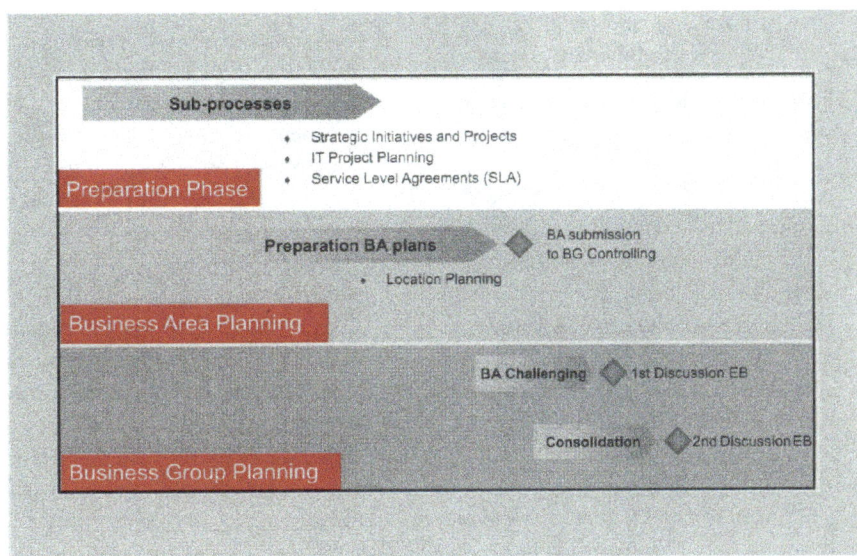

Abbildung 6: UBS-WM&BB Business Plan 2003-2005: Teilprozesse

prozesse, die unterschiedlich umfangreichen Input zum BP-Prozess der Geschäftsbereiche beisteuern. Nicht in Abbildung 6 aufgeführt wurden relativ autonome Subprozesse, wie beispielsweise allgemeine volkswirtschaftliche Untersuchungen des nationalen Marktes und der internationalen Märkte, Fachstellen-Planungen, wie Marketing, Personal- oder Liegenschafts-Planung, sowie die zentral durchgeführte Planung des Eigenmittelbedarfes und der damit verbundenen Kapitalkosten sowie der Kreditrisikokosten. Die Subprozesse, die eine weitreichende Interaktion zwischen allen Beteiligten erfordern, bedingen eine starke Koordination von Seiten der Subprozess-Verantwortlichen und des Business Group Planning. Im Rahmen der *vorbereitenden Schritte* werden *strategische Initiativen und Projekte* festgelegt und ferner die laufenden *IT-Projekte* an die aktuellen Rahmenbedingungen und Anforderungen angepasst. Diese Planung erfolgt über eine die funktionale Organisationsstruktur übergreifende Projektorganisation („project-streams', Matrixorganisation). Starke Auswirkung haben diese beiden Subprozesse auf den Balanced Scorecard-Planungsprozess (Erklärung später bei den Planungswerkzeugen) und den SLA-Prozess. Der *SLA-Prozess* (Service Level Agreement) dient bei der UBS der Allokation und Verrechnung der Leistungen von Logistik- und Supportbereichen an die kundenführenden Profit Center (Front-Bereiche).

Nach Abgabe der BP der Geschäftseinheiten werden diese qualitativ und quantitativ analysiert und konsolidiert („Challenging' und Konsolidierung). Im Rahmen des *„Challenging'* werden die zugrunde gelegten Planannahmen (bspw. Kostenentwicklung) geprüft, Erklärungen für eventuelle Abweichungen von den BAs gefordert und Anpassungen des Planes vorgeschlagen, wie beispielsweise Kürzung von Kosten oder Steigerung von Erlösen. Vor allem der Bereich der Umsätze wird genau untersucht (auch im Rahmen von Szenarioanalysen, siehe Eingesetzte Planungswerkzeuge), da zu hoch angesetzte/prognostizierte Umsätze ein inhärentes Kostenproblem verschleiern können. Die *Konsolidierung* der finanziellen Größen (quantitativ) ist unter Beachtung eventuell bestehender Innenumsätze (SLAs) eine klassische Controllingaufgabe. Komplexer gestaltet sich die Konsolidierung der einzelnen Geschäftsbereichsstrategien. Die Herausforderung liegt darin, eine durchgängige, schlüssige Gesamtstrategie für die Unternehmensgruppe WM&BB zu erarbeiten und zu formulieren.

Das ‚Challenging' und die gleichzeitig stattfindende Konsolidierung erfolgen über mehrere Runden, in die jeweils das verantwortliche Management der Business Group eingebunden wird. Das nach diesen Iterationsschritten erstellte UBS-WM&BB Business Plan-Dokument wird an das Executive Board und an das Controlling des Konzerns eingereicht, um nach nochmaliger Hinterfragung und Konsolidierung durch den Konzern Ende November verabschiedet zu werden und somit in die Konzernplanung einzufliessen.

Planungsinhalte

Das Business Plan-Dokument, als Hauptprodukt der Planungsaktivitäten, teilt sich in einen qualitativen und einen quantitativen Teil (siehe Abbildung 7).

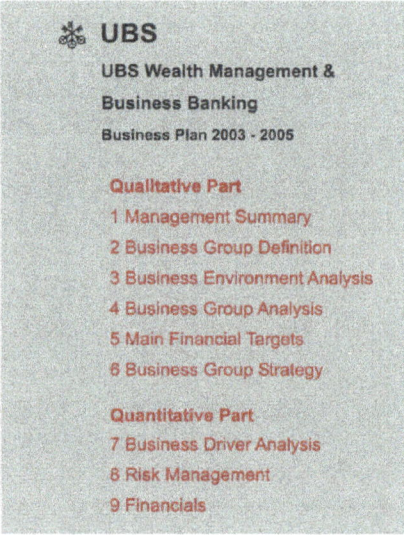

Abbildung 7: Vereinfachte Darstellung des Aufbaus des Business Plan-Dokuments UBS-WM&BB

Qualitativer Teil des BP

- Im Kapitel der *Business Group Definition* werden neben der Darstellung der Vision (bspw. „Wir wollen der weltweit führende Vermögensverwalter sein.") und Mission (bspw. „... indem wir Synergien zur optimalen Kundenbetreuung nutzen.") der organisatorische Aufbau der Business Group, die Produkte und Marktabdeckung der Fronteinheiten und die Funktionsinhalte der einzelnen Support- bzw. Logistik-Bereiche erläutert.

- Das daran anschließende Kapitel, *Business Environment Analysis*, beschreibt und untersucht die unternehmensexternen Kontextfaktoren (makroökonomische Rahmenbedingungen, allgemeine Wirtschafts-, Zins- und Marktentwicklungen, Analyse der Branchenentwicklung). In diesem Zusammenhang wird auch ein externes Benchmarking zu den erfolgreichsten Peers und Konkurrenten durchgeführt, indem die Kennzahlen sowie Stärken und Schwächen der Peers und Konkurrenten bewertet und für die einzelnen Bereiche jeweilige 'best pratice'-Beispiele identifiziert werden.

- Im Teil der *Business Group Analysis* werden die UBS-spezifischen Kontextfaktoren über eine SWOT-Analyse strukturiert bewertet. Strenghts and Weaknesses (Stärken und Schwächen) ermöglichen eine Einschätzung über die momentane Unternehmenssituation, Opportunities and Threats (Möglichkeiten und Gefahren) über zukünftige. Erwähnenswert an dieser Stelle ist, dass die SWOT-Analyse bereits die Dimensionen (Financials, Market/Products/Clients, Processes, Resources/ Employees) der Balanced Scorecard (BSC, detaillierte Erklärung folgt im Abschnitt über die eingesetzten Planungsinstrumente) abdeckt. Aus den unternehmensexternen Faktoren, der Analyse der Peers und der SWOT-Analyse werden 'Key Success Factors' (kritische Erfolgsgrößen) abgeleitet, die nachhaltigen Unternehmenserfolg sicherstellen sollen. In enger Verzahnung hierzu wurden für den letztjährigen Business Plan erstmals 'Business Priorities' formuliert, die speziell zur Fokussierung der Ressourcenallokation für strategische Projekte und somit zur Überwindung momentaner Schwächen aufgrund der allgemeinen Marktsituation sowie Meisterung der strategischen Herausforderungen definiert wurden.

- Unter Bezugnahme auf die Business Priorities und unter Berücksichtigung der Erwartungen der Analysten ('market expectations') wird das Ambitionsniveau für UBS-WM&BB in Form von ‚*Main Financial Targets*' festgelegt. Diese finanziellen Kerngrößen stellen ausgewählte Kennzahlen dar (bspw. Cost/Income-Ratio), die für den Planungszeitraum (nächste drei Jahre) numerisch präzisiert und deren Entwicklung über diese drei Jahre kommentiert werden.

- Die bewerteten und kommentierten, unternehmensexternen und unternehmensinternen Informationen fließen im Teil der *Business Group Strategy* zusammen und bilden die Basis für die Formulierung der Strategie. Indem konkrete strategische Initiativen und Aktionen artikuliert werden und über 'Activity based measures' messbar gemacht werden, wird die Realisierung (Implementierung) der verfolgten Strategie(n) dokumentiert. Die Business Plan-Dokumente der BAs gehen in Hinblick auf Strukturierung der Formulierung der Strategie noch einen Schritt weiter. In den Business Plan-Dokumenten der BAs werden explizit Balanced Scorecards je BA dargestellt und zusätzlich mit spezifischen Messgrößen und Zielvorgaben hinterlegt. Daraus werden dann die strategischen Aktionen abgeleitet.

Als Zusammenfassung der Strategieformulierung und Strategiefindung des BP-Prozesses bei UBS-WM&BB wird auf Abbildung 8 verwiesen.

Quantitativer Teil des BP

Sowohl Value Based Management und das Model der Business bzw. Value Driver als auch das Risk Assessment werden im folgenden Abschnitt beschrieben, weshalb an dieser Stelle direkt auf die finanziellen Größen eingegangen wird.

UBS-WM&BB und dessen Business Areas planen das so genannte 'Core-Module' auf (siehe Abbildung 9).

Das ‚Core-Module' besteht aus zwei Erlösarten und drei Kostenarten, wobei die Allokationskosten im Rahmen der SLA-Planung determiniert werden. Dies unterscheidet sich deutlich von der klassischen Budgetierung, in der bis beispielsweise 300 Erlös- und Kostenklassen aufgeplant werden.

'Key Performance Indicators' (KPIs) stellen die gegenseitige Abhängigkeit zwischen den verschiedenen Positionen der Gewinn- & Verlustrechnung deutlich dar. Demzufolge ist die Planung der KPIs aufgrund der erhöhten Aussagekraft von relativen Messgrößen im Hinblick auf einen möglichen Analysegebrauch erschöpfender ausgestaltet.

Eingesetzte Planungsinstrumente

Balanced Scorecard (BSC)

Wie bereits angesprochen, ist der Erstellungsprozess der BSC integraler Bestandteil des Business Plan-Prozesses und der qualitative Teil des BP-Dokuments stringent an die Dimensionen der BSC (Financials, Clients/ Products/ Markets, Prozesses, Employees) angelehnt. Dazu wurden von den BAs explizit die aktuelle Strategy Map, Messgrößen sowie Ziele und eine Aufstellung aller strategischen Aktionen eingefordert (siehe Abbildung 10). Der Aufbau der Templates wurde auf das bereits existierende quartalsweise BSC-Reporting abgestimmt.

Der BSC-Ansatz von UBS-WM&BB entspricht dem allgemeinen Verständnis, der durch *Robert Kaplan* und *David Norton* 1992 entwickelten Methodik der BSC.

Business bzw. Value Driver Model

Einen essentiellen Bestandteil des Planungsprozesses stellt seit zwei Jahren das Value Driver Model als Ausfluss des ‚Value Based Management'-Ansatzes dar. Es werden nicht direkt Erlös- und Kostenpositionen sondern die effektiv für die Entwicklung des Geschäftserfolgs maßgeblichen Business bzw. Value Driver geplant (step 1 in Abbildung 11). So stehen im ersten Planungsschritt nicht die Bruttoerlöse im Vordergrund, sondern beispielsweise das Volumen eines bestimmten Darlehensproduktes, das Vermögen eines bestimmten Kundensegments oder die realisierbare Marge. Erst im zweiten Schritt werden aus den Business bzw. Value Drivern die spezifischen Erlös- und Kostengrößen errechnet. Die Planung mit Hilfe von Business bzw. Value Drivern erhöht die

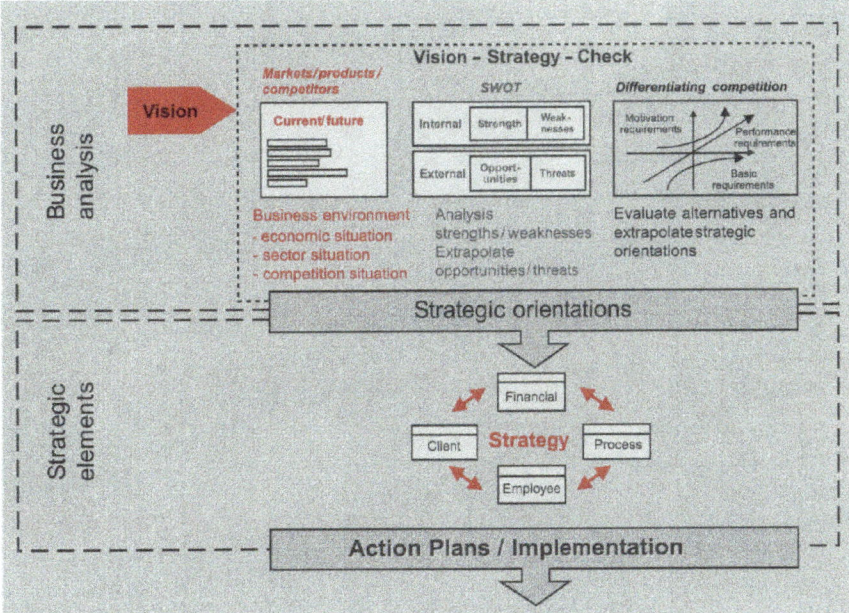

Abbildung 8: Strategiefindungsprozess im Rahmen des BP-Prozesses von UBS-WM&BB

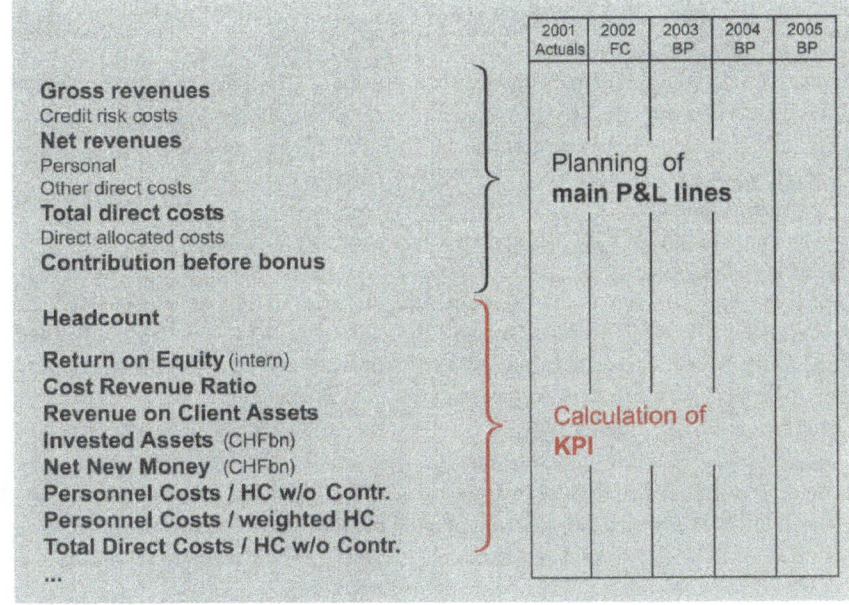

Abbildung 9: Planung der finanziellen Größen

Transparenz nachdrücklich, da Änderungen der Planungsannahmen im Value Driver Model schnell nachvollziehbar sind. Zusätzlich lassen sich Szenarios über veränderte Volumina oder Margen einfach und anschaulich abbilden.

Business bzw. Value Driver sind zugrundeliegende Faktoren, die sowohl Erlös- und Kostenentwicklung als auch die Kapitalanforderungen ursächlich beeinflussen, und somit Wertentstehung und -steigerung bestimmen.

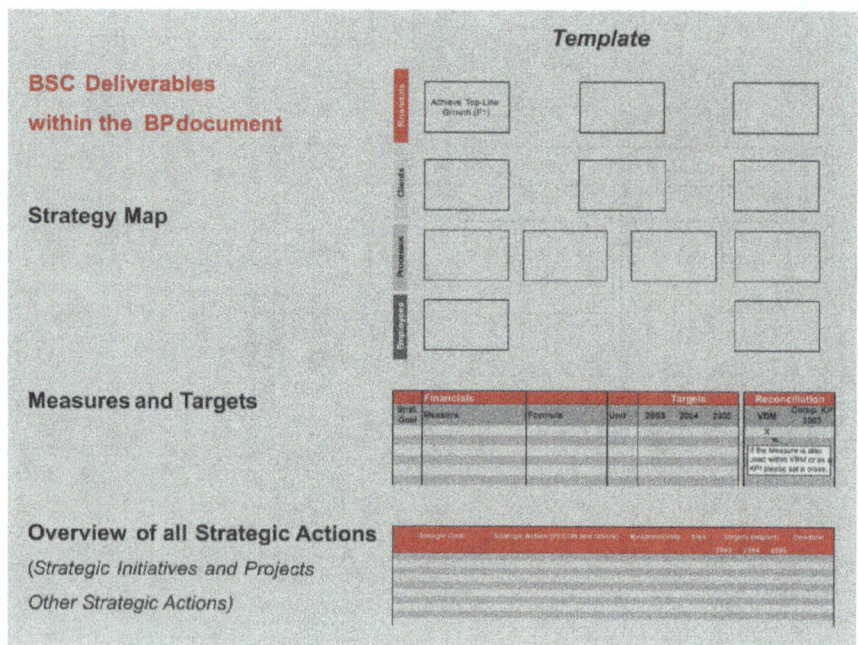

Abbildung 10: Vorlagen für die einzelnen Schritte des Konzepts der BSC

Die Business bzw. Value Driver sind in ein umfassenderes Value Based Management-Konzept (VBM) eingebunden. Der von der UBS verfolgte VBM-Ansatz fußt auf der aus der Betriebswirtschaftslehre bekannten Methodik der Berechnung eines aktuellen Unternehmenswertes mittels des 'Discounted Cash Flow'-Verfahrens (DCF). Der jeweilige Diskontierungsfaktor wird mit Hilfe des ‚Capital Asset Pricing Models' (CAPM) bestimmt. Die Berechnung der Discounted Cash Flows basiert eng auf der im Business Plan erarbeiteten Entwicklung der Business bzw. Value Driver.

Rechnungslegungsvorschriften können die Errechnung von Gewinnzahlen stark beeinflussen. Dies wird durch Errechnung und Analyse des sogenannten 'Generated Free Equity' umgangen. Dieser wird über die Gewinn- und Verlustrechnungs-Position ‚Net Profit before Tax' und unter der Berücksichtigung von nicht zahlungswirksamen Größen (‚non cash items') errechnet. Die auf den Gegenwartswert abdiskontierten, geplanten und daraus prognostizierten ‚Generated Free Equity'-Beträge der nächsten Jahre ergeben den ‚Fair Value' der Business Group UBS-WM&BB. Im Sinne der Wertsteigerung – für unsere Aktionäre und alle anderen Interessengruppen – wird eine Optimierung des 'Fair value' angestrebt. Die Interdependenzen zwischen Business bzw. Value Drivern, KPIs und ‚Core-Module' sind in Abbildung 12 dargestellt.

Szenario-Analysen

Szenario-Analysen schließen sich im finanziellen Teil an die Darstellung der Business Driver an. Hierbei werden basierend auf den analytisch-bewerteten Planannahmen ‚upside-' and ‚downside'-Szenarien dargestellt und deren Auswirkungen analysiert. Diese Szenario-Analysen beziehen sich vor allem auf die Business bzw. Value Driver. Über eine Analyse der Elastizität der einzelnen Business bzw. Value Driver wird deren Auswirkung auf die Erlös- und Kostenseite simuliert. Passend zu einem bestimmten 'downside'-Szenario werden entsprechende Reaktions- und Maßnahmenpläne ('contingency plans') zur späteren Ausführung prospektiv festgelegt.

Risk Management

Im Rahmen des Risk Managements werden die geschäftsinhärenten Risiken (bspw. Kreditausfälle) und Sekundärrisiken (bspw. Folgekosten aus Transaktionsabwicklungen) aufgeplant. Plausible Ausnahmefälle (statistical loss) oder Extremfälle (stress loss), die auch eintreten können, werden im Rahmen des Business Planes explizit evaluiert. Zusätzlich werden die Risiken und deren Einfluss auf den Unternehmungserfolg mit möglichen Handlungsalternativen belegt.

Beurteilung des Planungsansatzes hinsichtlich neuerer ‚Methodiken'

Funktion von Plänen bei UBS-WM&BB

- *Berücksichtigung der Zukunft:* Durch den BP-Prozess wird eine strukturierte Diskussion über die zugrundeliegenden Planungsannahmen (bspw. Entwicklung von Vermögenszuwachs) forciert. Auch sind Entscheidungen über die strategische Stoßrichtung (bspw. „In welchen Gebieten will die UBS expandieren und investieren") in Form einer Einigung über die 'Business Priorities' institutionalisiert. Hiermit wird das generelle Verständnis über die Business Group- und Konzern-Strategie gefördert.
- *Zielsetzung:* Die finanziellen Größen dienen nach Verabschiedung des BP-Plans durch die Konzernleitung als verbindliche Vorgaben für die Business Group. Daraus abgeleitet werden innerhalb von UBS-WM&BB die finanziellen Ziele für die Business Areas vorgegeben – basierend auf dem Input der einzelnen BA-Business Plänen. Zusätzlich werden konkrete Aktivitäten und Aktionen beziehungsweise Anpassungen aufgrund der Konzernvorgaben festgelegt.
- *Ressourcenallokation:* Über die Verhandlungen der internen Dienstleistungen (SLA-Prozess) und im Rahmen der Planung von Projekten und strategischen Initiativen wird sowohl der gegenwärtige als auch zukünftige Bedarf an Ressourcen bestimmt und deren Zuteilung zwischen den einzelnen Geschäftsbereichen festgelegt und alloziiert.

- *Kommunikation:* Die Ziele und abgeleiteten Vorgaben werden den verschiedenen Organisationsebenen mitgeteilt und sowohl finanzielle Größen als auch Strategien zwischen den hierarchischen Ebenen kommuniziert.
- *Early Warning (Measurement and Control):* Im Rahmen des Review des Business Planes und des monatlichen Reportings durchgeführte Soll/Ist-Vergleiche geben regelmäßig Hinweise auf Planabweichungen hinsichtlich der Ressourcenverwendung (Kostenseite) und der Realisierung der Erlöse. Durch die Entscheidungsphasen, vor allem im Rahmen der ‚Challenging‘- und Konsolidierungs-Runden, wird das Senior Management eng in den Planungsprozess eingebunden.
- *Motivation/Commitment:* Das im BP festgelegte Ambitionsniveau ist indirekt über ‚Kompensations-KPIs‘ an die Entlohnung gekoppelt, was für die Mitarbeiter auf die Zielerreichung und -erfüllung motivierend wirkt (extrinsische Anreize).

Bewertung der Anwendbarkeit von alternativen Planungskonzepten

Zur Beurteilung des Planungsansatzes werden im Folgenden die geläufigsten der diskutierten Schwächen der traditionellen Planung und Budgetierung in Thesenform aufgegriffen und Stellung bezogen.

- „*Traditionelle Planung ist vergangenheitsorientiert, inputorientiert und finanzlastig*": Wie oben aufgeführten Ausführungen zu entnehmen ist, liegt im Planungsprozess von UBS-WM&BB der Schwerpunkt in der Strategiefindung und -formulierung (Strategie- und Zukunftsbezug) sowie deren Umsetzung in konkrete, zielorientierte Maßnahmenpakete. Hierzu werden das Geschäftumfeld und die Märkte analysiert und bewertet sowie spezifische Handlungsaktivitäten abgeleitet, wie beispielsweise neue Produktinitiativen (Outputorientierung). Durch Planung über Business bzw. Value Driver werden nicht nur indirekt zukünftige Cash flows geplant (VBM) und nachfolgend über Szenario-Analysen interpretiert, sondern auch die Anzahl der Gewinn- und Verlustrechnungs-Positionen ist übersichtlich (nicht finanzlastig). Zusätzlich haben die geplanten KPIs teils rückwirkenden, teils vorlaufenden Charakter (Zukunftsbezug).

- „*Traditionelle Planung ist starr, obwohl das Unternehmensumfeld dynamisch ist*": Auf die externe Dynamik wird von Planungsseite durch den unterjährigen BP-Review eingegangen und mittels der im voraus definierten Notfall-Pläne (‚contingency plans‘) auf veränderte Rahmenbedingungen reagiert. Um adäquate Soll-/Ist-Vergleiche zu ermöglichen, werden die Auswirkungen interner Strukturanpassung (bspw. Reorganisation) im Business Plan und Budget auf den jeweiligen operativen Führungsstufen teilweise monatlich reflektiert. Zusätzlich wird im Rahmen des Quar-

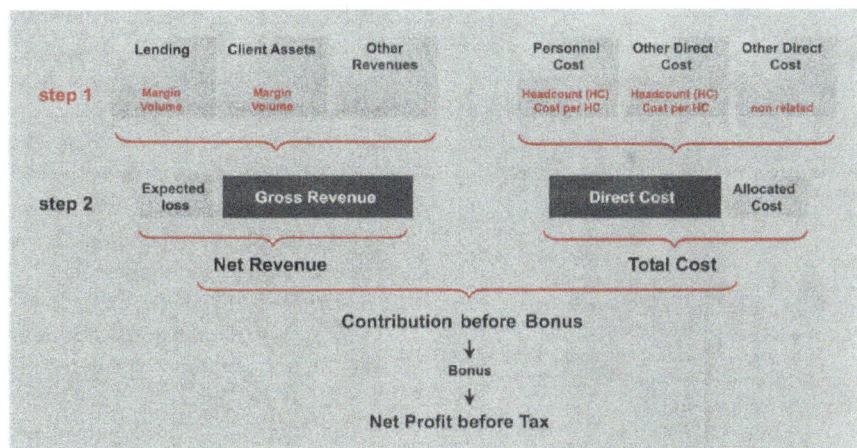

Abbildung 11: Vereinfachte Darstellung des Value Driver Models

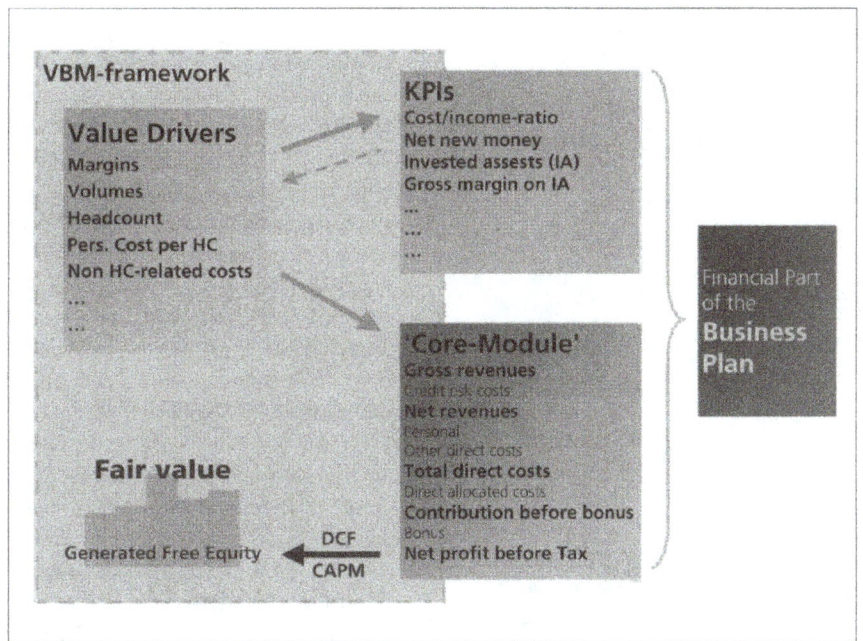

Abbildung 12: Value Based Management bei UBS: Zusammenhänge

tals-Reportings jeweils für die nächsten zwei Quartale ein ‚Rolling Forecast' erstellt, was dem Senior Management zusätzlich Indikatoren für die kurzfristige finanzielle Entwicklung gibt. Auch die im Rahmen des BP erstellten BSCs werden quartalsweise hinsichtlich Zielerreichung durch ein spezielles BSC-Reporting verfolgt.

- *„Traditionelle Planung fördert dysfunktionale Verhaltensweisen":* Mögliche Puffer, sowohl in den Forecast- als auch in den Business Plan-Daten, werden durch das ‚Challenging' weitgehend eliminiert. Ferner sind die verbindlichen Planvorgaben (bspw. Lohnerhöhung nur xy%, keine Verschlechterung des Cost/Income-Ratio, etc.) einzuhalten oder Abweichungen davon explizit zu begründen. Auch andere Ansätze (flexibles, zum Beispiel an die Erlösentwicklung geknüpftes Budget) können eine Art ‚Gaming' nicht ganz ausschließen. Sobald Verhandlungspartner Zielvereinbarungen festlegen und die endgültige Entlohnung in irgendeiner Form an Vorgaben geknüpft wird, die verhandelt werden, kann es zu dysfunktionalen Verhaltensweisen kommen. Eine Lösungsmöglichkeit, dysfunktionale Verhaltensweisen zu entschärfen, ist das Mitarbeiter-Beteilungsprogramm der UBS. Hierbei wird versucht über Aktien und Aktienoptionen alle Mitarbeiter am Unternehmen zu beteiligen, um damit bei den Mitarbeitern eine andere Einstellung und Identifikation zum Arbeitgeber UBS zu bewirken ('intrapreneurship').

■ Quintessenz

Den Planungsansatz von UBS-WM&BB kann man durchaus als

- zukunfts- und strategieorientiert,
- marktorientiert bzw. outputorientiert,
- nicht finanzlastig und
- relativ flexibel hinsichtlich der Unternehmenskomplexität

beurteilen. Zusätzlich kommen innovative Steuerungsmechanismen (VBM, BSC, Szenariotechniken) zum Einsatz und werden gelebt. UBS-WM&BB verfolgt sicher nicht die reine Form des ‚Beyond Budgeting', da auf unteren Hierarchieebenen auch noch klassische (Kosten-) Budgets verwendet werden. Aufgrund der oben genannten Punkte kann man den Planungsansatz der UBS-WM&BB auch nicht als klassische Budgetierung bezeichnen – eher als ‚Advanced Budgeting' bzw. ‚Better Budgeting'.

Literatur

BREALEY, R. A., MYERS, S.C. (2000): Principles of Corporate Finance, 6. Auflage, Boston, New York et al., 2000

BUNCE, P., FRASER, R., HOPE, J. (2001): Beyond Budgeting – The Barrier Breakers, in: Horváth, P. (Hrsg., 2001), S. 55 – 76

DRTINA, R., HOEGER, S., SCHAUB, J. (1996): Continuous Budgeting at the HON Company, in: Management Accounting UK 74 (1996) 1, S. 20 – 24

GLEICH, R., KOPP, J. (2001): Ansätze zur Neugestaltung der Planung und Budgetierung – Methodische Innovation und empirische Erkenntnisse, in: Controlling 13 (2001) Spezial 8/9, S. 429 – 436

GÜNTHER, T. (1997): Unternehmenswertorientiertes Controlling, München 1997

HOPE, J., FRASER, R. (1997): Beyond budgeting … – Breaking through the barrier to ‚the third wave', in: Management Accounting UK 75 (1997) 12, S. 20 – 23

HOPE, J., FRASER, R. (2001): Figures of hate, in: Financial Management 80 (2001) Feb., S. 22 – 25

Horváth & Partner (Hrsg., 2001): Balanced Scorecard umsetzen, Stuttgart 2001

HORVÁTH, P. (Hrsg., 2001): Strategien erfolgreich umsetzen, Stuttgart 2001

KAPLAN, R.S., NORTON, D.P. (2001): The Strategy-focused organization: How balanced scorecard companies thrive in the new business environment, Boston 2001

MINTZBERG, H. (1994): The Rise and Fall of Strategic Planning, New York et al. 1994

NORTON, D.P. (2000): Building Strategy Maps: The Importance of Time-Phasing the Strategy, in: Balanced Scorecard Report 3 (2000) 2, S. 1 – 4

UBS AG (Hrsg., 2002): Handbuch 2001/2002, Zürich 2002

WARDELL, C. (1999): High-Performance Budgeting, in: Harvard Management Update 4 (1999) 1, S. 9 – 11

Für Energieversorger geht es noch nicht ohne Budgetierung!

Interview mit Christoph Schrader, Accenture

Herr Schrader, skizzieren Sie uns bitte zunächst einmal die Rahmenbedingungen in der Energiebranche.
Der Energieversorgungsmarkt ist in Deutschland seit 1998 liberalisiert. Seit diesem Zeitpunkt befinden sich die Versorgungsunternehmen in einem Wettbewerbsumfeld, das sie vorher nicht kannten. Der Wettbewerb um den Kunden hat zu Preisreduktionen im Markt geführt und die Energieversorgungsunternehmen veranlasst, sich z. T. grundlegend neu zu positionieren. Bis heute sind deutliche Fortschritte gemacht worden, sich diesen neuen Rahmenbedingungen anzupassen. Es bleibt aber auch festzuhalten, dass der Weg der Anpassung noch nicht zu Ende ist.

Welche Zukunft hat die Budgetierung in diesem veränderten Umfeld?
Budgetierung ist für Unternehmen der Energieversorgung nach wie vor ein wichtiges Thema. Neue Ansätze wie Better oder Beyond Budgeting sind in der Branche zwar bekannt, werden aber inhaltlich noch nicht intensiv diskutiert. Die meisten Unternehmen können sich derzeit noch nicht vorstellen, die Budgetierung abzuschaffen. Gründe hierfür sind unter anderem, dass es sich nach wie vor um ein Jahresgeschäft handelt und die Volatilitäten im Markt – trotz Liberalisierung – nicht so hoch sind wie in anderen Industrien. Wenn man sich die Wechselraten der Privatverbraucher anschaut, wird dies deutlich. Jedes Jahr wechseln lediglich zwischen drei und fünf Prozent der Privatverbraucher den Energieanbieter.

Heißt das, dass die Budgetierung in der Energiebranche relativ problemlos funktioniert?
Nein, die klassische Kritik gibt es auch hier. Der Budgetierungsprozess dauert zu lange, die Budgets sind nur zum Teil an strategischen Zielen orientiert, und es gibt Probleme in der Ausschöpfung der Budgets, z. B. aufgrund von zeitlichen Projektverzögerungen. Deshalb sind die Unternehmen der Meinung, dass die traditionelle Budgetierung – was Prozess und Ergebnis betrifft – nicht der richtige Ansatz ist. Allerdings herrscht auch die Meinung vor, dass radikale Ansätze wie Beyond Budgeting in der Energiebranche nicht praktikabel sind.

Wie sieht aus Ihrer Sicht ein idealer Planungs- und Budgetierungsprozess für Energieversorger aus?
Idealerweise sollten Unternehmen über einen integrierten Planungsprozess verfügen. Der beginnt mit der strategischen Ausrichtung, der Definition strategischer Ziele und zugehöriger operationalisierter Werttreiber, die im Rahmen der operativen Planung geplant werden – Stichwort werttreiberbasierte Planung. Wenn ich die Werttreiber plane, dann sind die letztlich resultierenden Budgets ein Ergebnis der

> „Dezentralisierung von Verantwortung spielt eine wichtige Rolle bei der Abschaffung von Budgets"

Planung und keine Vorgabe mehr. Was man heute in vielen Unternehmen beobachten kann, ist, dass Instrumente wie die Balanced Scorecard oder der Prozess der strategischen Planung häufig existieren, aber nicht integriert eingesetzt werden. Das führt dazu, dass eine Balanced Scorecard eher zu Reportingzwecken als zu Steuerungszwecken genutzt wird. Was ich dagegen mit integrierter Planung meine, ist, dass die vorhandenen Instrumente und die Budgetierung konsistent sein müssen.

Können Sie den Prozess der Überleitung von Key Performance Indicators (Werttreibern) in die Budgetierung konkret beschreiben? Gerade an dieser Stelle gibt es ja häufig Unklarheit.
Nehmen Sie als Beispiel die relative Größe „Reinvestitionsgrad". Ich muss als Unternehmen sicherstellen, dass ich mein Anlagevermögen auch über die Zeit erhalte und entsprechend in meine Anlagen reinvestiere. Aus diesem Reinvestitionsgrad – und das kann durchaus eine Kenngröße sein, die man im Rahmen eines Benchmarking vom Markt ableitet – ermittelt sich ein Investitionsvolumen. Man gibt somit kein festes Investitions-

Christoph Schrader
ist bei Accenture als Senior Manager tätig und berät seit ca. 7 Jahren Unternehmen der Energieversorgungsindustrie. Er ist Dipl. Ing. Elektrotechnik und studierte an der RWTH Aachen. In seiner Funktion als Projektleiter beschäftigte er sich schwerpunktmäßig mit dem Redesign von Geschäftsprozessen und der Einführung von Instrumenten zur Unternehmensführung, -steuerung und -planung.
Herr Schrader ist Mitglied der Finance & Performance Service Line bei Accenture.

budget mehr vor, sondern stattdessen die Höhe des Reinvestitionsgrads, woraus sich im Ergebnis ein Investitionsbudget ergibt. Damit schafft man mehr Flexibilität für die Verantwortlichen.

Nach Kaplan/Norton decken solche „strategischen" Budgets in der Regel nur eine Größenordnung von 20 Prozent des Gesamtvolumens der Budgetierung ab. Was passiert mit den restlichen 80 Prozent?
In der Energiebranche handelt es sich bei den großen Budgets in der Regel um die Investitionsbudgets, die wiederum strategische Fragen betreffen. Kraftwerksausbau, Kraftwerksrückbau, Netzinvestitionen, Akquisitionen, das sind alles strategische Fragestellungen. Es gibt sicherlich auch operative Budgets, z. B. für Facilities. Aber auch hier sollte man eher über Kennzahlen steuern, die sich an Best Practices aus dem Markt orientieren. Dadurch schafft man mehr Flexibilität und kann Verantwortung delegieren.

> „Der Wandel hin zu mehr Unternehmertum dauert mindestens drei bis fünf Jahre."

Dezentralisierung spielt in Ihren Augen also eine entscheidende Rolle?
Ja, Dezentralisierung der Verantwortung, Centerkonzepte und ergebnisorientierte Organisation haben sich in anderen Industrien bewährt. Die Umsetzung ist aber häufig schwierig, weil der Umgang mit Ergebnisverantwortung nicht einfach ist und in der Historie der Energieversorger bisher auch nicht die entscheidende Rolle gespielt hat. Das ist eine der größten Barrieren zur erfolgreichen Umsetzung von Dezentralisierung. Was in den Unternehmen stattfinden muss, ist ein starker kultureller Wandel von einem technikorientierten Unternehmen hin zu mehr Unternehmertum im Unternehmen. Erfahrungen zeigen, dass dieser Prozess mindestens drei bis fünf Jahre dauert. Solange dieser Wandel noch nicht vollzogen ist, solange das technisch Mögliche und nicht das betriebswirtschaftlich Sinnvolle im Vordergrund steht, werden fixe Budgets vorgeben.

Hope/Fraser sehen das ja genau anders herum. Deren Aussage lautet: Solange ich über Budgets steuere, kann ich nicht effektiv dezentralisieren.
Wenn ich wirklich dezentralisieren will, rede ich in der Tat nicht mehr über Budgets. Ich nutze die nötigen Instrumente im Unternehmen zur Steuerung, z. B. die Balanced Scorecard, und messe die verschiedenen Organisationseinheiten an deren Ergebnisbeitrag. Häufig werden daneben allerdings weiterhin Budgetvorgaben gemacht, die das dezentrale Handeln einschränken. Solange der Glaube vorherrscht, dass die dezentralen Einheiten mit ihrer betriebswirtschaftlichen Freiheit nicht sinnvoll umgehen, wird man auch weiterhin diese Vorgaben machen.

Sie erwähnen einen kulturellen Wandel, der nach Ihrer Aussage nicht unter drei bis fünf Jahren zu realisieren ist. Wie gestalte ich den Implementierungsprozess, um trotz dieser langen Zeit erfolgreich zu sein?
Kultur kann man nicht mit der Brechstange ändern. Man schafft lediglich Instrumente, die diesen Kulturwandel fördern und führt diese relativ schnell in die Unternehmen ein, z. B. eine Centerorganisation und einen internen Markt. Anschließend werden die Verantwortlichen im Rahmen einer Coachingrolle begleitet, damit sie den Umgang mit den neuen Werkzeugen und Rollen lernen, z. B. bei internen Preisverhandlungen. Den entscheidenden Wandel im Kopf muss aber jeder selber machen.

Als eine Barriere im Veränderungsprozess haben Sie das Können der Mitarbeiter identifiziert. Gibt es denn noch weitere Barrieren?
Eine weitere Barriere existiert häufig in der Abgabe von Verantwortung. Solange nicht das vollständige Vertrauen vorhanden ist, dass mit der delegierten Verantwortung sorgfältig umgegangen wird, fällt die Abgabe schwer. Teilweise spielt

> „Kultur kann man nicht mit der Brechstange ändern."

hierbei auch die Angst, Macht zu verlieren, eine Rolle. Neben dem Können geht es also auch um das Wollen.

Was sind die wichtigsten Erfolgsfaktoren für den Veränderungsprozess?
Ein wesentlicher Faktor ist die intensive Einbindung der betroffenen Führungsebenen. Gerade bei kulturellem Wandel ist es eminent wichtig, dass Worte und Handlungen übereinstimmen, dann kann man sich auch der Unterstützung der Mitarbeiter sicher sein. Ein weiterer wichtiger Faktor ist die notwendige Technologie zur Unterstützung des Veränderungsprozesses in Form zentraler Datenbasen und intelligenter Tools. Hier sind die Unternehmen der Energiebranche auf einem guten Weg, auch wenn teilweise noch Excellösungen existieren. Insgesamt geht der Weg aber eindeutig zur Vereinheitlichung der Systeme.

Herr Schrader, wir danken Ihnen für dieses Gespräch.

Das Interview führten
Utz Schäffer und Michael Zyder.

Neugestaltung der Planung und Budgetierung in der produzierenden Industrie

Ronald Gleich/Dietmar Voggenreiter

Nicht nur in der produzierenden Industrie ist die Planung und Budgetierung in den letzten Jahren stark in Kritik geraten. Bemängelt wurde von vielen Experten aus der Wissenschaft und Praktikern aus unterschiedlichsten Branchen beispielsweise der hohe jährliche Ressourcenaufwand für die Durchführung der Planung, die geringe Akzeptanz speziell der operativen Planung und Budgetierung beim Management, die starke monetäre Ausrichtung der operativen Planung und Budgetierung oder die Mängel in der inhaltlichen und prozessualen Verbindung der strategischen mit der operativen Planung (vgl. z. B. bei Gleich/Kopp 2001, Oehler 2002 oder Link/Orbán 2002).

Doch nicht nur kritische Beiträge existieren zu der Thematik, sondern auch sehr konstruktive Überlegungen zur Neugestaltung der Planung und Budgetierung. Hervorzuheben ist hierbei insbesondere der Beyond Budgeting-Ansatz des Beyond Budgeting Round-Table von CAM-I. Dieser Ansatz beinhaltet eine radikale Neugestaltung der Planungs- und Budgetierungsprozesse und -inhalte, die allerdings auch eine Neuausrichtung aller Führungsprozesse erforderlich machen (vgl. Bunce/Fraser/Hope 2002 sowie zur praktischen Umsetzung bei Pinçon 2002).

- Die Eindimensionalität der Planung und Budgetierung ist durch den Einbezug nichtmonetärer Performance-Größen zu überwinden.
- Die starke Detaillierung in der Planung und Budgetierung kann spürbar fokussiert und entfeinert werden, indem man sich auf wesentliche Aspekte konzentriert.
- Eine qualitativ hochwertige Budgetierung der Gemeinkostenbereiche findet in den wenigsten Unternehmen statt. Hier wäre eine Outputorientierung, die die Leistungen dieser Bereiche budgetiert sinnvoll.
- Performance Measurement-Systeme – allen voran die Balanced Scorecard – unterstützen eine stärkere Integration der strategischen und der operativen Planung.
- Spezielle Planungssoftware automatisiert die operative Planung und die Budgetierung weitestgehend, wodurch eine größere Effizienz erzielt werden kann.
- Die Forderung nach relativen Zielen ist richtig, wird aber in der Praxis schon häufig praktiziert.

Basierend auf eigenen Überlegungen und Erfahrungen in der Beratungs- und Controllingpraxis sowie inspiriert von den verschiedenen kritischen und konstruktiven Veröffentlichungen sollen in diesem Beitrag Kernthesen zur Neugestaltung der Planung und Budgetierung in produzierenden Unternehmen skizziert werden. Die Inhalte dieser sechs Thesen sind aus Sicht der Verfasser jedoch durchaus allgemeingültig, d. h. unabhängig von Branchen- oder Kontextsituation anwendbare Vorschläge zur Verbesserung der Planung und Budgetierung.

Sicherlich hätten noch andere Punkte beleuchtet und diskutiert werden können (z. B. die bessere Ausgestaltung der Kontrolle im Rahmen des Planungs- und Steuerungsprozesses, vgl. hierzu bei Schäffer 2001). Dies kann und sollte in einem anderen Rahmen durchaus geschehen.

Im vorliegenden Beitrag haben sich die Verfasser jedoch auf die Ihrer

PD Dr. Ronald Gleich
Partner bei der internationalen Unternehmensberatung Horváth&Partners und Privatdozent an der European Business School in Oestrich-Winkel,
E-Mail: rgleich@horvath-partners.com

Dr. Dietmar Voggenreiter
Leiter Controlling Zentrale der AUDI AG, Ingolstadt,
E-Mail: dietmar.voggenreiter@audi.de

Meinung nach aus praktischer Sicht wichtigsten und nachhaltigsten Änderungen bzw. Fortschritte fokussiert. Diese werden nachfolgend vorgestellt.

These 1: Die Planung und Budgetierung muss um nichtmonetäre Größen erweitert werden

Wie bereits an anderer Stelle skizziert (vgl. Gleich/Kopp 2001, S. 430), ist ein nicht zu unterschätzendes Problemfeld der Planung und Budgetierung deren Eindimensionalität. Speziell die starke Fokussierung auf monetäre Größen im Rahmen der Budgetierung ist problematisch, lenkt diese doch die Aufmerksamkeit sehr viel stärker auf Ergebnisgrößen als auf Ergebnistreibergrößen. So werden beispielsweise monetäre Größen wie Umsatzpläne (oftmals basierend auf Vergangenheitswerten) akribisch auf Monats-, Wochen-, Produktgruppen-, Produktbasis und differenziert nach unterschiedlichen Erlösbestandteilen geplant. Anschließend werden die Istwerte den Planwerten gegenübergestellt und differenziert sowie detailliert Abweichungen errechnet. Dabei können und werden jedoch nur selten die Ursachen für Planwertabweichungen erarbeitet. So beeinflussen z. B. die Qualität und Qualifikation der Vertriebsmitarbeiter die Umsatzziele. Ferner determinieren in vielen Fällen auch die Zufriedenheit der Kunden mit den betreuenden Mitarbeitern oder den gekauften Produkten und Dienstleistungen den Verkaufserfolg und damit die Realisierung der Umsatzpläne. Allerdings vernachlässigen die klassischen Formen der Budgetierung und die verschiedenen Planvarianten der Kostenrechnung (als wichtigstem Basistool der Budgetierung) genau solche wesentlichen Ergebnistreiber- bzw. Ergebnisbeeinflussungsgrößen, die oftmals nichtmonetären Charakter haben.

Wie kann diesem Problem begegnet werden?

Die Planung und Budgetierung muss um nichtmonetäre Größen erweitert werden. Dies bedeutet, dass die Schwerpunkte zukünftig auf allen relevanten Performance-Größen liegen sollten (vgl. Gleich/Kopp 2001, S. 431). In der Konsequenz bedeutet dies keinen Verzicht auf Budgetgrößen oder gar die Abschaffung von Planergebnisrechnungen oder Planbilanzen. Dies zu glauben und zu propagieren wäre angesichts der Realitäten auf den internationalen Kapitalmärkten auch kaum realitätsnah. Eine neue Form der Budgetierung sollte statt dessen sowohl Vergangenheits- als auch Zukunftsaspekte berücksichtigen. Des weiteren sind in Abhängigkeit vom Anwendungsumfeld, den Planungsfristen und -zeiträumen sowie den Planungszielen ergänzende nichtmonetäre Planungsgrößen zu identifizieren (z. B. Qualitäts-, Kundenzufriedenheits- oder Zeitgrößen), die im engen Zusammenhang mit der Objekteffektivität und -effizienz sowie den formulierten strategischen und operativen Zielsetzungen stehen sollten. Ein wichtiges Hilfsmittel können hierbei die verschiedenen Performance Measurement-Konzepte sein. Solche Konzepte versuchen ganz bewusst die Mehrdimensionalität bei der Planung und Steuerung zu stärken (vgl. zu den verschiedenen Konzepten den Überblick bei Gleich 2001, S. 44 ff.). Hinweise wie dies mit der Balanced Scorecard, dem bekanntesten Performance Measurement-Konzept, geschehen kann gibt Oehler (vgl. Oehler 2001 und 2002, S. 157 f.).

These 2: Die Planung und Budgetierung ist zu entfeinern

In der heutigen Unternehmenspraxis werden auf Basis von Mittelfrist- und Langfristplanungen die Einjahresbudgets erstellt. Hierbei werden geplante Jahreseckwerte in detaillierte Kostenstellen- und Kostenartenbudgets für das Budgetjahr transferiert. Der Aufwand für diese planerische Detaillierung ist sowohl bei den Fachverantwortlichen bzw. den Kostenstellenleitern als auch bei den koordinierenden Controllern beträchtlich.

Dennoch ist die planerische Detaillierung auf Kostenstellenebene auch für die Kostenträgerrechnung notwendig, um im Rahmen der Kostenstellenratenbildung für die Produktkalkulation und die interne Verrechnung eine möglichst verursachungsgerechte Darstellung erreichen zu können. Hier existiert demnach ein gewisses Dilemma in der Praxis. Zum einen sind das Management und die Controller an möglichst guten (verursachungsgerechten) Steuerungsinformationen interessiert (was detaillierte Planungen erfordert), zum anderen sollten das Controlling und die Controllingprozesse aber möglichst schlank ausgestaltet sein, was natürlich auch den Planungs- und Budgetierungsprozess einschließt.

In der Praxis lässt sich erkennen, dass ein Großteil der Unternehmen mittlerweile auf eine sehr starke Detaillierung zugunsten mehr pragmatisch ermittelter und aufbereiteter Steuerungsinformationen verzichtet. Möglicherweise liegt dies auch daran, dass zunehmend Zweifel existieren, ob z. B. detaillierte Kostenrechnungsdaten auch automatisch gute Entscheidungen zur Folge haben (vgl. Weber 2001, S. 6).

Man sollte annehmen, dass auch eine Entfeinerung der Budgetierung angestrebt wird. Dies ist jedoch nur selten der Fall.

Welche Möglichkeiten existieren beispielsweise, um die oftmals praktizierte Komplexität und die oft anzutreffende Detaillierung der Budgetierung im Sinne einer Entfeinerung zu reduzieren?

Ein wesentlicher Ansatzpunkt ist sicherlich die Ausplanung der Kostenarten. Diese kann im Rahmen des Budgetierungsprozesses deutlich reduziert werden. Dies gilt insbesondere vor dem Hintergrund der in der laufenden Steuerungsperiode in vielen Praxisfällen nicht zielführenden detaillierten Soll-Ist-Vergleichen auf der Kostenartenebene. In diesem Zusammenhang ist auch eine Kernfunktionalität der maschinellen Planung mit ERP-Systemen zu nennen. Hierbei werden auf Basis der Vorperiodenstruktur die geplanten Gesamtkosten nach gewissen Erfahrungswerten der Vergangenheit automatisch aufgeteilt.

Spätestens bei dieser Vorgehensweise ist die Frage nach dem Nutzen des detaillierten Soll-Ist-Vergleiches zu stellen. Daher bietet sich als Lösung eine

Gruppierung der Kostenarten zu Kostenartengruppen an. Für weitergehende Analysen kann dann immer noch auf eine detaillierte Ist-Abrechnung zurückgegriffen werden. Diese Vorgehensweise reduziert den Aufwand für das Management und das Controlling deutlich und ist daher anzustreben.

These 3:
Die Planung und Budgetierung ist, speziell in Gemeinkostenbereichen, outputorientiert zu gestalten

Bedingt durch den hohen Arbeitsaufwand der im Rahmen der Budgetierung durch die starke Detaillierung hinsichtlich Kostenstellen und Kostenarten entsteht, werden in vielen Fällen speziell die Kostenstellenbudgets der Gemeinkostenbereiche nur unzureichend inhaltlich geplant und durchdrungen. Häufig ist sogar anzutreffen, dass nur auf Basis der Vorjahresbudgets hinzukommende Aufgaben überschlägig geplant werden. Eine inhaltliche und strukturierte Auseinandersetzung mit den Gemeinkostenbudgets findet dann nur unzureichend statt.

Dies ist umso verwunderlicher, da mit dem Tool der prozessorientierten Budgetierung ein Instrument existiert, mit dessen Hilfe dies geschehen kann.

„Ein auf einer Prozessorientierung oder auf einer Prozesskostenrechnung basierendes Konzept einer prozessorientierten Budgetierung ist demzufolge output- und nachfrageorientiert und schafft auch bessere Ansatzpunkte bezüglich der Steuerung des Ressourcenverbrauchs, der Kontrolle und der Leistungsbeurteilung" (Gleich/Kopp 2001, S. 432 sowie grundsätzlich bei Pfohl 2000, S. 279 sowie Brimson/Antos 1999).

Ein Grund für die noch mangelhafte Akzeptanz dieses Tools in der Unternehmenspraxis ist wiederum die Perfektion und Detaillierung in der Anwendung. So werden beispielsweise bei Anwendungen häufig viel zu viele Kostentreiber je Kostenstelle eingesetzt. Dies schafft zwar Transparenz, erschwert jedoch den Planungsprozess erheblich und bindet nicht unbeträchtliche Ressourcen. Je nach Ausgestaltung der Bereiche können oftmals drei bis vier Kostentreiber vollauf genügen.

An zwei Beispielen soll dies verdeutlicht werden:
- Für ein Außendienstbüro kann auf Basis der angestrebten Umsätze beispielsweise das nötige produktbezogene Mengengerüst ermittelt werden. Auf Basis einer anvisierten Trefferquote von Kundenbesuchen zu Aufträgen und einer durchschnittlichen Auftragsgröße sowie Planwerten für die zugrundeliegenden Prozesse, kann sehr schnell ein erster inhaltlich qualifizierter und outputorientierter Entwurf für ein Budget ermittelt werden. Ergänzt um die Budgets für Messen und Kommunikation ergibt sich der prozessorientiert ermittelte Budgetwert für das Außendienstbüro.
- Für den Prüf- und Laborbereich des Qualitätsmanagements können, bspw. abgeleitet aus dem Produktionsprogramm, die Anzahl erwarteter Materialprüfungen im Labor und die Anzahl von Stichprobenprüfungen in der Produktion ermittelt werden. Auch hier ermöglicht die Kenntnis der Planprozesskosten die Komplettierung der outputorientierten Budgetierung.

Die nachfolgende Abbildung 1 zeigt die Umsetzung der prozessorientierten Budgetierung bei einem produzierenden Unternehmen. Flankierend zum Einsatz der prozessorientierten Budgetierung erfolgt dort die Anwendung von Benchmarks zur Schaffung eines „Marktes für interne Prozesse" sowie einer Balanced Scorecard. Diese soll die Anbindung der Budgetierung an die Inhalte der strategischen Planung sicherstellen.

Eine weitere praktische Anwendung schildern Kopp und Kogler (vgl. Kopp/Kogler 2001, S. 204).

Zwar ist die Kritik an der prozessorientierten Budgetierung (z. B. bezüglich der Proportionalisierung von Fixkosten und Standardisierung und Vereinfachung von Prozessvarianten durch die Anwendung nur weniger Prozesskostensätze) nicht unberechtigt.

Doch die inhaltliche Auseinandersetzung mit den Leistungen (Outputs) der Planbereiche ist der entscheidende Vorteil und rechtfertigt aus Sicht der Autoren auch deren Anwendung. Die frühzeitige Beschäftigung der Manager mit den Leistungen und Mengengerüsten in ihrem Umfeld macht häufig schon Fehlentwicklungen bzw. Schwachstellen deutlich. Die im nächsten Planungsschritt auf Basis des neuen Mengengerüsts und der Kostensätze je Prozessdurchführung ermittelten Budgetwerte sind zunächst als Vorschlagswerte zu verstehen. Diese bilden die Grundlage für die Pla-

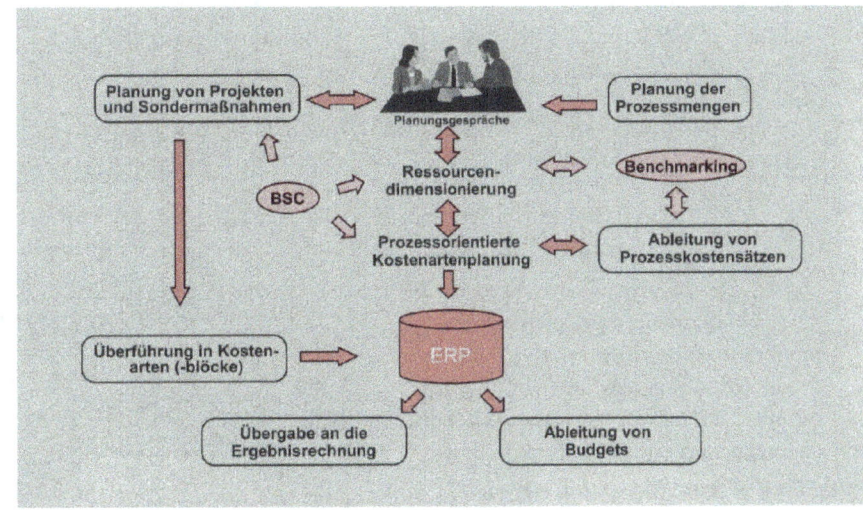

Abbildung 1: Methodik der praktischen Anwendung der prozessorientierten Budgetierung bei einem produzierenden Unternehmen

nungsgespräche mit dem übergeordneten Management. Hierbei können dann ggf. auch gewünschte Effizienzsteigerungen und errechnete Fixkostendegressionen berücksichtigt werden, sodass schließlich ein inhaltlich abgestimmtes und outputbezogen konzipiertes Budget entsteht.

These 4:
Eine stärkere Integration der strategischen und der operativen Planung ist notwendig

Es existieren vielfältige Probleme in der Verbindung der strategischen mit der operativen Planung (vgl. den Überblick bei Gleich/Kopp 2001, S. 430). Daraus resultieren beispielsweise Strategien und strategische Initiativen die in der Praxis oftmals von operativen Ein- oder Mehrjahresplanungen entkoppelt sind. Die Gründe für solche Trennungen bzw. Entkopplungen sind bekannt und vielfältig. So gibt es beispielsweise in der Unternehmenspraxis in vielen Fällen unterschiedliche Funktionsbereiche, die für die strategische und die operative Planung bzw. die Budgetierung verantwortlich sind. Sind hier keine Regeln und Koordinationsmechanismen definiert, misslingt die inhaltliche Kopplung bzw. wird diese gleich gar nicht angestrebt.

Ferner gibt es nur in seltenen Praxisfällen Mechanismen und Festlegungen, wie strategische Impulse oder Vorgaben operationalisiert werden können. Hilfreich wären insbesondere strategische Zielvorstellungen, die einfach in operative Pläne und Budgets transformiert werden können.

Wichtige Impulse zur Eliminierung dieser Schwachstelle leisten wiederum strategisch orientierte Performance Measurement-Systeme. Beispielhaft kann auch hierbei das Konzept der Balanced Scorecard genannt werden (vgl. Kaplan/Norton 2001). Dieses Konzept ist vielfach implementiert und in der Unternehmenspraxis mit großer Akzeptanz versehen (vgl. den Überblick bei Gleich 2002, S. 450).

Ein wesentlicher Pluspunkt der Balanced Scorecard ist speziell die Transformationsfunktion bei der Übertragung strategischer Ideen und Strategien in konkrete Maßnahmen und Aktionen (vgl. auch Servatius 2002, S. 199f.).

Mit dem Einsatz solcher Konzepte lassen sich Entkopplungen der verschiedenen Planungen im Unternehmen vermeiden und die gewünschte stärkere Integration der strategischen und der operativen Planung forcieren.

Eine Vision, wie die Balanced Scorecard in den Planungsprozess eingebunden werden kann vermittelt die nachfolgende Abbildung 2:

Über den Balanced Scorecard-Prozess werden strategische Zielvorgaben erarbeitet und auch strategische Aktionen budgetiert. Daraus lassen sich Projektbudgets für strategische Projekte ableiten, die noch um die Budgets der operativen Projekte zu ergänzen sind. Der Ansatz orientiert sich an dem Vorschlag von Kaplan/Norton, Budgets in strategische und operative Budgets zu trennen. Erstgenanntes umfasst Aktivitäten der Zukunftssicherung und nicht die Realisierung der verabschiedeten Umsatzziele mit bestehenden Produkten (was gemäß Kaplan/Norton Gegenstand des „operational Budgeting" wäre, vgl. Kaplan/Norton 2001, S. 288 ff.)

Ergänzend dazu sind operative Nichtprojektbudgets im Sinne eines „operational Budgeting" zu ermitteln. Dies ist auf Einjahres- und Mehrjahresbasis zu tun. Ein hoher Detaillierungsgrad ist jedoch (sofern erforderlich) nur für das operative Jahresbudget notwendig, während die Budgets für die Folgejahre stark aggregiert sein können.

Durch eine solche Kopplung der strategischen und der operativen Planung über die Balanced Scorecard lassen sich demzufolge inhaltliche Strategievorgaben strukturiert in operative Budgets und Pläne transformieren. Speziell die „Projektbrücke" ist hier hilfreich.

These 5:
Die operative Planung und die Budgetierung sollten weitestgehend automatisiert werden

Viele Ressourcen im Controllerbereich werden durch verschiedenste Planungs- und Budgetierungsaktivitäten gebunden. Eine der Hauptaufgaben des Controllers ist das Management des Planungsablaufes. Hierzu gehört die Erstellung eines Planungskalenders, in dem verschiedene Planungsschritte, Verantwortlichkeiten und Termine hinterlegt sind. Ferner sind For-

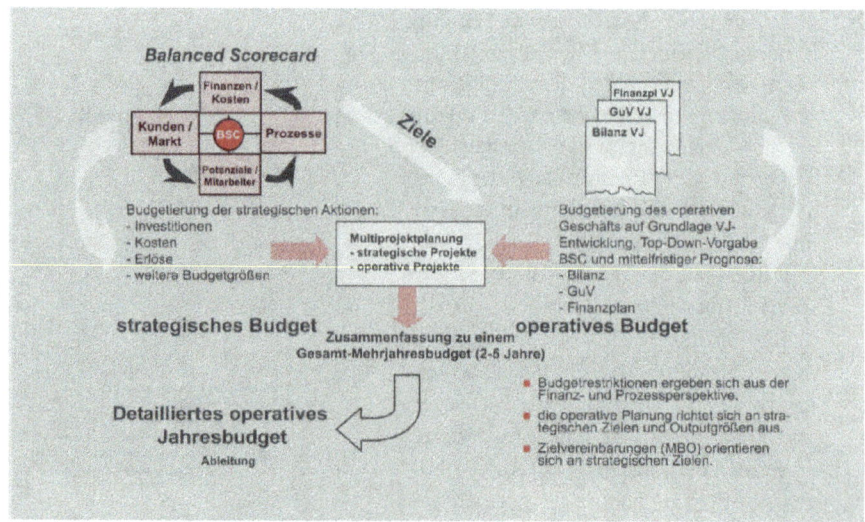

Abbildung 2: Neugestaltete Verbindung der strategischen mit der operativen Planung im Advanced Budgeting-Konzept von Horváth&Partners

mulare bzw. Softwaremasken zu entwerfen und die Ergebnisse der einzelnen Planungsschritte zusammenzufassen und zu plausibilisieren.

Diese verschiedenen Teilaktivitäten werden in der Regel, wenigstens teilweise, softwaregestützt durchgeführt. Allerdings finden hierbei konventionelle transaktionsorientierte Standardsoftwarelösungen (ERP-Systeme) aus verschiedenen Gründen (z. B. fehlende Funktionalitäten, wenig Umfeldflexibilität) kaum Anwendung. Statt dessen dominieren bei der Unterstützung der Planung und Budgetierung in der Praxis, insbesondere in Gemeinkostenbereichen, Tabellenkalkulationsprogramme (vgl. Oehler 2002, S. 155).

Deren scheinbare Wirtschaftlichkeit und vielpropagierte Flexibilität stehen eine hohe Fehleranfälligkeit, eine mangelhafte Transparenz (bzgl. des Verstehens der verschiedenen Formeln, Makros und Verknüpfungen) und ein hoher Pflegeaufwand gegenüber. Leistungsfähiger sind OLAP-Lösungen, die gegenüber Tabellenkalkulationsprogrammen eine höhere Änderungsflexibilität haben. Diese Leistungsfähigkeit kann noch gesteigert werden durch den Einsatz spezieller Planungs- und Budgetierungssoftware, die im übrigen oftmals auf OLAP-Tools aufbaut.

Folgende Vorteile können durch solche speziellen Softwarelösungen generiert werden:
- Effizienzsteigerung bei der Abwicklung betrieblicher Planungsaufgaben
- Simulationsmöglichkeiten
- Bewertung von Planungsalternativen
- Visualisierung der Ergebnisse
- Softwarepflege und -weiterentwicklung sowie Fehlereliminierung durch den Toolhersteller

All dies leisten in der Regel insbesondere Tabellenkalkulationsprogramme nicht. Es lohnt sich daher über Alternativen nachzudenken. Dies sollte speziell dann der Fall sein, wenn sich ein Unternehmen in einem turbulenten Umfeld bewegt. So sind abhängig von der Turbulenz eines Unternehmensumfeldes, hier beschrieben über die Dynamik und Komplexität, unterschiedliche Softwarelösungen für die Unternehmensplanung und -budgetierung denkbar. In stabilen Umfeldern kann durchaus der Einsatz einer Tabellen-kalkulationslösung angemessen und richtig sein. Je höher die Komplexität und die Dynamik sind, je mehr sollten nur noch spezielle Softwarelösungen für die Planung und Budgetierung zum Einsatz kommen (vgl. Oehler 2002, S. 157 sowie Abb. 3).

Einen Überblick über verschiedene Softwaretools zur Unternehmensplanung geben Bange und Volpp (vgl. Bange/Volpp 2000, S. 10 ff.).

Als Beispiele für Tooleinführungen und -anwendungen in der Unternehmenspraxis sind zu nennen:
- Die Umsetzung des Planungstools SAP SEM-BPS bei Henkel Surface Technologies (vgl. Meier/Sinzig/Mertens 2002, S. 180 ff.),
- die Modernisierung der Planung mit dem Professional Planer bei der Bayrischen Zugspitzbahn AG (vgl. Köthner 2000, S. 16 ff.),
- die Schaffung eine integrativen und webbasierten Planung mit Hyperion Planning bei ONE (vgl. Tichy/Amon 2002, S. 188 ff.) oder
- die Einführung der Software Corporate Planner beim Unternehmen fischerwerke (vgl. Heinzen/Gottuck/Grundler 2000, S. 233 ff.).

These 6:
„Moving targets" sollten selbstverständlich werden

Im Rahmen des Beyond Budgeting wird auch die Starrheit der Periodenbudgetierung kritisiert und „selbst adjustierende relative Ziele" gefordert (vgl. Hope/Fraser 2000, S. 33).

Diese Kritik erfolgt bei einer unflexiblen Handhabung der Periodenbudgets zu Recht. Jedoch lässt sich feststellen, dass viele produzierende Unternehmen innerhalb der Planperiode die Budgets anpassen, d. h. dieser Kritikpunkt zumindest teilweise unberechtigt erscheint.

So wird im Rahmen des Beyond Budgeting bemängelt, dass oftmals budgetierte Umsatzziele nicht an die Marktentwicklung gekoppelt sind. Hierzu ist anzumerken, dass in der Praxis der Marktanteil bzw. das Konkurrenzwachstum als nichtfinanzielle Größen oftmals kontinuierlich beobachtet werden. Ergeben sich Änderungen die in der Budgetierungsphase noch nicht abzusehen waren, werden dann auch die Umsatzziele unterjährig angepasst. Zu den Umsatzzielen werden nachgängig auch die Kostenziele/Budgets angepasst. Bei Umsatzreduktionen wird aber diese innerjährige Anpassung häufig nach einem bestimmten, auf Erfahrungswerten basierenden Kürzungsprinzip angewendet. Eine inhaltliche Überarbeitung der Budgets wird aufgrund des Aufwandes nicht vollzogen. Hierbei kann wiederum das Vorhandensein einer outputorientierten Budgetierung für die Gemeinkostenbereiche hilfreich sein. Durch die unterjährige Überprüfung des prozess- bzw. outputbezogenen Mengengerüstes kann durchaus eine effiziente und auch qualifizierte Überarbeitung der Budgets erfolgen.

Letztlich bleibt festzuhalten, dass der Gedanke der „moving targets" bzw.

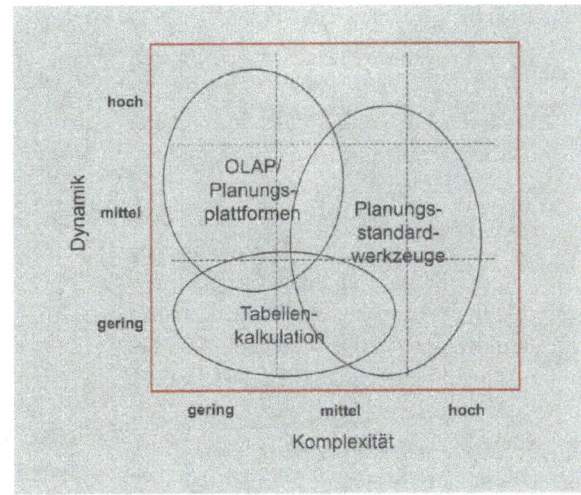

Abbildung 3: Planungssoftware und Turbulenz (vgl. Oehler 2002, S. 157)

von flexiblen Budgets eine Frage der Überarbeitungsfrequenz ist. Bei größeren Umfeld-/Marktveränderungen (z. B. der Eintritt neuer Konkurrenten in etablierte Märkte) müssen sicherlich Einjahresbudgets überarbeitet werden.

Muss dies allerdings monatlich bzw. quartalsweise geschehen? Dies ist abhängig von der Branche und dem Geschäftsmodell. In der Halbleiterindustrie sind andere Budgetierungsfrequenzen sinnvoll als dies in der Automobilindustrie der Fall ist.

Vor diesem Hintergrund bleibt anzumerken, dass eine Anpassung der Budgets an Marktveränderung anzustreben ist. Auch hier ist wiederum ein effizientes Controlling anzustreben und daher die Frage zu stellen, bei welchem Ausmaß von Prämissenänderungen die Budgets überarbeitet werden müssen. Nicht zuletzt muss auch mit der Überarbeitung der Kostenbudgets eine Überarbeitung der Produktkalkulation erfolgen, so dass ein nicht unbeträchtlicher Aufwand entsteht, der jedoch möglicherweise durch ein integriertes und durchgängig IT-gestütztes Controlling- und Kostenmanagementsystem gelindert wird.

■ Fazit

Die oft geäußerten und teilweise skizzierten Kritikpunkte am aktuellen Stand der Budgetierung sind größtenteils gerechtfertigt. Der oft zitierte und propagierte Ansatz des Beyond Budgeting weiß vorwiegend darum zu gefallen, da er verschiedenste Verbesserungsansätze für die Planung und Budgetierung in einem Konstrukt vereint. Betrachtet man allerdings die Verbesserungen im Einzelnen, wird schnell deutlich, dass einige Verbesserungen im Rahmen der Diskussion um ein schlankes und effizientes Controlling (vgl. Horváth 1992) bereits vor Jahren diskutiert wurden.

So ist auch im Zusammenhang mit diesem Beitrag festzuhalten, dass die Inhalte bzw. Vorschläge bezüglich der sechs Thesen zur Neugestaltung der Budgetierung in Ihren Einzelheiten keine innovativen Erkenntnisse darstellen.

Dennoch sind Sie nach Meinung der Verfasser wichtige Treiber und Ansatzpunkte für die notwendige Neugestaltung der Planung und Budgetierung in der produzierenden Industrie. Geschieht deren Umsetzung im oben beschriebenen Sinne sind positive und leistungssteigernde Effekte für die Planungseffektivität und -effizienz zu erwarten.

Literatur

BANGE, C., VOLPP, N. (2000), Software-Tools für die Unternehmensplanung – Turbo für die Planung, in: is report 4 (2000) 8, S. 10 – 15
BRIMSON, J. A., ANTOS, J. (1999), Activity-Based-Budgeting, New York u.a. 1999
BUNCE, P., FRASER, R., HOPE, J. (2002), Beyond Budgeting – Breaking free from annual performance trap, in: Horváth, P. (Hrsg., 2002), Performance Controlling, Stuttgart 2002, S. 33 – 49
GLEICH, R., KOPP, J. 2001), Ansätze zur Neugestaltung der Planung und Budgetierung, in: Controlling 13 (2001) 8/9, S. 429 – 436
GLEICH, R. (2001), Das System des Peformance Measurement, München 2001
GLEICH, R. (2002), Performance Measurement – Grundlagen, Konzepte und empirische Erkenntnisse, in: Controlling 14 (2002) 8/9, S. 447 – 454
HEINZEN, T., GOTTUCK, M., GRUNDLER, C. (2000), Strategien simulieren und bewerten mit Unternehmensmodellen am Beispiel der Unternehmensgruppe fischerwerke und der Firma Trumpf, in: Horváth&Partner (Hrsg., 2000), Früherkennung in der Unternehmenssteuerung, Stuttgart 2000, S. 215 – 244
HORVÁTH, P. (Hrsg., 1992), Effektives und schlankes Controlling, Stuttgart 1992
HOPE/FRASER (2000), Beyond Budgeting, in: Strategic Finance (2000) October, S. 30 – 35
KAPLAN, R. S., NORTON, S. P. (2001), The Strategy-Focused Organization, Boston 2001
KÖTHNER, D. (2000), Moderne Planung und Controlling bei Deutschlands größtem Bergbahnunternehmen, in: is report 4 (2000) 8, S. 16 – 18
KOPP, J., KOGLER, S. (2001), Praktische Impulse zur Verbesserung der Planung und Budgetierung, in: Bilanzbuchhalter und Controller, Heft 9/2001, S. 201 – 204
LINK, C., ORBÁN, C. (2002), Unternehmensplanung – Wertschöpfung oder Pflichtübung?, in: krp 46 (2002) 1, S. 11 – 17
MEIER, M., SINZIG, W., MERTENS, P. (2002), SAP Strategic Enterprose Manage-ment/Business Analytics, Berlin u. a. 2002
OEHLER, K. (2001), Balanced Scorecard, Budgetierung and Beyond – eine ressourcenorientierte Erweiterung der Balanced Scorecard, in: is report 5 (2001) 12, S. 34 – 37
OEHLER, K. (2002), Beyond Budgeting, was steckt dahinter und was kann Software dazu beitragen?, in: krp 46 (2002) 3, S. 151 – 160
PINÇON, J. (2002), Managing without Budget: Rhodia's experience, in: Horváth, P. (Hrsg., 2002), Performance Controlling, Stuttgart 2002, S. 51 – 59
PFOHL, M. (2000), Prozessorientierte Budgetierung, in: DBW 60 (2000) 2, S. 277 – 279
SCHÄFFER, U. (2001), Kontrolle als Lernprozess, Wiesbaden 2001
SERVATIUS, H.-G. (2002), Integration des Performance Measurement in die Führungsprozesse, in: Horváth, P. (Hrsg., 2002), Performance Controlling, Stuttgart 2002, S. 179 – 204
TICHY, G., AMON, S. (2002), Integrative, webbasierende Planung bei ONE, in: ControllerNews (2002) 6, S. 188 – 192
WEBER, J. (2001), Re-Design Kostenrechnung – Neue Einsichten durch empirische Forschung, in: MÄNNEL, W. (Hrsg., 2001), Entwicklungspers-pektiven des Controlling, krp-Sonderheft 3/2001, S. 5 – 7

The Time Has Come to Abandon the Budget

Jeremy Hope and Robin Fraser

Over the past decade or so, many firms have invested huge sums in IT networks, process reengineering, and a whole raft of management tools including EVA, balanced scorecards, and activity accounting in their attempts to become more lean, adaptive, and decentralized. But the results have been discouraging. Many initiatives have fizzled then faded. Others have taken root but have not become part of the mainstream goal setting and measurement system. The real reason for this lack of success is not well understood. It is the power of the budgeting process to act as a protective shield for the command and control management culture that is the problem.

Few financial leaders have been prepared to face this problem. They should realize that the annual planning and budgeting process needs more than an overhaul. It needs replacing with an alternative management model that can release the full power of modern management tools and finally enable the organization to complete its transformation from the centralized hierarchy to the devolved network.

That the budget is past its sell-by-date is not in dispute. Jack Welch called it the bane of corporate America (Loeb, 1995). Even nine out of ten finance people think it is cumbersome and unreliable (Banham, 2001). It typically takes four to five months to complete (Hackett Benchmarking Solutions, 2002) and absorbs between 20 and 30 percent of management time (Littlewood, 2000). It is little wonder that CFO's place it at the top of their list of urgently needed reforms (Economic Intelligence Unit Report, 2000). It can also lead to dysfunctional behaviour. People know that if they follow the plan and meet their target they will survive. Conversely, if they fail to meet their contracted numbers they will be punished. This can mean people losing bonuses and possibly their jobs. The pressure this exerts can lead to actions that defy common sense. For example, when meeting the numbers proves impossible, the sales force leans on customers to order goods they have every intention of returning. And if by some chance a business unit looks like exceeding its target, customers are persuaded to have their major orders delivered in the next fiscal period even if this means delaying valuable cash flows.

Gaming the numbers is pervasive. One large survey of U.S. companies concluded that managers either did not accept the budgetary targets and opted to beat the system, or they felt pressured to achieve the targets at any cost (Simons, 1995, p83). This pressure is squeezing the life and spirit out of many organizations and their people. It's the mentality that says, "Do what I say or your future is at risk." It is driven by greed and a need for instant gratification and immediate results. This was evident at both Enron and WorldCom. The WorldCom culture, say those who worked there, was all about living up to [CEO] Bernard Ebbers's demands. "You would have a budget, and he would mandate that you had to be 2 percent under budget. Nothing else was acceptable (Kirchgaessner and Waters, 2002)."

- Modern companies reject centralization, inflexible planning, and command and control. So why do they cling to a process that makes rejection so difficult?
- The problem is that the annual planning and budgeting processes reinforce the centralized model.
- Improving budgeting process to make them faster and cheaper only goes some way to solving the problem.
- Some organisations have gone much further and replaced the traditional budgeting model altogether.
- They have adopted an alternative „beyond budgeting" approach that opens the way to a more lean, adaptive and ethical enterprise.

■ The New Performance Contract

A handful of companies have broken free from the shackles of budgeting and its

Jeremy Hope and Robin Fraser are directors of the Beyond Budgeting Round Table (BBRT), an international management research consortium (www.bbrt.org). Their book Beyond Budgeting is

published by Harvard Business School Press in March 2003. Hope can be reached at jeremyhope@bbrt.org; Fraser can be reached at robinfraser@bbrt.org

Figure 1: The New Performance Contract

culture of gaming and misinformation. They range across industries, countries, and cultures. They no longer feature an annual fixed performance contract that defines what subordinates must deliver to superiors in the year ahead. They no longer compose budgets that determine how resources are allocated, or what business units must make and sell, or how the performance of those units and their people will be evaluated and rewarded.

Going *beyond budgeting* is not, however, a soft option. People are still subject to an implicit performance contract, albeit one that is based on relative improvement rather than fixed targets (see figure 1). Managers must perform to high levels of expectation (relative to baselines and peers) or face the consequences. The new deal is that executives will provide a challenging and open operating environment and that frontline managers' will deliver continuous performance improvement using their knowledge and judgment to adapt to changing conditions.

As figure 1 shows, the *beyond budgeting* model is based on changing six processes. Each one involves a new contractual arrangement between parents and divisions, business units and departments.

To break free from the interlocking constraints of the fixed performance contract and implement these *beyond budgeting* process changes, managers need to follow six key principles:

1. *Base goals on maximizing performance potential.* Instead of targets being negotiated and fixed on an annual basis, the new contract is based on top executives trusting local managers to maximize their profit potential and to continuously improve against agreed-upon benchmarked KPIs. These typically include return on capital, free cash flows, and cost-to-income ratios. At Danish petrochemical company Borealis, for example, important goals included reducing fixed costs by 30 percent over five years and reducing the time lost through accidents in its plants.

2. *Base evaluation and rewards on relative improvement contracts with hindsight.* Whereas in the existing contract financial incentives are fixed to agreed targets (perhaps kicking in at 80 percent of target and being capped at 120 percent), the new contract is based on operating teams trusting that a panel of senior executives will fairly assess their performance against agreed benchmarks "with hindsight" at the end of each period. The question they will consider is "How well did the team do given the prevailing conditions during the period and when compared with peers, competitors and prior periods?" This formula was one of the key features in the performance transformation at French computer company Groupe Bull in the mid-1990s. Business units set their own stretch targets but their performance was evaluated and rewarded based on a range of relative KPIs including growth versus previous year, growth versus the competition, profit versus the previous year, profit versus the competition, debt versus the previous year, and quality versus the previous year.

3. *Make action planning a continuous and inclusive process.* Rather than basing actions on an agreed annual plan, the new contract is based on senior executives trusting managers to take whatever action is required to meet their medium-term goals within agreed governance principles and strategic boundaries. Freedom to perform is, however, not unbounded. While managers can take many decisions without consultation, more significant action plans are challenged and tested by senior executives. Rolling forecasts have a key role to play. At French chemical company Rhodia, the reporting system enables managers to measure the future impact of current action plans, compare forecasts with medium-term goals, and take further action as necessary.

4. *Make resources available as required.* Instead of basing resource allocations on the agreed annual plan, managers are trusted to acquire resources as required provided that they keep within agreed KPI boundaries. These boundaries (usually ratios) perform the self-regulatory functions of budgets and enable managers to get the resources they need when they need them. But they are also expected to shed excess resources to reflect falling demand. The incentive to do this is based on the need to achieve competitive results (e.g., profit) rather than simply meet budget requirements. Having excess resources is a cost to be avoided. "Spend it or lose it" is no longer a relevant game.

5. *Coordinate cross-company actions according to prevailing customer demand.* Whereas in the old contract, cross-company commitments (e.g., from production to sales) are fixed in

the annual plan, in the new contract operating teams are trusted to coordinate their actions with other teams according to periodic service agreements and customer requirements.

6. *Base controls on effective governance and on a range of relative performance indicators.* Instead of senior executives demanding explanations to budget variances, the new contract is based on operating managers regulating their own performance with the proviso that senior executives are entitled to interfere when indicators/trends move out of bounds. Information systems are more forward-looking (using rolling forecasts and leading indicators), and far more open and transparent. If everyone sees the same information at the same time, intermediaries have less opportunity to fudge the numbers. Nor do they have reason to engage in such practices, since there is no fixed target that must be met. As managers become more adept at preparing and interpreting rolling forecasts, the CEO is able to anticipate performance changes more effectively, thereby improving his or her ability to manage market expectations. Other features of the information flow include performance-league tables, actual financial results (usually compared with prior years), and trend analysis (actuals plus forecasts). Together they provide a rich (and constantly moving) performance picture that regularly feeds the strategy process.

The Gateway to a Radically Decentralized Organization

Adopting the principles of *beyond budgeting* means using the relative improvement contract to transfer responsibility for planning and decision-making from the centre to business units and, in more mature cases, to the front line. This new contract is more than a process change – it is a cultural sea change. Leaders need to acknowledge that they cannot release the power of their "greatest assets" (their people) while continuing to plan and control their detailed actions from the centre. They have to release the coils of the budgeting process and eradicate the fixed performance contract.

Swedish bank Svenska Handelsbanken has done this particularly effectively by transferring power from the centre to operating managers and their teams, vesting in them the authority to use their judgment and initiative to achieve results *without being constrained by some specific plan or agreement*. Thus, the effective devolution of responsibility is about enabling and encouraging local decisions, not dictating and directing them. (See Sidebar)

Releasing the Full Potential of Tools

A range of tools has emerged over the past decade designed to solve many of the problems we have identified and support the needs of the front-line manager in an adaptive and decentralized organization. As figure 2 illustrates, shareholder value models enable frontline managers to choose strategic options that maximize shareholder value; benchmarking models help managers at every level to measure their performance against best-in-class peers; the balanced scorecard provides a strategic framework for aligning goals, actions, and measures; activity-based management enables managers to anticipate capacity constraints and identify profitable products and customers after charging all the costs of sustaining them; customer relationship management models enable frontline managers to monitor customer behaviour and respond to their changing needs; and enterprise wide management systems and rolling forecasts ensure that everyone receives the information they need when they need it and that they have early warning of any changes in supply and demand.

All the advocates of these models claim potentially powerful results *if implemented in the right way*. What they mean is if the culture of the organization is supportive, its leaders are committed, and decision-makers have the freedom and capability to act on the information provided. These are big "ifs". The problem is that while all these tools have been implemented to overcome the systemic failures of the traditional model, *the processes that underpinned those failures have been left in place*. Thus it is little wonder that the potential of these tools and models is stymied. They are, in effect, neutralized by the powerful antibodies of the budgeting "immune system". Budgeting, perhaps more than any other process, defines the cultural norms inside an

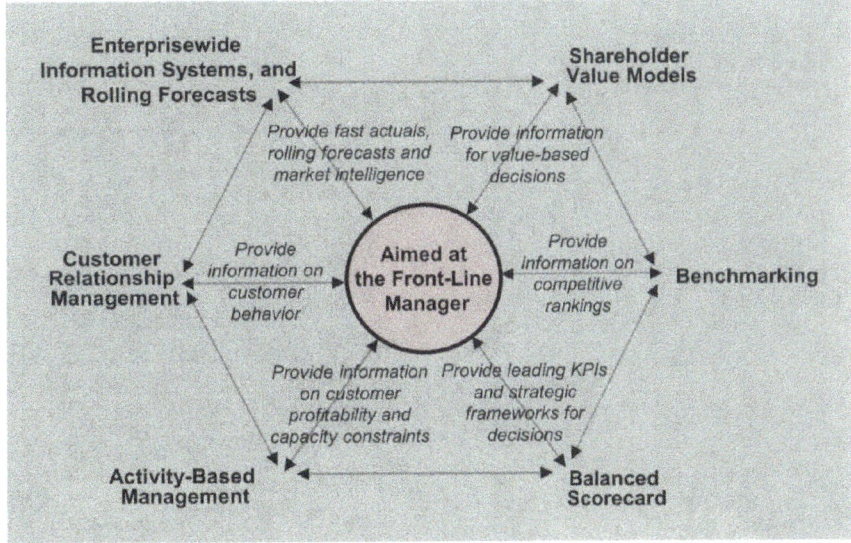

Figure 2: How Tools Support the Front-Line-Managers

organization. Thus if any proposed actions threaten those norms, the immune system will spring to their defence. That is why there is often such a chasm between the rhetoric and reality of many leaders' statements concerning the anticipated results from implementing these tools and systems. Figure 3 shows why this chasm exists.

Budgets act as barriers in a number of ways.
- *Shareholder value models* assume that resources are allocated based on clear economic decisions but the budgeting process ensures that allocations are made within an often highly charged political atmosphere and within a context of departmental imperatives.
- *Benchmarking* is ostensibly used to set 'stretch' goals but it is hard for managers to take the medium-term step changes demanded when they are evaluated and rewarded on short-term financial targets that are often imposed from above.
- *The Balanced Scorecard* should drive a company in the direction of medium-term strategic goals supported by cross-functional initiatives but the budgeting process drives the company in the direction of short-term financial goals supported by individual departmental initiatives.
- *Activity-based management models* enable managers to identify non-value adding costs and estimate the resources needed to support future capacity requirements but the problem in practice is that costs are *derived from the annual budget* rather than being used to challenge it. Thus the budget contains huge amounts of non-value-adding costs that remain invisible to managers looking at the financial numbers.
- Customer *relationship management models* more clearly identify what people need to do not just to satisfy customers, but also to build their loyalty and profitability. However, in the budgeting organization sales people are invariably focused on achieving fixed targets based on revenue, product volume or gross margin, and thus have little interest in whether the firm is meeting customer needs, or whether they are satisfied and profitable.
- *Enterprise wide information systems* should ensure that everyone receives the information they need when they need it but in practice many firms remain fixated on controlling access to this information so that it only reaches those that 'need to know'. This focus on control also has other perverse implications. For example, managers have shown time again how reluctant they are to provide 'bad news' or 'honest forecasts' if they believe this information will be used against them. Apportioning blame or demanding action from above is rarely the best way to encourage the right response.

The Role of the CFO and the Finance Team

Beyond budgeting is a leadership philosophy underpinned by a guiding set of principles. To the extent that it is seen as a model, it is a general management model. It is not an information system, nor is it a tool. These already exist. But their problem is that they are all underachieving compared with their potential. By releasing the full power of these tools and systems, leaders are able to put the "power" into empowerment and enable frontline managers to generate sustained competitive success. They will only do this, however, when the tools have been fully absorbed into a general management model that is *coherent, simple,* and *integrated*.

The CFO and the finance team have an important role to play in this transformation programme. Providing information to support effective benchmarking, supporting local managers with tools and information for continuous planning, providing information on the profitability of products and customers, and enabling managers to respond to customers prevailing demands in real time – these are just some of the requirements that are essential for a successful implementation. But above all, implementing *beyond budgeting* processes successfully depends on the supply of fast and open information. Thus the CFO should lead the crusade against the traditional approach that knowledge is restricted to key decision makers.

It has become clear from our *beyond budgeting* cases that well thought out processes, systems, and tools lead to effective decentralization. The order is important. Trying to devolve performance responsibility to frontline teams without the right systems and tools in place will cause frustration and the likely failure of the project.

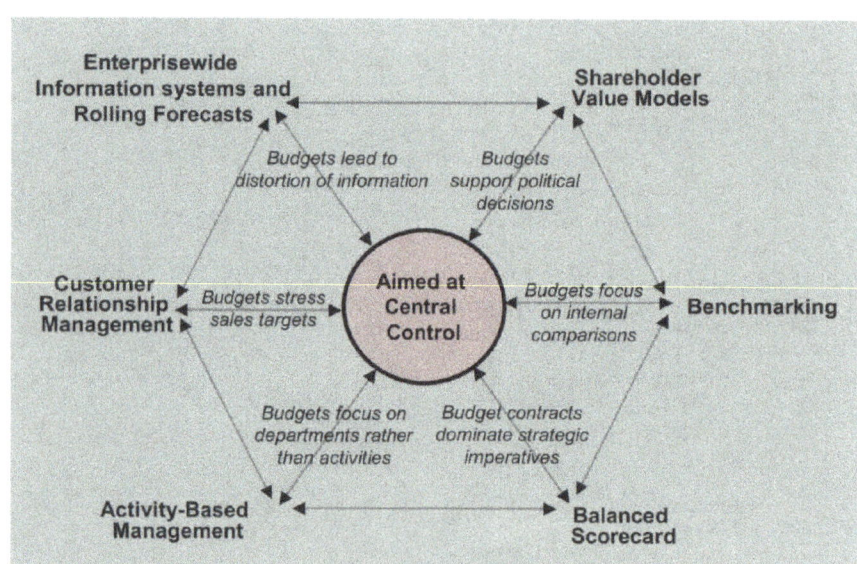

Figure 3: How the Budgeting Model Undermines the Effectiveness of Tools

Sidebar
How Svenska Handelsbanken has used the Principles of Beyond Budgeting to Beat the Competition

In 1970, Dr Jan Wallander became chief executive of ailing Swedish bank, Svenska Handelsbanken. Within a few years he had changed the bank's management processes and business culture to such an extent that over the next 30 years it consistently outperformed its rivals on just about every measure you can name including return on equity, total shareholder return, earnings per share, cost-to-income ratio, and customer satisfaction. To be precise, it has produced a compound total return of 24 percent between 1979 and 2001 – 33 percent higher than its nearest rival – and a compound growth rate in earnings per share of 10.9 percent through the period 1990 to 2000. Handelsbanken is consistently one of the world's most cost-efficient banks, achieving a cost-to-income ratio of 45 percent in 2001 (compared with over 60 percent for most international banks). It also has exceptionally low credit losses, largely on account of the bank's policy of devolving credit responsibility to front-line people.

The key change was Dr Wallander's decision to abandon financial targets and budgets and devolve decision-making to people closer to the customer. He understood that setting fixed financial goals often caused irrational behaviour inside the business. Managers would aim for the target at any cost, especially if financial incentives were at stake. It didn't matter if business processes were destabilized and the needs of customers ignored. Nor did it matter if tomorrow's profits were mortgaged to support today's results. The means were sacrificed for the ends, even if this meant fudging the numbers. 'Reality' was what you wanted it to be. It made no sense at all.

But if managers have no fixed targets, how do they know what to aim for? How do they know how they are performing? To address these concerns, Dr Wallander introduced a measurement system based on relativity. Success was not seen in terms of reaching some arbitrary number, but in terms of relative improvement using a few key measures. The bank's performance was compared with its closest rivals, regions were compared with regions, and branches were compared with (similar) branches. Growth over prior periods was another element of relativity to be taken into account. Once established, it was self-regulating. There was no need to set annual targets and budgets. Instead of the annual navel gazing process that prevented people from doing their real jobs, they could pay all their attention to improving customer value.

This was the essence of his philosophy. He wanted everyone to think about the customer first. Customers don't care about internal targets, incentives, and measures. They care about having their needs satisfied by organizations that are a pleasure to deal with. Thus it is the whole value delivery system that matters and this involves many people and processes right across the organization. Any barriers in the way of creating a smooth value delivery system based on a web of mutual dependencies needed to be removed. That is why Dr Wallander scrapped the annual process of setting targets, incentives, plans, and measures. They made people think in terms of separate units rather than a seamless system, and seduced leaders into believing that coordination and cohesion could be centrally planned and controlled.

However, convincing others that this network of relationships could not be coordinated and controlled from the centre was a tough challenge. Dr Wallander's answer was that there should be no attempt to do either. What holds the organization together is not a plan, but a commitment to a clear purpose and to a set of clearly articulated principles and values. It is these that provide the coherence for coordinated actions. He is fond of saying that the only "organization chart" at the bank is the internal telephone directory. If everyone knows their part in the value delivery system and plays it well, then the result is satisfied and profitable customers. Customers can sense the power of such a system. They know if processes are working in harmony and front line people have the power to deal with their requirements. They can feel the experience. And because it is so rare, they will return again and again.

Dr Wallander, above all, believed in setting people free. Free from stifling bureaucracies, free from the restrictions of predetermined plans, free from the fear of failing to meet fixed targets, and free from the forced cross-company actions designed by central planners. But he also knew that this freedom depended on opening up the information system. To restrict its flow or to attempt to "control" it made no sense. He insisted on only one set of numbers, or "one truth", with no internal profit taking. Only by enabling everyone to see the same information at the same time would the right questions be asked and fast action taken. Sharing and cooperation were no longer choices. They happened automatically.

Handelsbanken is a great place to work for, invest in, and do business with. Satisfied people lead to loyal customers that in turn lead to sustained profits and happy shareholders. People rarely leave, not because of high pay or rewards, but because they get fulfilment from their work. One of the reasons is that the hierarchy of obedience has gone. The only real hierarchy that now exists is one of wisdom and experience. This change has been profound. The spirit of the enterprise has returned. And there is now a confidence and trust in relationships that is hard to find in most organizations.

Dr Wallander was years ahead of his time. The combination of low costs and high levels of customer loyalty and profitability at Handelsbanken have left other banking leaders scratching their heads in disbelief. By abandoning budgeting and embracing new adaptive processes, Handelsbanken has developed a mature and stable performance management process. Its key principles of "beat the competition", "shared rewards", "customer ownership", "devolved decision-making", "profit responsibility", "low costs", and "a few easy-to-follow relative measures" have been the hallmarks of its sustained success.

However, this does not mean that everything must be in place at the outset. Handelsbanken and Borealis both kicked off their *beyond budgeting* programs with around 80 % capability and with an understanding that systems would develop as they went along. In fact, hard-wiring too many assumptions at the outset can cause problems later. Maximum flexibility is the order of the day.

Getting Started

The CFO and the finance team can make strong advocates for change. They have the legitimacy to sell the change program and mobilize the people and resources necessary to make it happen. But they must first sell the *beyond budgeting* case to colleagues and key managers across the organization. This can be done in several ways:

- They can check out the BBRT web site (www.bbrt.org). Here they will find an on-line diagnostic that will help to kick-start the learning program. This will enable them to gauge the level of satisfaction with the existing model and provide a rough comparison between existing processes and the *beyond budgeting* model.
- They can attend a public workshop with key colleagues
- They can hold an in-house workshop aimed at making a compelling case to their management colleagues, including a "vision and case for change report", based on how to implement the *beyond budgeting* model inside the organization.
- They can join the *Beyond Budgeting Round Table (BBRT)*. Since its inception in January 1998, over 60 organizations have participated in the BBRT. It provides a forum for shared learning, a research agenda addressing implementation issues, presents case studies of companies that have implemented all or part of the "beyond budgeting" model, holds regular meetings and interest groups providing opportunities for members to network and learn from each other, and provides support in getting started.

Most companies spend a number of months learning about the scope and principles of the new model before they take the plunge. Resources, cost, time, and risk are all factors that must be considered before deciding on the action to be taken.

While some organizations have chosen to 'go for it' with no half measures, others have experimented with pilot sites. However, these must at least be a whole business unit or service centre. Project leaders must also be cognizant of managers being accountable to people working within different management styles and systems. Beyond budgeting cannot be a 'pick-and-mix' approach to change. It is an alternative coherent model or it is nothing. It needs a clear vision and full commitment from people at the corporate centre.

Individually the adoption of beyond budgeting processes and a devolved management model can produce significant benefits, but in combination they can meet a leadership vision that has, up until now, been strong on vision but weak on delivery. Because it is a coherent model in which all of its components work in harmony, it can produce outstanding and sustained success. This success is driven by four direct value drivers: innovative strategies, low costs, loyal and profitable customers, and ethical reporting. However, these drivers will be ineffective unless front line people have the scope, knowledge and power to deliver. The result is an organization that is *lean, adaptive and ethical* and that has the potential to remain at the top of its peer group league table.

Bibliography

BANHAM, R, "Revolution in Planning," CFO, August 1999, (accessed March 11, 2001) www.cfo.com/article/1,5309,1237|M|303,00.htm
Economic Intelligence Unit Report 2000, Quoted in Driving Value Through Strategic Planning and Budgeting – A Research Report from Cranfield School of Management and Accenture, p4
Hackett Benchmarking Solutions, (accessed 14 April 2002) http://www.thgi.com/pprfax.htm.
KIRCHGAESSNER, S and WATERS, R, WorldCom's Whiz-kid Article in FT, 29 June 2002, p13
Littlewood, Look beyond the budget The London Times, January 11, 2000
LOEB, M, JACK WELCH Lets Fly On Budgets, Bonuses, and Buddy Boards Fortune Magazine, 29 May 1995, 73
SIMONS, R: Levers of Control (Boston: Harvard Business School Press, 1995), 83

Von der Budgetsteuerung zum Beyond Budgeting: Motivation, Fallbeispiele der Pioniere und Zukunftsperspektiven

Jürgen H. Daum

■ Das Budgetary Control Modell

Das sogenannte Budgetary Control Modell entstand Anfang des 20. Jahrhunderts in den USA in Unternehmen wie Dupont de Nemour und General Motors und kann als das aus dem Trend zum „Scientific Management" (vgl. Taylor 1911) hervorgegangene und dazu passende Unternehmenssteuerungsmodell angesehen werden. Frederik W. Taylor's Ansatz eines „Scientific Managements", einer rationalen Unternehmensführung, wird deshalb oft als Ausgangspunkt für die damals neue Art der Unternehmenssteuerung auf Basis von Zielvereinbarung, Budget und Aufweichungsanalyse genannt. Aber während das „Scientific Management" Taylors die Optimierung und Verbesserung der Effizienz der operativen Arbeitsabläufe aus einer technischen/ingenieurmäßigen Sicht im Blick hatte, ging es bei der Budgetary Control um die Ermittlung des Managementerfolgs und um die Steuerung einer Management-Einheit aus einer wirtschaftlichen Perspektive.

■ Ursprünge in den USA

Taylor hatte im Rahmen seines Models, das die Ausgangsbasis unserer modernen Produktionsplanungs- und -steuerungssysteme darstellt und das auf einer wissenschaftlichen Analyse von Arbeitsvorgängen mit dem Ziel der Produktivitätserhöhung basiert, insbesondere auch die Trennung von operativen Spezialistenaufgaben und planerischen Tätigkeiten angeregt. Neben nach objektiven Kriterien optimal organisierten Arbeitsabläufen im operativen Bereich, die so effizient und vorhersehbar wie eine Maschine funktionieren sollten, befürwortete Taylor unabhängige Planungsabteilungen, die Planungsaufgaben für die operativ Verantwortlichen wahrnahmen. Diese Philosophie stellte die Geburt des sogenannten „General Management" dar, bei dem professionelle Generalisten-Manager die Aktivitäten der operativen Spezialisten planen, kontrollieren und steuern, um das wirtschaftliche Gesamtergebnis des Unternehmens zu optimieren.

Dies erforderte in Folge, neben der Implementierung von effizienten Organisationsformen und Arbeitsabläufen für die operativen Aktivitäten, auch entspre-

---

- Das Budgetary Control Modell, also die Budgetsteuerung, hat sich ab den 60er Jahren zum allgemeinen Standard der Unternehmensteuerung in Europa entwickelt.
- Das Ziel war die Bereitstellung von Werkzeugen für eine systematische Optimierung des wirtschaftlichen Erfolgs größerer Unternehmensorganisationen.
- Heute ist die Budgetsteuerung jedoch als ein zu aufwändiges und inflexibles Verfahren in die Kritik geraten, das die interne Bürokratie fördere und einem flexiblen markt- und kundenorientierten Agieren der Unternehmen entgegen wirke.
- Das vom Beyond Budgeting Round Table (BBRT) vorgeschlagene Beyond Budgeting Modell könnte eine Alternative bieten, wie mehrere Unternehmen, die erfolgreich ohne Budgets steuern, in den in diesem Artikel vorgestellten Fallbeispielen zeigen.
- Im Rahmen dieser ersten Beyond Budgeting-Welle wurden die grundlegenden Ideen durch ein pragmatisches auf Versuch-und-Irrtum gegründetes Vorgehen entwickelt.
- Jetzt bedarf es einer zweiten Welle, um zu einem systematischen Vorgehens-Modell für die Implementierung und den „Betrieb" eines Beyond Budgeting Steuerungs- und Führungssystem zu gelangen.

Jürgen H. Daum
ist Senior Business Consultant bei der SAP AG, Walldorf, und berät Unternehmen international in den Bereichen Controlling-, Finanz- und Rechnungswesen, Unternehmenssteuerung und Informationssysteme.
E-Mail: jhd@juergendaum.de
Website: http://www.juergendaum.de

chende Organisationsformen und Abläufe für das General Management. Als Pionier gilt hier das amerikanische Unternehmen Dupont de Nemour, das bereits zwischen 1903 und 1910 Schritt für Schritt alle klassischen Management-Methoden entwickelte, die später üblich wurden, um große Unternehmen zu steuern (vgl. Kaplan 1984). Mit der Übernahme der Kontrolle von General Motors durch die Familie Dupont hatten dann auch bei General Motors Manager wie Alfred Sloan begonnen, neue Steuerungsinstrumente zu entwickeln, die auf dem Konzept des Return of Investment basieren, und haben als Management-Organisation eine divisionale Struktur eingeführt, die es über die Delegation von Managementverantwortung erst möglich gemacht hat, derart große Unternehmen überhaupt führen zu können (vgl. Sloan 1963). Als eines der wichtigsten Instrumente hierfür wurde die Budgetary Control, die Budgetsteuerung, entwickelt.

Das technisch orientierte tayloristische Organisations- und Steuerungsmodell für die operativen Aktivitäten von Industrieunternehmen wurde so durch eine Management-Organisation und ein managementorientiertes Steuerungsmodell ergänzt, das dem General Management als Werkzeug für die Führung und Steuerung des gesamten Unternehmens aus wirtschaftlicher Sicht diente. Dies markiert auch den Zeitpunkt des Entstehens erster Controllingansätze wie wir sie heute kennen. Genauso wie der Vorarbeiter nach Taylors Konzept mit der Stoppuhr die Zeit misst, die ein Arbeiter für die Verrichtung eines bestimmten Arbeitsschritts benötigt, verfügt nun der Controller mit dem Budget über ein Messwerkzeug, um die Aktivitäten der operativen Einheiten aus einer Managementsicht, also hinsichtlich ihrer finanziellen Performance zu messen. Das Budget wurde zum Standard, auf Basis dessen der Verantwortliche einer operativen Einheit beurteilt wurde. Während das „Scientific Management" Taylors die Optimierung und Verbesserung der Effizienz der Arbeitsabläufe selbst ermöglichte, war es mit dem Budgetary Control Modell nun erstmals möglich, auch die Effektivität einer ganzen Management-Einheit aus wirtschaftlicher, also aus finanzieller Gesamtsicht zu beurteilen. Da in den größeren Unternehmensorganisationen nicht mehr eine einzelne Person den vollständigen Überblick über alle Aktivitäten haben konnte, wie dies oft noch bei kleineren inhabergeführten Firmen der Fall war, wurden Werkzeuge und Verfahren erforderlich, die eine personenunabhängige Führung und erfolgsorientierte Steuerung des Gesamtunternehmens möglich machten. Das Budgetary Control Modell hat diese zur Verfügung gestellt und die Vorraussetzung für die Delegation von Managementverantwortung in weitgehend selbstständige Sparten/operative Einheiten geschaffen.

Erstmals systematisch beschrieben wurde das Budgetary Control Modell 1922 von James McKinsey in seinem Buch „Budgetary Control" (vgl. McKinsey 1922). Es sollte allerdings bis Anfang der 30er Jahre dauern, bis man begann, sich in Europa intensiver mit diesen Konzepten zu beschäftigten.

Die relativ späte Verbreitung in Europa

Vom 10. bis zum 12. Juli 1930 fand in Genf eine internationale Konferenz zum Thema „Budgetary Control" statt, die vom Institut International d'Organisation Scientifique du Travail (IIOST) organisiert wurde. Als Referenten wurden zahlreiche internationale Experten eingeladen, unter anderem James McKinsey aus den USA, der dann allerdings nicht selbst teilnahm, sondern durch einen Kollegen vertreten wurde, Heinz Ludwig aus Deutschland, sowie Vertreter aus Großbritannien, Frankreich und Belgien (vgl. IIOST 1930, und Leroy 1930). Auf dieser Konferenz stellten die Referenten ihre Erfahrungen bei der Anwendung des Budgetary Control Models vor. Denn einige Pioniere hatten bereits begonnen, die neue Technik anzuwenden. Hans Renold aus Großbritannien berichtete über die Erfahrungen in seinem Unternehmen und Dr. Heinz Ludwig über Erfahrungen in der deutschen Automobilindustrie. Die Vortragsthemen der Konferenz reichten von der Budgettechnik, über psychologische Aspekte hin zu organisatorischen.

Die Konferenz mit insgesamt 197 Teilnehmern kann so als einer der wesentlichen Startpunkte der Budgetbewegung in Europa angesehen werden und hat die Teilnehmer, die mit dem Gehörten in ihre Länder und Unternehmen zurückgekehrt sind, stark inspiriert. In den Folgejahren wurde das Budget-Thema intensiv in der jeweiligen Fachpresse und auf nationalen Konferenzen diskutiert. Als die Hauptakteure kristallisierten sich die Rechnungswesenverantwortlichen, damals Buchhalter genannt, heraus, die zu Recht überzeugt waren, eine neue Rolle in ihren Unternehmen spielen zu müssen und darin natürlich eine Chance auf mehr Einfluss sahen. Das Budgetary Control Modell begann sich nun in den Unternehmen mehr zu verbreiten, über die ersten wenigen und seltenen Pioniere hinaus. Nach dem Einschnitt des 2. Weltkrieges setzte eine zweite Welle ein. Vor allem die aufkommende Zunft der Berater spielte nun bei der Verbreitung eine wichtige Rolle. In den 50er Jahren begann dann auch die Wissenschaft und der akademische Bereich sich intensiv mit dem Thema zu befassen. Es ging nun weniger um die Behandlung einzelner Beispiele als um die Entwicklung einer systematischen Konzeption für die Budgetsteuerung. Jedoch erst ab den 60er Jahren hat sich das Budgetary Control Modell als allgemein akzeptiertes Unternehmenssteuerungsmodel in Europa durchgesetzt und breite Akzeptanz gefunden.

Anfang des 20. Jahrhunderts in den USA entstanden, ab den 30er Jahren in Europa verbreitet, hat es seit dem Erscheinen des Buches von James McKinsey im Jahre 1922 über 40 Jahre gedauert, bis das Konzept breite Akzeptanz und Anwendung in Europa erfahren hat. Während das Konzept also relativ schnell über den Atlantik diffundiert ist, hat es bis nach dem 2. Weltkrieg gedauert, bis sich das Budgetary Control Modell in Europa wirklich zu verbreiten begann. Chandler und Deams (vgl. Chandler/Deams 1979) nennen eine interessante These, um den Rückstand des alten Kontinents gegenüber den USA zu erklären: sie meinen, dass die Europäer weiterhin, trotz der größeren Unternehmensorganisationen, mehr Vertrauen in ihre überkommenen sozialen Kontrollstrukturen und Mechanismen hatten, als in eine reine Managementtechnik, als die die Budgetary Control betrachtet wurde. Dies gibt bereits einen Hinweis darauf, dass Managementtechniken und -werkzeuge im Zusammenhang der Unternehmenskultur und der Art der sie konstituierenden sozialen Beziehungen im Unternehmen gesehen werden müssen, wenn nicht gar in einem noch größeren Zusammenhang des regionalen Kulturkreises. Es ist deshalb kein Zufall, dass das Beyond Budgeting Modell, also das Steuern ohne rigide Budgets, und das Rückbesinnen auf andere, mehr durch soziale Beziehungen und „mitarbeiterorientierte" partizipativ geprägte Führungs- und Steuerungskonzepte nun in Europa, und hier vor allem in den für ihre Sozialorientierung bekannten skandinavischen Ländern entsteht.

Die ersten Gehversuche beim Erfinden der Budgetary Control, der Budgetsteuerung, sind ab 1903 bei Dupont de Nemour in den USA erfolgt. Heute, genau ein Jahrhundert später, wird nun über dessen Ablösung diskutiert. Denn bereits seit einigen Jahren geriet das Budgetary Control Modell unter Kritik und, wie zu Beginn des letzten Jahrhunderts, haben einige wenige Pioniere, jetzt in Europa, begonnen, ein neues Steuerungs- und Führungsmodell zu implementieren, das von seinen Protagonisten als „Beyond Budgeting" bezeichnet wird.

Veränderungen in der Unternehmenswelt erfordern die Reform des Budgetary Control Models

Zunächst ist zu bemerken, dass das Problem mit der Budgetsteuerung nicht plötzlich entstand, sondern im Rahmen eines langsamen Veränderungsprozesses, der die gesamte Unternehmenswelt über die letzten Jahre erfasst hat. Der Bedarf für grundlegende Reformen entsteht nicht über Nacht, sondern erfordert das allmähliche Ansteigen des Leidensdrucks bis zu einem Punkt, an dem eine kritische Masse der betroffenen Akteure glaubt, handeln zu müssen. Diesen Punkt haben wir heute erreicht.

Neue Umfeldbedingungen erfordern einen veränderten Managementfokus und einen dynamischeren Managementansatz

Der Grund dafür ist in der Transformation des Wertschöpfungssystems der Unternehmen über die letzten Jahrzehnte, weg von einer massenfertigenden effizienten produktorientierten „Maschine", hin zu einem kunden- und serviceorientierten Gebilde, zu suchen, das quasi automatisch und evolutionär auf Marktveränderungen und neue Kundenbedürfnisse mit Produkt-, Service- und Prozessinnovationen reagiert, indem die vorhandenen Fähigkeiten und Aktivitäten möglichst effizient und dynamisch auf aktuelle und konkrete Kundenbedürfnisse hin ausgerichtet werden. Es ist nicht mehr fast ausschließlich die interne Effizienz eines Unternehmens, die über den wirtschaftlichen Erfolg entscheidet, sondern dessen externe Effektivität, mit dem es Kundenbedürfnisse und die Erwartungen anderer Stakeholdergruppen erfüllen kann.

Die Außenorientierung, oft auch als Stakeholder-Orientierung oder Outside-In Modell genannt, hat damit mehr Gewicht bekommen und damit kommt natürlich auch mehr Dynamik und laufende Veränderung ins System: da sich die Unternehmensumwelt laufend wandelt, aber auch die Intentionen und Ziele der einzubeziehenden Stakeholder, kann die wertschaffende Konstellation, die dem Operations-Modell des Unternehmens zugrunde liegt, nicht stabil bleiben. Diese muss stattdessen immer wieder neu hergestellt werden. Der Geschäftszweck des Unternehmens, das diesem zugrundeliegende Wertesystem, das mit den Stakeholdern geteilt wird, und die damit gewollten Potenziale als auch die Unternehmensstrategie, die die Umsetzung dieser Werte und Potenziale in die reale Wirtschaftswelt immer wieder in neue, dem sich verändernden Umfeld angepasste Rezepte fasst, kommt dann als Teil eines modernen Unternehmensmodells entscheidende Bedeutung zu.

Ein rein technisch-instrumenteller Ansatz, wie er dem Modell Taylors und letztendlich auch dem Budgetary Control Modell zugrunde liegt (hier in Form einer Managementtechnik), klammert zudem wesentliche Erfolgsfaktoren heutiger Unternehmen in Form des Human-Faktors aus, und kann so den an sie heute gestellten Anforderungen nicht mehr gerecht werden. Denn aus der rein wirtschaftlichen Sicht, aus der Kostenbetrachtung, wie sie das Budget reflektiert, geht es nicht um die Firma als Firma, sondern lediglich um deren Cash Flow und Ergebnis. Die Firma als Firma, in Form ihrer Produkte, Mitarbeiter, Innovationen, Geschäftsbeziehungen etc., also all der Dinge, die zusammen erst die Sphäre des Unternehmens als Organisation begründen, ist nicht Gegenstand der Betrachtung. So wird beispielsweise das so wichtige Humankapital des Unternehmens durch die Budgetsteuerung, die ein ausgeprägt bürokratisches Element ins Unternehmen bringt, nicht gefördert. Doch gerade dies ist heute mehr erforderlich denn je. Wie sonst könnte ein Unternehmen auf neue oder veränderte Kundenanforderungen reagieren, wenn es sich nicht auf die Eigeninitiative seiner Mitarbeiter und Manager – jenseits der Anforderungen eines vor Monaten oder gar Jahresfrist verabschiedetes Budget – verlassen könnte.

Die Budgetsteuerung fördert stattdessen Bürokratie und Inflexibilität

Ein dynamischer Steuerungs- und Managementansatz, wie er heute erforderlich ist, geht mit der zu starren Budgetsteuerung nicht mehr zusammen. Budgetbasierte Steuerungssysteme verhindern oft geradezu, dass ein Unternehmen das volle Potenzial seiner Mitarbeiter und Manager nutzen kann, um im Wettbewerb erfolgreich zu sein und Wert für Kunden zu schaffen. Jack Welch, der ehemalige CEO von General Electric, hat dies anlässlich eines Interviews für das amerikanische Fortune Magazine stellvertretend für viele Manager auf den

Punkt gebracht, indem er die Budgetplanung als eine Übung in Minimalisierung bezeichnet hat. Mit der Budgetplanung und -steuerung versuche man nämlich als Unternehmen immer nur, das Minimum zu erreichen, da jeder darum verhandelt, den niedrigsten Zielwert zu erhalten. Manager und Mitarbeiter sollten aber nicht animiert werden, sich zu einem großen Teil ihrer Zeit damit zu beschäftigen, wie sie die budgetbasierte Kontrolle am besten Umgehen können und rein intern orientiert zu agieren, sondern sie sollten stattdessen motiviert werden, sich ambitionierte marktorientierte Ziele zu setzen und diese mit Begeisterung zum Wohle ihrer Kunden und Aktionäre zu verfolgen.

In vielen Unternehmen hat sich die Budgetplanung und die budgetbasierte Steuerung zu einem sehr aufwändigen bürokratischen Prozess entwickelt, der die schnelle Anpassungsfähigkeit des Unternehmens behindert sowie inkrementelles Denken der Manager und rein politisches Agieren fördert. Dies führt dann auch noch zu höheren Kosten, da eigentlich unnötige Reserven in die Budgets eingebaut werden. Im Endeffekt wird dadurch unternehmerisches selbstverantwortliches Handeln verhindert – also genau das, was Unternehmen im heutigen Umfeld dringend von ihren Managern und Mitarbeitern benötigen, um erfolgreich zu sein und zu bleiben.

„Einfacher managen" unter Vermeidung von Komplexität und Bürokratie sowie die Beschleunigung von Entscheidungsprozessen ist deshalb nicht nur „in", sondern notwendig, damit Unternehmen und deren Führungskräfte sich zeitnah auf die immer schnelleren Marktänderungen einstellen und nachhaltige Erfolge unter stärkerem Wettbewerbsdruck und unter gewachsenen Erwartungen von Aktionären und anderen Stakeholdern erzielen können. Damit gerät die Budgetplanung als eine der entscheidenden Barrieren, die Veränderungsinitiativen von Unternehmen und deren Top-Management behindert, ins Visier.

Starre Hierarchien, ein typisches Merkmal der tayloristischen industriellen Organisation, passen nicht mehr in die heutige Unternehmenswelt, da eine solche Organisation für das dynamische Umfeld zu schwerfällig ist. Zudem weiß der Vorgesetzte von der Tätigkeit der heutigen Wissensarbeiter selbst nur wenig und kann oft gar nicht mehr beurteilen, was in welcher Situation zu tun ist. Möglichst selbstständiges, sich selbst optimierendes Handeln der kundennah agierenden Mitarbeiter und Unternehmenseinheiten ist angesagt. Wenn Unternehmen und ihre Manager immer erfolgloser Prognosen über die künftige Markt- und Geschäftsentwicklung anstellen können, wird die schnelle Anpassungsfähigkeit der Organisation zum Erfolgsfaktor, der sicherstellt, dass Unternehmensziele in Form von Markt- und Ergebniszielen trotzdem erreicht werden können. Die starre Budgetplanung und -steuerung, die auf dem tayloristischen Modell rein zentraler Steuerung und Kontrolle und der Entmündigung der operativ Aktiven im Unternehmen basiert, wird dabei zum Hindernis und droht deshalb für Geschäftsführer und Vorstände zum Misserfolgsfaktor zu werden.

Das war so von den Vätern des Budgetary Control Modells natürlich nicht gewollt. Deren Fokus lag darauf, mit der Budgetplanung einmal die unterschiedlichen Unternehmensaktivitäten mit dem Blick auf deren Optimierung aus einer wirtschaftlichen Gesamtsicht koordinieren zu können und auf der Möglichkeit der Delegation von Managementverantwortung. Denn erst das Budget gab den einzelnen operativen Managern einen klaren Bezugs- und Rechfertigungsrahmen für ihre Entscheidungen und Handlungen. In der Praxis wurde dieses System über die Jahre in vielen Organisationen allerdings regelrecht pervertiert – vor allem dadurch, dass die Budgetplanung zu einem Prozess des politischen Taktierens und Handelns mutiert ist, bei dem es nicht um den Unternehmenserfolg und schon gar nicht um das Wohl der Kunden geht, sondern um rein interne meist persönliche Ziele der Akteure.

Dieses Problem wird durch die Veränderungen in der Unternehmensumwelt und auch innerhalb der Unternehmen noch verschärft. Der Wandel vom Verkäufermarkt des Industriezeitalters zum Käufermarkt des Informations- und Wissenszeitalters definiert ganz neue Anforderungen und damit neue Erfolgsfaktoren für Unternehmen. Eine stabile Umwelt, bei der Wettbewerber bekannt und deren Aktivitäten und die der Kunden vorhersehbar waren, Entscheidungen zentral getroffen wurden und Ergebnismanagement vor allem Kostenmanagement bedeutete, gibt es nicht mehr. Strategie- und Produktlebenszyklen verkürzen sich kontinuierlich und Kunden, Aktionäre und anderen Stakeholder werden immer anspruchsvoller und wechselhafter. Unternehmenserfolg kann sich nur einstellen, wenn das Unternehmen effizient arbeitet *und* die Wünsche und Anforderungen seiner Stakeholder immer wieder trifft bzw. übertifft. Daraus folgt, dass Unternehmen Pläne und Maßnahmen laufend adaptieren müssen, um neuen oder veränderten Kundenbedürfnissen gerecht zu werden und um schnelles Reagieren auf die Marktentwicklungen zu ermöglichen. Im Industriezeitalter galten „make-and-sell" Ansätze mit dem ausschließlichen Fokus auf der Effizienz der internen Aktivitäten und Arbeitsprozesse durch Economies of Scale und zentrale Steuerung. Als operatives Konzept für das Informations- und Wissenszeitalter kristallisiert sich ein „sense-and-respond" Modell heraus mit dem Fokus auf schnelle Reaktionsfähigkeit, bei der die Organisation quasi automatisch und reflexhaft auf Marktveränderungen reagieren kann, ohne die interne Effizienz zu gefährden (vgl. Daum 2002 (2), S. 227 – 431).

Dies muss Hand in Hand gehen mit einem veränderten Fokus auf die strategischen Aspekte in der Unternehmensführung. Kritischer Erfolgsfaktor für Unternehmen heute ist, evolutionär auf Marktveränderungen und neue Kundenbedürfnisse mit Produkt-, Service- und Prozessinnovationen reagieren zu können, indem die vorhandenen Fähigkeiten immer wieder auf neue Anforderungen hin neu gebündelt und weiterentwickelt werden. Als Konsequenz werden immer mehr Ressourcen und Mittel für die Vorbereitung der kundenbezogenen Aktivitäten aufgewendet (etwa in Forschung und Entwicklung oder zum Aufbau von Kundenbeziehungen) als für deren Ausführung selbst. Die geschaffenen „Intangibel Assets" in Form von Humankapital, der F+E Pipeline, von Marken etc. stellen weniger ein Ergebnis der investierten Finanzmittel als vielmehr ein Nebenprodukt von gut gemanagten operativen Aktivitäten dar. Das Operationsmodell heutiger Unternehmen hat sich damit, im Gegensatz zum industriellen Modell, das eine klare Trennung zwischen (kurzfristig orientiertem) Tagesgeschäft und langfristiger (stabiler) Assetbasis aufweist, zu einem komplexen Operationsmodell gewandelt, wo die Grenzen zwischen Potenzialaufbau und Verwertung verschwimmen. Die effektive Steuerung eines solchen Systems erfordert ein dynamisches Strategiemanagement, das einmal alle vorhandenen Assets systematisch auf ein marktorientiertes Ziel hin durch eine entsprechende Strategie bündelt und diesen Zusammenhang bei sich verändernden Marktbedingungen immer wieder neue herstellen kann und das gleichzeitig mit den operativen Aktivitäten des Tagesgeschäfts eng verzahnt ist.

Doch der ausschließliche Fokus auf die wirtschaftlich-rationalen Aspekte in der Unternehmensführung reichen allein nicht aus, wenn das Humankapital und die Organisation, als „Produktivrahmen" für dieses, zum Erfolgsfaktor in der Wissensökonomie werden. Dynamisch verändern kann sich nur der, wer einen festen Ankerpunkt findet – dies gilt auch und gerade für Unternehmensorganisationen. Die Anpassungs- und Reaktionsfähigkeit eines Unternehmens ist also nicht nur das Produkt der angewendeten operativen und strategischen Steuerungstechnik, sondern auch und vor allem seiner Fähigkeiten als Organisation. Dies bedeutet, dass der Unternehmensorganisation unter sozialen und kulturellen Aspekten – die ja die Kohärenz von Mitarbeitern und Managern im Verhaltensbereich herstellt – entscheidende Bedeutung zukommt. Organisationsentwicklung und Personalmanagement werden neben der Steuerungstechnik somit zu entscheidenden Werkzeugen des Wert- und Produktivitätsmanagements im Unternehmen und müssen im Managementsystem ihre Berücksichtigung finden.

Ein Steuerungs- und Führungsansatz der einem solchen dynamischen Unternehmensmodell besser gerecht werden möchte ist das Beyond Budgeting Modell.

Das Beyond Budgeting Modell als Alternative

Beyond Budgeting – gemeinhin übersetzt mit „jenseits der Budgetierung" oder auch radikaler mit „steuern ohne Budgets" – steht für ein Steuerungsmodell, das für viele Controller und Manager wesentliche Grundlagen ihres Controlling-Systems in Frage stellt und somit auf den ersten Blick oft als unrealistisch und überzogen eingeschätzt wird. Tatsache ist jedoch, dass – ähnlich wie in den 20er und 30er Jahren des letzten Jahrhunderts mit dem Budgetary Control Modell – einige Pionierunternehmen ein neues Steuerungsmodel implementiert haben, das vom Beyond Budgeting Round Table (BBRT), eine mitgliederfinanzierte Organisation zur Erforschung und Weiterentwicklung von Steuerungs- und Führungskonzepten, und von deren Initiatoren Robin Fraser, Jeremy Hope und Peter Bunce als „Beyond Budgeting" bezeichnet wird.

Vom BBRT wurden bisher 19 Unternehmen untersucht, die ohne oder weitgehend ohne feste Budgets auskommen (vgl. Hope/Fraser 1999, 2000, 2001, 2002). Als gemeinsames Muster hat sich herauskristallisiert, dass nicht einfach nur auf Budgets verzichtet wurde, sondern dass diese Unternehmen ein ausgefeiltes Alternativ-System dagegen gesetzt haben. Dieses setzt einmal beim Führungsmodell an und versucht, das volle Potenzial von Mitarbeitern und Managern über deren „Empowerment" für das Unternehmen nutzbar zu machen. Der zweite Bereich betrifft das Performance Management, also die Ergebnissteuerungstechnik. Hier geht es darum, den Planungs- und Steuerungsprozess signifikant zu vereinfachen und zu flexibilisieren. Die zugrundeliegende Philosophie ist, dass dezentrale Selbststeuerung erst die Talente von Mitarbeitern und Managern ans Licht bringen kann und es dem Unternehmen so erlaubt, schnell und

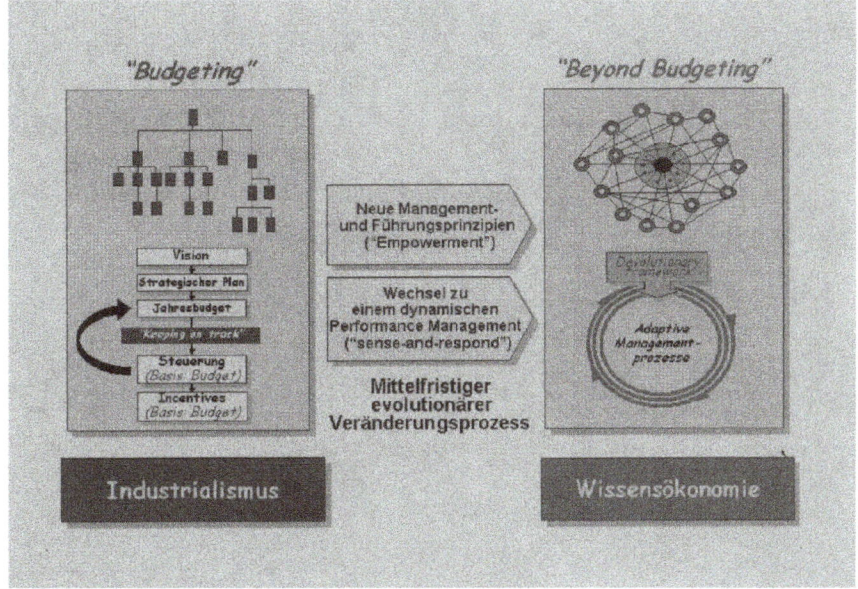

Abbildung 1: Die Vision des Beyond Budgeting Round Table (BBRT)

konsequent auf Marktveränderungen und neue Kundenwünschen einzugehen. Statt Hierarchie und Befehl und Gehorsam kommen als Integrationswerkzeuge ein gelebtes explizites Wertesystem („Was wir tun und was wir nicht tun"), eine weitgehende interne Transparenz bei den Performance-Ergebnissen, sowie laufende marktbezogene Abstimmungen von Maßnahmen und die kontinuierliche Anpassung von Plänen über die gesamte Organisation hinweg zum Einsatz (s. Abbildung 1).

Das gegenwärtige, stark am Rechnungswesen orientierte budgetbasierte Management- und Unternehmenssteuerungssystem spiegelt, wie Hope und Fraser richtig feststellen, das traditionelle Modell von Führung und Organisation wieder (vgl. Hope/Fraser 1997). Wenn Unternehmen beginnen, ihre Führungsmodelle an neue Realitäten anzupassen, müssen auch die entsprechenden Steuerungssysteme folgen, denn zwischen Performance-Managementsystem und dem Führungsmodell gibt es einen engen Zusammenhang.

Hier setzen Unternehmen beispielsweise mit dem Balanced-Scorecard-Konzept an, um den notwendigen neuen strategischen Fokus in der gesamten Organisation zu erzeugen und die entsprechenden Change-Management-Projekte systematisch voranzutreiben. Diese Initiativen drohen jedoch oft im Tagesgeschäft zu scheitern, weil dort noch das starre Budget mit all den oben beschriebenen negativen Konsequenzen auf der Verhaltensebene regiert.

Die Urheber des Beyond-Budgeting-Modells sehen also einen klaren logischen Zusammenhang zwischen den veränderten Umfeldbedingungen und den neuen Erfolgsfaktoren, sowie den daraus folgenden Prinzipien sowohl für das Führungs- als auch für das Performance-Management-System eines Unternehmens.

Die zwei wesentlichen Elemente des Beyond-Budgeting-Modells sind somit:
1. Neue Management- und Führungsprinzipien, die auf der Dezentralisierung von Entscheidungen basieren und die dem Unternehmen alle (Mitarbeiter-)Kräfte für Innovation und zum Aufbau nachhaltiger Wettbewerbsvorteile dienstbar machen sollen. Diese werden durch die 6 Beyond Budgeting Führungsprinzipien des BBRT beschrieben.

2. Adaptive Managementprozesse, die nicht wie die Budgetierung auf fixen Zielen und Ressourcenplänen basieren, sondern ein marktorientiertes Agieren und ein laufendes Anpassen an neue Kundenanforderungen bzw. an neue Marktbedingungen ermöglichen. Diese werden durch die 6 Beyond Budgeting Performance Management Prinzipien des BBRT beschrieben (s. Abbildung 2).

Beyond Budgeting in der Unternehmenspraxis – Fallbeispiele

Dass es tatsächlich auch ohne feste Budgets geht, haben Unternehmen wie etwa Svenska Handelsbanken, eine schwedische Bank, die seit 1970 ohne Budgets steuert und führt (vgl. hierzu das ausführliche Interview mit Lennart Francke, Leiter Group Control & Accounting bei Svenska Handelsbanken im Anschluss an diesen Beitrag), und auch Boots, ein englischer Retailer, gezeigt, bei dem auf der Basis von ad hoc erstellten neuen Forecasts, die durch jede lokale neue Chance oder Bedrohung ausgelöst werden, gesteuert wird. Ein weiteres Beispiel, das im Folgenden ausführlicher vorgestellt werden soll, ist das eines französischen Konzerns, der zum 1. Januar 2000 relativ schnell und radikal die bislang übliche Budgetplanung abgeschafft und durch ein alternatives, flexibleres Steuerungssystem ersetzt hat.

Beispiel Boots – Flexible Steuerung ohne feste Budgets

Bei Boots Healthcare International (BHI), dem Kosmetik und- und Pharmazieableger der britischen Boots-Gruppe, gibt es keine festen operativen Pläne und Budgets und die Zentrale regiert auch nicht in die operative Maßnahmen- oder Kostenplanung hinein.

Stattdessen werden zwischen der Gruppenleitung und dem Geschäftsbereich, im Rahmen eines sogenannten Performance-Contracts, wenige Ziele zu Key Performance Indicators vereinbart, wie beispielsweise Umsatz, operatives Ergebnis, EVA und Cash Flow. Mit welchen Maß-

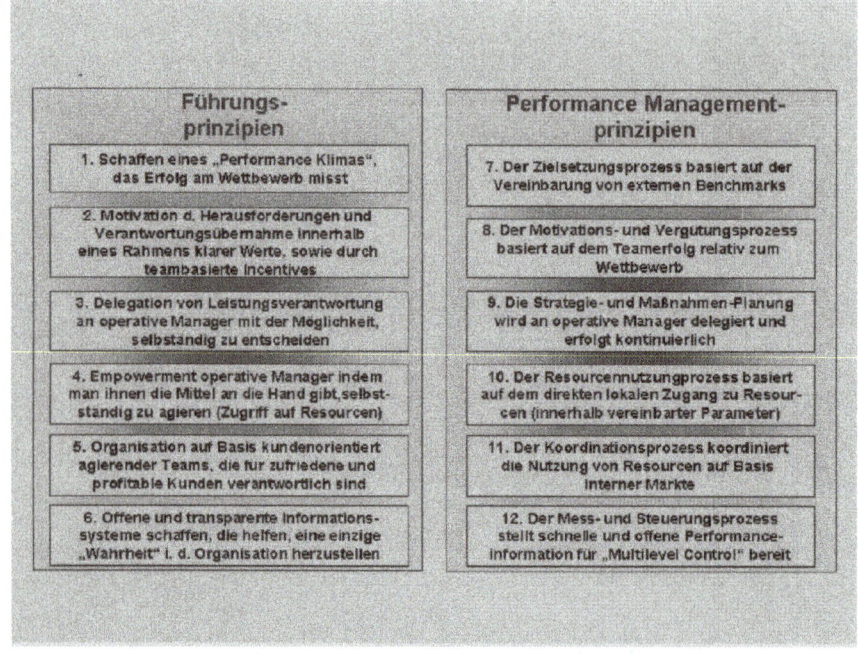

Abbildung 2: Die insgesamt 12 vom BBRT propagierten Beyond Budgeting Prinzipien

nahmen, Kosten- und Ergebnisplänen BHI diese Ziele erreicht, ist Sache des Geschäftsbereichs. BHI hat sich damit zum Erreichen weniger finanzieller Zielgrößen verpflichtet, ist aber, was die entsprechende Spartenstrategie und die operativen Maßnahmen betrifft, weitgehend autark. Damit wird eine Überregulierung vermieden, die Konzernplanung wird deutlich entfeinert, wenn nicht mehr alle Kostenarten von unten nach oben durchgeplant werden, wie das noch in vielen Unternehmen der Fall ist, und der Geschäftsbereich verfügt über deutlich mehr Freiraum um selbstständig zu agieren, lokale Risiken zu begrenzen und Chancen zu nutzen.

Die operative Steuerung findet innerhalb des Geschäftsbereichs dezentral auf regionaler Ebene statt. Dabei arbeiten die so genannten strategischen Profit Center (SPCs) der gesamten Region – das sind die Vermarktungseinheiten auf Landesebene – teamorientiert zusammen, um das Gesamtziel zu erreichen. In der Region Nord, die Länder wie Deutschland, die Niederlande aber auch Polen umfasst, wird zu Beginn des Geschäftsjahres ein Budget erstellt, was bei BHI nichts anderes als ein erster (vorläufiger) operativer Plan darstellt, der den Performance Contract mit der Gruppe herunterbricht. Sobald die darin niedergelegten Annahmen überholt sind, also sobald sich eine neue Chance oder Bedrohung lokal auf SPC-Ebene ergibt, schiebt dies einen neuen Forecast für die Gesamtregion an. Alle SPC-Leiter erhalten die neuen Forecastzahlen und denken über Korrektur- und Anpassungsmaßnahmen nach, die sicherstellen sollen, dass die vereinbarten Ziele des Geschäftsbereichs doch noch erreicht werden können.

Die Zielerreichung wird also laufend hinterfragt, es erfolgen kontinuierlich Anpassungsmaßnahmen über die Region hinweg. Zeichnet sich beispielsweise ab, dass die jährliche Grippewelle in Polen ausbleibt, führt das zu einem neuen Forecast, der die Konsequenzen hinsichtlich Umsatz und Ergebnis der Gesamtregion des Geschäftsbereichs aufzeigt. Alle Profit Center Leiter der Region überlegen dann gemeinsam, über welche Ausgleichsoptionen das Unternehmen verfügt, um den Umsatzrückgang bei Grippemedikamenten in Polen zu kompensieren. Ein intensiver Kommunikationsprozess startet – bei Boots „Trade-Off" Prozess genannt. Soll in den Niederlanden über eine zusätzliche Fernsehwerbung der Verkauf eines neuen Produktes schneller angekurbelt werden, als ursprünglich geplant, oder sollen andere Optionen in anderen Ländern verfolgt werden? Es gibt dabei immer mehr mögliche Maßnahmen, als mit den vorhandenen Ressourcen realisiert werden können. Gleichzeitig sind deren länderspezifische Konsequenzen gegenüber den regionalen und kurzfristigen Effekten gegenüber deren langfristigen Auswirkungen abzuwägen. Diese Trade-Offs müssen möglichst umfassend im Entscheidungsprozess berücksichtigt werden.

Der Trade-Off Prozess startet mit einem neuen Forecast, der dann in einen intensiven Management-Dialog mündet, und der schließlich mit der Entscheidung über neue Maßnahmen oder Maßnahmenanpassungen endet, beispielsweise damit, dass das Marketingbudget von Polen nach den Niederlanden transferiert wird. Dem Trade-Off Prozess bei Boots liegt die Einsicht zu Grunde, dass kein einzelner Manager mehr alle Auswirkungen möglicher Anpassungsmaßnahmen überblicken kann und so nur gemeinsam eine Entscheidung getroffen werden kann. Damit alle relevanten Aspekte berücksichtigt werden können, ist ein offener und intensiver Kommunikationsprozess erforderlich. Die Zielerreichung wird laufend hinterfragt, neu aufgetretene Chancen und Risiken hinsichtlich ihrer möglichen Auswirkungen und Eintrittswahrscheinlichkeit diskutiert, und die möglichen Anpassungen hinsichtlich ihrer Wirkung bewertet. Damit man mit diesem Management-Prozess effektiv ist und zu realistischen Ergebnissen kommt, muss natürlich von allen mit offenen Karten gespielt werden. Ein Bunkern von Kosten- oder Umsatzreserven wäre absolut kontraproduktiv.

Das Steuerungskonzept bei Boots erfordert damit eine sehr weitgehende Transparenz innerhalb des Geschäftsbereichs über alle Einheiten hinweg. Alle SPCs müssen deshalb nicht nur die Monats-, sondern bei Bedarf auch Tages- und Wochenzahlen offen legen.

Für die Manager als auch für die Controller bei Boots ist dies mit einem hohen Kommunikationsbedarf verbunden und erfordert die Bereitschaft, mit Dingen „im Fluss" leben zu können, als auch die Fähigkeit zur Konzentration auf das Wesentliche und Relevante. Das Ergebnis kann sich jedoch sehen lassen: Nach Ansicht von BHI sind durch die hohe Flexibilität bei der Unternehmenssteuerung die Gesamtziele der Gruppe einfacher zu erreichen, da

- ständig die Transparenz über die Gesamtregion gegeben ist,
- Reserven im Gegensatz zur traditionellen Budgetmentalität „herausgerückt" werden, wenn diese an anderer Stelle produktiver eingesetzt werden können und
- lokale „Überraschungen" nicht auftreten, die die Zielerreichung der Gruppe insgesamt gefährden können.

Fallbeispiel eines französisches Unternehmens, das die Budgetsteuerung 1999 abgeschafft hat

Der Initiator für das Abschaffen des Budgets und der Budgetsteuerung war bei dem betroffenen französischen Unternehmen ein neuer Vorstandsvorsitzender, der die Notwendigkeit zu einer radikalen Veränderung und strategischen Neuausrichtung des Unternehmens sah. Das Unternehmen war 1998 durch eine Abspaltung nach der Fusion des ehemaligen Mutterkonzerns mit einem anderen Unternehmen entstanden. Es wurde damals als selbständige Gruppe an die Börse gebracht. Bei der nun erforderlichen strategischen Neuausrichtung stand dem neuen Vorstandsvorsitzenden die traditionelle Budgetkultur im Wege – nicht nur um die erforderliche Aufbruchstimmung zu erzeugen, sondern auch um die Basis für eine nachhaltige Performance des Unternehmens in der Zukunft zu schaffen.

Im Frühjahr 1999 entschied er, das Budgetsteuerungssystem abzuschaffen. Dieser Entscheidung gingen Überlegungen voraus, wie die Unternehmensgruppe zukünftig gesteuert werden soll, die ihren Ausgang in einer signifikanten Unzufriedenheit mit der bislang üblichen Budgetsteuerung nahmen. Der Hauptgrund der Unzufriedenheit mit dem Budget rührte daher, dass der Vorstandsvorsitzende und sein Stab überzeugt waren, dass die budgetbasierte Steuerung kein strategisches Change Management ermöglicht, sondern Manager nur zu inkrementellen, auf den Entwicklungen der Vergangenheit basierenden Veränderungen motiviert. Die Ursache dafür sah er vor allem darin, dass die Budgets Manager in eine ausschließlich finanziellen Perspektive zwingen. Insbesondere wurden 5 Gründe gegen die Budgetsteuerung angeführt:

- Die Budgetplanung verbraucht zuviel wertvolle Ressourcen (Zeit und Personal), ist zu ineffizient und erfüllt nicht mehr die Erwartungen.
- Das Budget orientiert sich an der Vergangenheit, die bei der Budgetplanung meist extrapoliert wird. Stattdessen soll man sich im Unternehmen mit der Zukunft beschäftigen, diese gestalten und die damit verbundenen Schwierigkeiten antizipieren und aktiv managen.
- Das Budget ist zu starr; einmal verabschiedet, kann es nur schwierig im Laufe des Geschäftsjahres an veränderte Bedingungen angepasst werden und eignet sich so nicht für die dynamische, zukunftsorientierte und „simulative" Unternehmenssteuerung.
- Das Budget deckt aus der strategischen Perspektive einen zu kurzen Zeitraum ab (ein Jahr), der aber für die operative Steuerung zu lang ist. Manager werden nicht motiviert, eine langfristige Vision zu entwickeln.
- Das Budget begünstigt keine Kultur „des Bruchs mit dem Bestehenden", die der Vorstandvorsitzende im Unternehmen verankern möchte und die Manager dazu motiviert, sich ambitionierte Ziele zu setzen und Bestehendes immer wieder in Frage zu stellen. Stattdessen verleitet das Budget zu Inkrementalismus und Reproduktion des Bekannten.

Insbesondere wurde kritisiert, dass das traditionelle budgetbasierte Steuerungssystem des Unternehmens zu sehr auf die Zahlen fixiert war, statt den Fokus auf Aktions- und Maßnahmenpläne zu richten, die für die erfolgreiche Umsetzung der Unternehmensstrategie erforderlich sind. Aus Sicht der operativen Manager schien es so wichtiger zu sein, möglichst schnell die gewünschten Zahlen zu produzieren, statt sich mit den fundamentalen Ursachen zu beschäftigen, die diesen zugrunde liegen. Das Ziel des Projekts für die Ablösung der Budgetsteuerung war somit im Wesentlichen auch der Kampf gegen die „finanzielle Monokultur" im Unternehmen. Der Fokus im Unternehmen sollte zukünftig auf die Maßnahmen zur Strategieumsetzung gesetzt werden, statt ausschließlich auf die kurzfristigen Finanzzahlen.

Interessanterweise gab es im Management der Unternehmensgruppe keinerlei Proteste gegen die geplante Abschaffung der Budgetsteuerung, obwohl man hier zunächst Opposition vermutet hatte. Lediglich auf Werksebene gab es einige leichte „Bauchschmerzen". Dies deckt sich übrigens mit einer Beobachtung des Autors: die Umsetzung und Abschaffung der Budgetsteuerung in den den marktnahen Funktionen nachgelagerten Unternehmenseinheiten, insbesondere der Fertigung, scheint mit größeren Schwierigkeiten verbunden zu sein und hier gibt es hinsichtlich der anwendbaren Konzepte noch Handlungsbedarf. Das ist auch nicht weiter verwunderlich, da durch die Notwendigkeit zu flexiblerem Agieren „Beyond Budgeting" meist zuerst in den markt- und kundennahen Bereichen entsteht. Beyond Budgeting hat deshalb nicht zufällig seinen Ursprung vor allem im Servicebereich (z. B. bei Banken wie Svenska Handelsbanken) und bei konsumentennahen Fertigungs- und Handelsunternehmen (Boots, Ikea, Aldi). Konsequenterweise ist der nächste Schritt bei der Entwicklung und Verbreitung von Beyond Budgeting also die Einbeziehung der nachgelagerten Bereiche – insbesondere der Fertigung. In mindestens einem der Beyond Budgeting Unternehmen, das dem Autor bekannt ist, wurde im letzten Jahr genau dafür ein Projekt aufgesetzt. Es bleibt abzuwarten und spannend, was daraus wird.

Das Projekt zur Abschaffung der Budgetsteuerung im französichen Fallbeispiel wurde im Herbst 1999 offiziell angekündigt und zum 1. Januar 2000 gestartet. Das Projekt wurde durch ein Steering-Committee gesteuert, das aus den Directeurs Administrative et Financiers der damaligen Sparten, also deren Finanzchefs, dem Contrôleur de Gestion Central, dem Zentralcontroller der Gruppe, und einem Projektleiter aus dem Management zusammengesetzt war.

Seit 1999 wurde im Unternehmen kein Budget mehr erstellt. Stattdessen wurde die bislang übliche Budgetsteuerung (auf Basis von Jahresbudgets) durch einen flexiblen Steuerungsprozess ersetzt, der vor allem die Umsetzung der Unternehmensstrategie besser unterstützen sollte. Dieser gliedert sich in 3 Hauptprozesse:

1. Strategische Planung (Zeithorizont: 5 Jahre)
2. Maßnahmenplanung (Zeithorizont: 1 – 2 Jahre)
3. Rolling Forecasting (über 5 Quartale)

Die Managementorganisation des Unternehmens

Die Unternehmensgruppe besteht aus ca. zwanzig einzelnen Einheiten, die als Unternehmen („entreprise") bezeichnet werden, die jeweils durch ein lokales Managementeam („Comité Directeur") geleitet werden. Die Unternehmensgruppe selbst wird durch den Konzernvorstand („Comité de Direction Génerale Groupe") gesteuert, der in die Planung und Steuerung des operativen Geschäfts der einzelnen Unternehmen eingreift, um sicherzustellen, dass die Gruppenstrategie umgesetzt und wichtige Gruppenprogramme zur Verbesserung der Gesamtproduktivität und der Führungs- und Steuerbarkeit des Gesamtunternehmens umgesetzt werden. Die Unternehmen, also die operativen Einheiten, agieren ansonsten selbstständig und sind auch voneinander relativ unabhängig, außer was einige wenige Shared Services betrifft. Der Konzernvorstand wird bei seiner Arbeit von den Sparten unterstützt, die eine Zwischenebene darstellen. Ihre Aufgabe ist die Koordination der Aktivitäten der Unternehmen der Sparte, die Allokation von Kapital und Ressourcen auf die Einzelunternehmen und die Beurteilung der Performance. Die Bedeutung der Sparten hat seit Beginn des Projektes allerdings abgenommen, was damit zusammenhängen dürfte, dass der Vorstandvorsitzende den operativen Einheiten möglichst weitgehende Autonomie einräumen wollten und gleichzeitig aber die zentrale Steuerung auf Gruppenebene bezüglich Gesamtstrategie und der wichtigsten gruppenweiten Maßnahmen und Programme forcieren wollte. Das Projekt zur Ablösung der Budgetsteuerung umfasste alle Einheiten der Unternehmensgruppe, allerdings mit unterschiedlichen Schwerpunkten, abhängig von der Konzernebene und der Projektphase.

Strategische Planung

Das Unternehmen ist in einer reifen Branche tätig. Wachstum ist nur möglich, indem Wettbewerbern Marktanteile abgenommen werden. Technologische Durchbruchsinnovationen, die größere Wachstumssprünge erlauben würden, sind nicht mehr zu erwarten. Die Lösung kann deshalb nur in kontinuierlicher Produktinnovation (Fokus: Erhöhung des Kundennutzens) bestehen, die durch eine kontinuierliche Prozessinnovation ergänzt wird (Fokus: Produktivitätsverbesserungen). Hinzu kam, dass das Unternehmen bei seiner Ausgründung als eine Organisation mit sehr heterogenen Aktivitäten galt, die sowohl einer Reorganisation als auch einer Rationalisierung der Abläufe bedurfte. Aus dieser Notwendigkeit für eine vollständige strategische Neuausrichtung als auch für ein effektives kontinuierliches Change Management erklärt sich auch die erklärte Absicht des Vorstandsvorsitzenden, die strategische Steuerungsfähigkeit des Unternehmens zu verbessern, die sich auch in der herausgehobenen Rolle des strategischen Planungsprozesses des Unternehmens wiederspiegelt.

Die strategische Planung erfolgt rollierend, erstreckt sich über einen Zeitraum von 5 Jahren und wird jährlich aktualisiert. Der Prozess wird durch einen Orientierungsbrief des Konzernvorstandes angestoßen, in dem den operativen Einheiten die Konzernziele hinsichtlich Rentabilität und Cash Flow vorgegeben werden. Diese Ziele sind nicht verhandelbar und sollen eine Herausforderung für die Unternehmen darstellen. Um dies sicherzustellen, werden bei der Zieldefinition sowohl die Markterwartungen (beispielsweise der Investoren), die erzielten Ergebnisse der Wettbewerber (Benchmarks) und die Entwicklung der Ist-Werte der Vergangenheit herangezogen. Die Ziele werden dann auf Basis der allgemeinen Wachstums- und Rentabilitätsziele der Gruppe, des individuellen Marktumfeldes und auf Basis der Wettbewerbsposition der einzelnen Unternehmen individuell je Unternehmen kalibriert. Damit soll sichergestellt werden, dass die Ziele zwar herausfordernd sind, sich aber immer noch in einem realistischen Rahmen bewegen. Diese wirtschaftlichen Ziele werden durch weitere durch die strategischen Change Management Programme der Gruppe definierten Ziele ergänzt. Aufgabe der einzelnen Unternehmen ist es dann, eine eigene Strategie unter der Berücksichtigung dieser Rahmenbedingungen zu definieren, wobei außerdem die vom Vorstand definierte Unternehmens-Mission, die strategische Vision für die Gruppe und die Unternehmenswerte („Valeurs et Esprit du Groupe") zu beachten sind.

Mission, Vision und Werte bilden die Basis für die Strategien und stellen ein wichtiges Instrument in der Gruppe dar, das Kohärenz im Wollen (Strategien) und Handeln (Steuerung) herstellen soll. Man ist davon überzeugt, dass eine gemeinsame Mission, Vision und Werte die Definition von aufeinander abgestimmten Strategien vereinfacht und den Prozess effektiver macht. Dabei werden die Mission, Vision und die Werte auf jeder Ebene im Unternehmen, beginnend mit dem Konzernvorstand, über die Spartenleitungen bis zu den einzelnen Unternehmen als erster Schritt des Strategieplanungsprozesses definiert bzw. überprüft, wobei jeweils die durch die nächsthöhere Ebene definierten Ziele zu berücksichtigen sind. Dabei soll die Mission die Antwort auf die Frage liefern „Wofür sind wir (heute) da?". Die Vision stellt die Antwort auf die Frage dar „Wie sieht meine Einheit in 5 Jahren aus?". Und die individuell je Unternehmen ausgestaltbaren bzw. interpretierbaren Werte leiten sich aus den für die gesamte Gruppe definierten ab.

Während des Strategieplanungsprozesses werden einmal im Jahr in jeder Einheit die strategischen Wahlmöglichkeiten und Hypothesen diskutiert, die sich aus den individuellen Möglichkeiten unter Berücksichtigung der Vorgaben durch die Gruppe bzw. Sparte (wenn es sich um eine operative Unternehmenseinheit handelt) ergeben. Die Geschäftsleitung jedes Unternehmens definiert dann die strategischen Szenarien, die es diesem erlauben, die vorgegebenen Ziele zu erreichen, und bei denen es über die dazu erforderlichen Mittel und Möglichkeiten verfügt. Bestimmte Ziele werden demnach zentral definiert, während die aktions- und handlungsbestimmenden Szenarien und Strategien das Ergebnis der Entscheidungen der lokalen Akteure bleiben. Die konkreten strategischen Pläne werden somit auf der Ebene der operativen Unternehmen definiert. Dies geschieht, unter Berücksichtigung der verabschiedeten Mission, Vision und der Werte in drei Schritten:

1. Die Key Value Driver (KVD) werden durch die Mitglieder des Managementteams gemeinsam identifiziert. Diese stellen die wichtigsten Aktionshebel und Meilensteine dar, deren Erreichen dem Unternehmen die erfolgreiche Umsetzung seiner Strategie gestattet und zu dauerhaften Wettbewerbsvorteilen führt. Sie sind in ihrer Anzahl bewusst limitiert und stellen die zu erreichenden operativen Ziele dar, um dem Unternehmen die dauerhafte Wettbewerbsfähigkeit zu sichern und ihm das Erreichen der definierten Vision zu ermöglichen. Es geht also nicht darum, alles zu erfassen, also eine geschlossene Rechnung zu erstellen wie im traditionellen Budget, sondern sich auf die 20 % der Variablen zu konzentrieren, die 80 % des Ergebnisses und des Wertes des Unternehmens beeinflussen. Bei der Definition der

KVD fließen Überlegungen zum Wettbewerbsumfeld, aus der internen Produktivitäts- und Prozessanalyse (Definition der kritischsten Prozesse und deren Verbesserung mit dem Ziel, den Kundennutzen zu erhöhen und die Kosten zu reduzieren), zu den generellen Herausforderungen für das Unternehmen, die in der ein oder anderen Weise Innovations- und Kompetenzaufbau erfordern, aus der globalen Risikoanalyse und natürlich die zentral vorgegebenen Ziele, die durch die Zentrale definierten gruppenweiten Maßnahmen und Programme, als auch die für den Bereich HR oder Einkauf zentral definierten Rahmenbedingungen ein. Jedem KVD wird dann ein „Sponsor" im Managementteam zugeordnet.

2. Sobald die Key Value Driver definiert sind, erstellt jedes Mitglied im Managementteam eine Liste von strategischen Initiativen für den eigenen Bereich („Actions Stratégique" – AS) für die nächsten 5 Jahre. Während die KVD die Absicht definieren, *was* erreicht werden soll, legen die AS fest, *wie* dies erfolgen soll, also durch welche Aktivitäten und Initiativen. Die AS werden dann entsprechend ihrer Bedeutung für das Unternehmen gewichtet. Nur die 20 % wichtigsten werden ausgewählt und dafür konkrete Ziele definiert.

3. Jede AS muss eine positive Auswirkung auf das Unternehmensergebnis haben. Für jede AS wird deshalb eine Planung erstellt, die die Auswirkungen in jedem Jahr des Planungshorizontes auf Umsatz, operatives Ergebnis, Cash Flow und auf das gebundene Kapital ausweist. Damit wird es möglich, das Portfolio aller Initiativen hinsichtlich ihrer Auswirkungen auf das Unternehmensergebnis und der erforderlichen Ressourcen zu optimieren.

Der strategische Planungsprozess basiert damit auf einem Ansatz, der Kaplan und Nortons Balanced Scorecard Konzept sehr ähnlich ist (vgl. Kaplan/Norton 2001). Der Begriff Balanced Scorecard wurde aber im vorgestellten Unternehmen im Zusammenhang mit dem neuen Planungs- und Steuerungssystem nicht verwendet, sondern wurde regelrecht tabuisiert, da man glaubte, das dieser für die operativen Einheiten und Manager mit für sie negativen Vorstellungen verbunden ist und es so für das neue Verfahren Akzeptanzprobleme geben würde.

Maßnahmenplanung

In dieser zweiten Phase des Unternehmensplanungs- und Steuerungsprozesses geht es darum, festzulegen, welche konkreten Aufgaben und Maßnahmen in den kommenden Monaten zu erledigen sind („plans d'action"). Es werden wieder nur diejenigen ausgewählt, die die größten Auswirkungen auf Ergebnis und Wettbewerbsfähigkeit haben. Dazu müssen die Prioritäten auf der Ebene des operativen Tagesgeschäfts definiert werden. Während die strategische Planungsphase eher einem Brainstorming mit Langfristorientierung gleicht, geht es jetzt darum, die Maßnahmen systematisch und konkret über einen eher kurzfristigen Zeithorizont (1 – 2 Jahre) zu planen. Die aus der strategischen Planung hervorgegangenen Ziele und Initiativen werden dazu vom Managementteam auf die nächsten fünf Quartale heruntergebrochen. Dabei soll der Zusammenhang zwischen den langfristigen strategischen Zielen, den KVD, den strategischen Initiativen und den kurzfristigen Maßnahmen erhalten bleiben.

Um dies sicherzustellen, hat das Unternehmen ein Werkzeug entwickelt, das Einflussmatrix („matrice d'impact") genannt wird. Dessen Anwendung wird den operativen Einheiten empfohlen, um die Entscheidungsqualität bei der Strategieumsetzung zu verbessern. Aufgabe dieser Einflussmatrix ist es, die operativen Einheiten dabei zu unterstützen, aus den beschlossenen strategischen Initiativen kurzfristige Maßnahmenpläne abzuleiten. Dazu werden die Key Value Driver und die strategischen Initiativen, die auf der horizontalen der Matrix abgebildet werden, mit den operativen Prozessen, die zu ihrer Realisierung beizutragen haben (Vertikale) in Beziehung gesetzt (s. Abbildung 3). Diese Maßnahme, die die Rolle eines Scharniers zwischen den langfristigen Zielen und Initiativen und ihrer Umsetzung im kurzfristigen Zeithorizont spielt und die hier als erster Schritt der Maßnahmenplanung dargestellt wird, wird gegenüber den operativen Einheiten auch oft als die letzte Phase des strategischen Planungsprozesses dargestellt. Egal wie man es sieht, Tatsache ist, dass sich in der Einflussmatrix die Absicht des Unternehmens ausdrückt, auf jeden Fall sicherzustellen, dass die langfristige Vision des Unternehmens mit den kurzfristigen Maßnahmenplänen verknüpft wird und so operativ geschehen kann, was strategisch gewollt ist.

Mit Hilfe der Einflussmatrix versuchen die Mitglieder des lokalen Managementteams zunächst den Beitrag, den die einzelnen operative Prozesse zur Umsetzung der strategischen Initiativen leisten können, abzuschätzen. Sobald dazu eine einheitliche Meinung und Entscheidung getroffen wurde, werden konkrete Aufgaben und Aktivitäten für die jeweiligen Prozessbereiche definiert. Mit diesem Top-Down-Vorgehen bei der operativen Planung stellt man sicher, dass die freien Ressourcen, die nicht durch das laufende Tagesgeschäft gebunden sind, und die die Manövriermasse der lokalen Geschäftsleitung für das Change Management und die Weiterentwicklung des Unternehmens darstellt, tatsächlich für die wichtigsten Aufgaben aus strategischer Sicht eingesetzt werden.

Die Einflussmatrix stellt darüber hinaus auch sicher, dass nur solche Maßnahmen in Angriff genommen werden, die auch wirklich einen Effekt im Hinblick auf die Unternehmensperformance und den Unternehmenswert haben und dass die für einen erfolgreichen Abschluss der Maßnahmen erforderlichen Ressourcen auch tatsächlich vorhanden sind (Mitarbeiter mit den entsprechenden Kompetenzen und Finanz- und Sachmittel). Damit soll vermieden werden, dass wertvolle Ressourcen auf Maßnahmen und Projekte verschwendet werden, die nur wenige Einfluss auf das Gesamtergebnis haben bzw. vorzeitig abgebrochen werden müssen, da sich erst später herausstellt, dass die erforderlichen

Ressourcen für einen erfolgreichen Abschluss gar nicht vorhanden sind. Die Einflussmatrix soll vor allem dabei helfen
- sicherzustellen, dass die beschlossenen strategischen Initiativen auch umgesetzt werden,
- dass diejenigen Prozesse für die Maßnahmenpläne ausgewählt werden, die den meisten Effekt je Initiative erbringen,
- für jeden Schlüsselprozess die entsprechenden Verbesserungsmaßnahmen zu identifizieren und die Messgrößen für die Zielerreichung aus Sicht der strategischen Initiative zu definieren,
- das Projektteam für jede Initiative zu definieren,
- die erforderlichen Ressourcen für jede Initiative zu ermitteln,
- die beabsichtigen Effekte/Kosteneinsparungen zu ermitteln,
- sicherzustellen, dass die einzelnen Umsetzungsmaßnahmen miteinander konsistent sind.

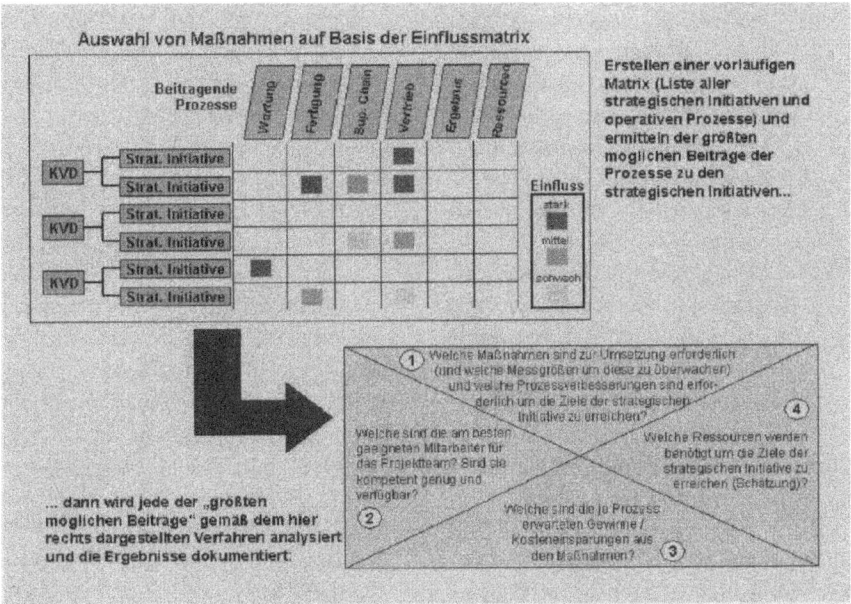

Abbildung 3: Die Einflussmatrix („matrice d'impact") zur Sicherstellung der Verzahnung von langfristig orientierten strategischen Key Value Drivern und Initiativen mit der kurzfristige Maßnahmenplanung

Um die Verbindung zwischen langfristigen Zielen und kurzfristigen Maßnahmen sicherzustellen, wird die Strategie, beginnend bei den KVD und strategischen Initiativen, systematisch in Maßnahmenpläne unter Berücksichtigung der operativen Gegebenheiten (Relevanz der operativen Prozesse für die Strategieumsetzung, Verfügbarkeit von Ressourcen) heruntergebrochen. Die Auswirkungen der Maßnahmen auf den Umsatz, das operative Ergebnis, den Cash Flow und das gebundene Kapital wird je Geschäftsjahr abgeschätzt. Für jede Maßnahme wird ein Verantwortlicher benannt, meist ein Mitglied des Managementteams. Der Maßnahmenfortschritt wird quartalsweise ermittelt, indem die Ist-Werte sowohl mit den definierten Zielen als auch mit den Vorjahreswerten verglichen werden. Die Auswirkungen auf Umsatz, operatives Ergebnis, Cash Flow und gebundenes Kapital werden außerdem für die folgenden fünf Quartale geschätzt.

Sollten größere Abweichungen projektbezogen als auch bezüglich der vergangenen bzw. der prognostizierten Ergebnisse auftreten, werden Korrekturmaßnahmen („Plans d'Action Correctifs – PAC") auf-

gesetzt. Die Steuerung erfolgt damit mehrdimensional, indem sowohl die Maßnahmen inhaltlich als auch hinsichtlich ihrer finanziellen Auswirkungen betrachtet werden – und zwar in dieser Reihenfolge. Damit wird auch erreicht, dass sich der Fokus in der Unternehmenssteuerung mehr auf die Zukunft als auf die Vergangenheit richtet. Der Forecastingprozess spielt dabei eine wichtige Rolle.

Forecasting

Ziel des Forecastingprozesses ist es, die Manager des Unternehmens dazu zu animieren, zukünftige Entwicklungen im Umfeld zu antizipieren und, auf Basis der strategischen Vision des Unternehmens, darauf möglichst frühzeitig zu reagieren bevor mögliche negative Entwicklungen ihre Auswirkung entfalten können. Es soll dabei nicht darum gehen, erfolgte Abweichungen als Anlass zu nehmen, Vergangenes zu diskutieren, sondern zu einer gemeinsamen Entscheidung zu gelangen, was unternommen werden soll, um Dinge in Zukunft zu verbessern bzw. zu verändern. Dies kann dann zu kleineren Korrekturmaßnahmen aber auch zu größeren Aktionen führen. Der Fore-

castingprozess vollzieht sich dabei in drei Phasen:
- Von der Zentrale werden die neuesten Hypothesen bezüglich Rohstoffpreisentwicklung, Wirtschaftswachstum und Marktentwicklung, Inflation etc. an die operative Einheiten kommuniziert. Deren Finanzchefs stellen dann die Forecasts des letzten Quartals zur Verfügung. Dies umfasst die Kennzahlen, die den Fortschritt der einzelnen Maßnahmen aufzeigen, den sogenannten „fil de l'eau", das heißt die wahrscheinliche zukünftige Entwicklung der Ergebniskennzahlen, wenn keine Maßnahmen bzw. Korrekturmaßnahmen ergriffen werden und man die Dinge einfach weiter laufen lässt wie bisher.
- Diese Daten werden dann im zweiten Schritt von den Mitgliedern der Managementteams und von den operativ Verantwortlichen bzw. den Verantwortlichen für die Maßnahmen in den Unternehmen analysiert und auf Basis der zu diesem Zeitpunkt bekannten Entwicklungen aktualisiert, indem auch die Auswirkungen möglicher Korrekturmaßnahmen berücksichtigt werden, mit denen sichergestellt wer-

den soll, dass die vereinbarten Ziele doch noch erreicht werden. Vom Managementteam jedes Unternehmens werden dann die dem Gesamtforecast zugrunde liegenden Chancen und Risiken identifiziert und deren mögliche Auswirkungen auf die Ergebniskennzahlen gewichtet.

- Im dritten Schritt werden schließlich die einzelnen Unternehmens-Forecasts auf Sparten- und Gruppenebene konsolidiert, indem diese auf Basis der jeweiligen Chancen- und Risiken gewichtet werden.

Im Rahmen des Forecastprozesses werden die wirtschaftlichen Ergebnisse hinsichtlich des sogenannten „fil de l'eau" (d. h. wenn man weiter macht wie bisher – in anderen Unternehmen wird das auch „base case" oder „do nothing" genannt), hinsichtlich der Auswirkungen der geplanten Maßnahmen, und hinsichtlich der Auswirkungen der Korrekturmaßnahmen separat prognostiziert und dargestellt. Erst damit wird eine Optimierung und die Entscheidung über die Fortsetzung der Maßnahmen bzw. über Korrekturmaßnahmen möglich. Die Ermittlung erfolgt im Bottom-Up-Verfahren, indem die jeweils Verantwortlichen selbst die entsprechenden Zahlen liefern und an die jeweils höhere Ebene weiterleiten.

Das Ergebnis: Das Unternehmen hat die starre, rein finanzorientierte Budgetsteuerung erfolgreich durch ein dynamisches Performance Management ersetzt

Wenn auch die traditionelle Budgetsteuerung in dem im vorgestellten Fallbeispiel beschriebenen französischen Unternehmen abgeschafft wurde, bedeutet das nicht, dass das Unternehmen steuerlos und unkontrollierbar wurde. Vielmehr hat der Vorstandsvorsitzende die Budgetsteuerung mit ihren Mängeln, die aus seiner Sicht in einer Phase des Unternehmens, in dem dieses auf Durchbruchveränderungen angewiesen ist, untragbar geworden sind, durch ein alternatives Steuerungssystem ersetzt.

Bei dem neuen System geht es weniger darum, alle Vorgänge und Maßnahmen im Rahmen der Gesamtplanung immer und auf allen Ebenen gleichzeitig zu berücksichtigen, sondern sich bewusst nur auf die wesentlichen zu konzentrieren. Während im Rahmen der traditionellen Budgetplanung alle Aktivitäten und alle Aufwendungen berücksichtigt werden, unabhängig davon ob diese von strategischer Relevanz sind oder nicht, versucht man sich mit dem neuen System innerhalb der jeweiligen Perspektive nur auf das Wesentliche zu beschränken. Eine umfassende gleichzeitige Steuerung aller Faktoren wird ersetzt durch eine partielle Steuerung der Faktoren, die im jeweiligen Kontext (also abhängig von der Ebene im Unternehmen oder vom Steuerungsbereich – nämlich strategische oder operative Steuerung) die relevantesten sind und den größten Effekt auf Ergebnis und nachhaltigen Unternehmenserfolg versprechen.

Ein weiterer wichtiger Aspekt des vom Vorstandsvorsitzenden initiierten Steuerungssystems „Beyond Budgeting" ist der Wechsel der Perspektive weg von der Vergangenheitsbetrachtung und hin zur Zukunftsbetrachtung und -gestaltung. Auch bei der traditionellen Budgetsteuerung ist im Rahmen der Abweichungsanalyse ein „Exception Reporting", also eine Konzentration auf das Wesentliche üblich, indem man nur die größten Abweichungen bzw. die größten Kostenblöcke beachtet. Der Unterschied ist, dass es sich dabei um eine selektive Abweichungsanalyse ex post handelt, während man im Rahmen der Beyond Budgeting Steuerung versucht, diese durch eine Abweichungs-Analyse ex ante im Rahmen der Strategieplanung, der Maßnahmenplanung und des Forecasting zu ersetzen.

Damit soll das Unternehmen in die Lage versetzt werden, die Zukunft in einem sich dynamisch verändernden Umfeld zu gestalten. Der vermeintliche Verlust der vollständigen Kontrolle, etwa über die Kosten, wird durch ein System der kontinuierlichen Analyse von KVDs, Maßnahmen und Businessplänen, der Einfluss-Matrix und der Ergebnisforecasts ersetzt, die sicherstellen sollen, dass wichtige Elemente nicht übersehen werden. Das Beyond Budgeting Steuerungssystem im Fallbeispiel des französischen Unternehmens setzt also vor allem und zuerst bei der strategischen Steuerung an, und betrachtet das finanzielle Ergebnis als Produkt dieser Anstrengungen. Man versucht hinter die Zahlen zu blicken und zu greifen, weniger durch sie hindurch, wie dies bei der traditionellen Budgetsteuerung üblich ist.

Das vorgestellten Beispiels demonstriert, dass es nicht ausreicht, die strategischen Ziele eines Unternehmens zu definieren, diese herunterzubrechen und Verantwortliche zu definieren, um die Strategie des Unternehmens erfolgreich zu realisieren. Denn für eine erfolgreiche Strategieumsetzung geht es weniger darum, die Ziele selbst zu steuern und zu managen als vielmehr die zur Zielerreichung erforderlichen Maßnahmen und Aktivitäten laufend an Umfeldveränderungen anzupassen und diese über die verschiedenen Unternehmenseinheiten hinweg zu koordinieren, sowohl geschäftsseitig und inhaltlich als auch hinsichtlich ihrer Ergebnisauswirkung und Ressourceninanspruchnahme. Dies mag zunächst banal erscheinen. Tatsache ist jedoch, dass es in den meisten Unternehmen so nicht geschieht. Der Grund dafür ist darin zu suchen, dass heute zu sehr die Zahlen im Vordergrund stehen und so den Blick auf die Vorgänge, Aktivitäten und Prozesse dahinter, die ja erst die in den Zahlen abgebildeten Ergebnisse schaffen, verdecken. Will man Beyond Budgeting auf den Punkt bringen, geht es, wie die oben vorgestellten Fallbeispiele zeigen, im letzten darum, die über Jahrzehnte gewachsene Zahlenkultur in den Unternehmen in ihre Grenzen zu verweisen und die Dinge und Aktivitäten, die wirtschaftliche Produktivität erst schaffen, wieder in den Vordergrund zu rücken.

Die Umsetzung von Beyond Budgeting

Die Bandbreite der beschriebenen Beispiele von Boots, Handelsbanken und dem französischen Unternehmen zeigen deutlich, dass es das Beyond-Budgeting-Konzept, das 1:1 auf das eigene Unternehmen angewendet werden kann, nicht gibt. Jedes Unternehmen setzt eigene Akzente und Schwerpunkte – abhängig von Branche, Unternehmenskultur und individuellen Erfolgsfaktoren. Die Entwicklung eines individuellen neuen Unternehmensführungs- und -steuerungssystems muss deshalb zunächst mit einer Analyse der eigenen Stärken und Erfolgsfaktoren beginnen. Der Erfolgsfaktor von Boots, als Akteur in der konsumentenorientierten Retailbranche, liegt bei der marktnahen nachfrageabhängigen flexiblen Steuerung der Marketing- und Verkaufsaktivitäten. Svenska Handelsbanken ist als Dienstleister vor allem auf ein möglichst schnelles und selbstständiges Eingehen der Mitarbeiter auf die konkreten Kundenwünsche angewiesen. Dazu wird die erforderliche Unternehmens- und Führungskultur benötigt. Beim vorgestellten französischen Fallbeispiel steht die Steuerungsfähigkeit aus strategischer Sicht aufgrund der gegeben Marktsituation im Vordergrund (Erfordernis zur laufenden Innovation auf allen Ebenen und in allen Bereichen). Somit wird es bei der Umsetzung von Beyond Budgeting unternehmensspezifische Schwerpunkte und Vorgehensweisen geben. Viele der beschriebenen Elemente des Modells reichen allerdings weit über den Bereich des Controllers hinaus. Ein umfassender Ansatz bei der Einführung des Beyond-Budgeting-Konzepts ist ohne das Commitment des gesamten Managementteams nicht machbar. Häufig sind zudem Personal- und Change Management Experten gefordert, aktiv zu werden.

Aus den Diskussionen des Autors mit den Mitgliedern des Beyond Budgeting Round Table und mit Vertretern von Unternehmen, die sich ernsthaft mir der Implementierung des Beyond Budgeting Modells und mit der Reform ihres Unternehmenssteuerungs- und Führungssystems auf Basis der Eingangs beschriebenen Überlegungen beschäftigen, ergeben sich zwei sehr unterschiedliche Vorgehensweisen zur Umsetzung des Beyond Budgeting Modells:

1. Der Ansatz im Bereich Controlling und Unternehmenssteuerung. CFOs, Finanzchefs und Controller sind in der Regel die ersten im Unternehmen, die zu der Überzeugung gelangen, das das bisherige Steuerungsmodell in Zukunft nicht mehr trägt. Umfeldveränderungen geschehen immer schneller, auf der anderen Seite werden die Unternehmerorganisationen immer größer und neigen, im Rahmen der traditionellen Budgetplanung und -steuerung, zu einer deutlichen Bürokratisierung und internen „Politisierung". Interne Bürokratie und externe Anpassungsfähigkeit wiedersprechen sich aber. Dieser Wiederspruch schlägt als erstes bei den „Hütern des Budgets", nämlich den Controllern auf. Nach Erfahrungen des Autors, herrscht in diesem Kreis bereits ein hohes Problembewusstsein vor. Allerdings ist Controlling eine Stabsfunktion. Controller können nur beraten und versuchen, wenn die beschriebenen Probleme auch für Manager im Tagesgeschäft konkret und sichtbar werden, argumentativ Stellung zu beziehen und für entsprechende Reformen zu werben. Deshalb bleibt beim controlling-getriebenen Ansatz nur der Weg, im Management immer wieder für die entsprechenden Veränderungen in der Führung zu werben und im eigenen Bereich, nämlich im Controlling, die kontinuierliche Weiterentwicklung der Tools und Verfahren in Richtung eines dynamischen Performance Management voranzutreiben.

2. Ein durchgreifender, fundamentaler Change Management Ansatz, der vom Top-Management, in der Regel vom CEO selbst initiiert wird. Voraussetzung ist meist eine Unternehmenskrise (Svenska Handelsbanken) oder eine grundsätzliche Neuausrichtung des Unternehmens (s. französischen Fallbeispiel oben). Ansatzpunkt ist die Vision einer Unternehmerpersönlichkeit, die die Notwendigkeit zu einem grundsätzlichen Wandel der Managementkultur und damit auch der sie prägenden Managementprozesse und -verfahren sieht. Hier gehen die Reform der Controllingverfahren und der Managementprozesse in der Regel Hand in Hand mit einer Reform der Unternehmenskultur, der Führungsphilosophie, der Unternehmenswerte und auch der Art, wie man Mitarbeiter und untergeordnete Manager in Zukunft führen und motivieren will.

Letztere Vorgehensweise erscheint aus der Sicht der Reformbefürworter als die vielversprechendere Vorgehensweise. Sie erfordert aber auch kurzfristig die meiste Energie und den größten Einsatz seitens des Managements und der Mitarbeiter. Ohne die Initiative des Vorstandssprechers und die Unterstützung der gesamten Geschäftsleitung wird es nicht funktionieren. Mittel- bis langfristig wird man dabei allerdings die schnellsten und grundlegensten Veränderungen erreichen – sofern man den Bogen nicht überspannt. Dieses Vorgehen wird damit aber eher die Ausnahme darstellen.

Die meisten „Beyond Budgeting Fälle", die wir in den nächsten Jahren beobachten werden, werden deshalb eher in einer inkrementellen Verbesserung der Performance-Managementsysteme ihren Ausgang nehmen, als in einer revolutionären Umwälzung. Wenige Pioniere werden aber auch das Thema Führungssystem auf innovative Weise angehen und hier beispielhaft agieren und demonstrieren, wie die Unternehmen von morgen nicht nur gesteuert, sondern auch geführt werden.

■ Fazit

Auch wenn das vom BBRT beschriebene Beyond Budgeting Modell erstmals ein geschlossenes Konzept als Alternative zum Budgetary Control Modell beschreibt, findet sich kaum oder nur sehr wenige Unternehmen, die dieses Konzept bereits vollständig umgesetzt haben. Wie so häufig bei betriebswirtschaftlichen Innovationen, ist das Konzept aus der Praxis entstanden, indem einige wenige Pionierunternehmen auf ihre individuellen Anforderungen hin auf ein Problem reagiert haben, das sich inzwischen als ein allgemeines herausgestellt hat. Das Ergebnis sind sehr heterogene und unterschiedliche Fallbeispiele, von denen einige hier beschrieben wurden. Ähnlich wie in den 30er Jahren des letzten Jahrhunderts die

Budgetsteuerung bei den Budgetary Control Pionieren sehr unterschiedlich umgesetzt wurde, hat es danach erst einer intensiveren Bearbeitung der Thematik durch die akademische Wissenschaft bedurft, um ein allgemein anwendbares Budgetsteuerungssystem zu entwickeln, das dann ab den 60er Jahren die Grundlage zu seiner weiten Verbreitung dargestellt hat. Der Verdienst des BBRT ist es, aus den bislang untersuchten Fallbeispielen ein Set von allgemeinen Prinzipien abzuleiten, die als Grundlage für ein systematische Vorgehen bei der Einführung eines neuen Unternehmenssteuerungssystems „Beyond Budgeting" dienen kann. Viel Arbeit ist hier allerdings noch zu leisten und viele Detailfragen sind noch offen. Hatten die ersten Pioniere, die als die erste Beyond Budgeting Welle bezeichnet werden können, die grundlegenden Ideen durch ein pragmatisches auf Versuch-und-Irrtum gegründetes Vorgehen entwickelt, bedarf es nun einer zweiten Welle, bei der Unternehmen die Erfahrungen der ersten Welle nutzen und versuchen systematisch ein Steuerungs- und Führungssystem „Beyond Budgeting" zu implementieren. Erst aufgrund der dann gemachten Erfahrungen dürfte die Grundlage für eine breite Anwendung geschaffen sein.

Literatur

CHANDLER, A. JR./DEAMS, H. : Administrative coordination, allocation, and monitoring: a comparative analysis of the emergence of accounting and organization in the USA and Europe, in: Accounting, Organizations and Society, Band 4 (1979), Nr. 1 – 2, S. 3 – 20

DAUM, J. H. (1): Neue Management Konzepte für eine neue Ära: Beyond Budgeting, in: Beyond Budgeting Information Center unter www.juergendaum.de/bb.htm, 2001 – 2003

DAUM, J. H. (2): Intangible Assets oder die Kunst, Mehrwert zu schaffen, Bonn 2002

DAUM, J. H.(3): Beyond Budgeting: Ein Management- und Controlling-Modell für nachhaltigen Unternehmenserfolg, in: Der Controlling Berater, 2002, Heft 7, S. 397 – 430

HOPE, J, FRASER, R.: Beyond Budgeting … Breaking through the barrier to 'the third wave', in: Management Accounting, Dezember 1997, S. 20.

HOPE, J., FRASER, R.: Beyond Budgeting, in: Strategic Finance, Oktober 2000 (http://www.strategicfinancemag.com/2000/10e.htm)

HOPE, J., FRASER, R.: Beyond Budgeting White Paper, CAM-I BBRT 1999, 2000, 2001, 2002

IIOST (Institut International d'Organisation Scientifique du Travail): Conférence internationale du contrôle budgétaire, Genf 1930

KAPLAN, R. S.: The Evolution of Management Accounting, in: The Accounting Review, Band LIX (1984), Nr. 3, Juli, S. 390 – 418

KAPLAN, R. S./NORTON, D. P.: Die strategiefokusierte Organisation. Führen mit der Balanced Scorecard, Stuttgart 2001

LEROY, T.: La conference du contrôle budgétaire, in : Mon Bureau, August 1930, S. 339 – 340

MCKINSEY, J.: Budgetary Control, New York 1922

SLOAN, A.: My Years with General Motors, New York 1963

TAYLOR, F. W.: The Principles of Scientific Management, New York 1911

Managen ohne Budgets bei Svenska Handelsbanken

Interview mit Lennart Francke,
Executive Vice President und Leiter der Abteilung Group Control & Accounting,
Svenska Handelsbanken, Stockholm.

Ein Fallbeispiel für ein Unternehmen, das sich neben der Einführung eines Beyond-Budgeting-Steuerungssystems auch intensiv mit den erforderlichen Konsequenzen für das Führungssystem beschäftigt hat, ist Svenska Handelsbanken. Seit 1970 gibt es bei Svenska Handelsbanken, eine schwedische Bank mit Niederlassungen in ganz Skandinavien und in Großbritannien, keine Budgets mehr, keine absoluten Ziele und keine fixen Pläne. Trotzdem ist die Bank eine der erfolgreichsten Banken Europas und hat alle skandinavischen Mitbewerber hinsichtlich jeder wesentlichen Performancemessgröße wie Return on Equity, Cost-to-Income Ratio und Kundenzufriedenheit geschlagen – und zwar konsistent, über 30 Jahre hinweg. Im Interview mit Jürgen H. Daum erläutert Lennart Francke, Executive Vice President und Leiter der Abteilung Group Control & Accounting von Svenska Handelsbanken, wie die Unternehmensgruppe ohne Budgets geführt und gesteuert wird.

Herr Francke, fürchten Sie nicht, ohne Budgets die Steuerungsfähigkeit und die Kontrolle über Ihr Unternehmen zu verlieren?

Den wirtschaftlichen Erfolg in der ganzen Handelsbankengruppe möglichst gut steuern zu können, ist natürlich auch für uns absolut erforderlich. Ich würde sogar sagen, dass dies in einer so dezentralen Organisation wie der unseren noch notwendiger ist als in anderen Unternehmen. Bestandteil dieses dezentralen Organisationskonzeptes ist es deshalb, dass alle Organisationseinheiten als Profit Center definiert sind. Dies umfasst die 560 Filialen, die regionalen Zentralen und die Serviceabteilungen der Konzernzentrale. Zudem haben wir ein gemeinsames Rechnungswesensystem für die gesamte Gruppe. Damit können wir die Erlöse und Aufwendungen aller Profit Center in der gesamten Gruppe ermitteln und überwachen. Mit einem solchen Rechnungswesen und Management-Informations-System brauchen sie kein Budget, um die Steuerungsfähigkeit des Unternehmens zu gewährleisten.

Weshalb hat Dr. Jan Wallander, der „Architekt" des Management Modells von Handelsbanken, die Budgetsteuerung überhaupt abgeschafft?

Das Abschaffen des Budgetprozesses war nur eines der Dinge, die Herr Wallander in Angriff nahm, als er 1970 die Position des Vorstandsvorsitzenden der Bank übernahm. Es war ein Teil des gesamten Konzepts, durch das er die Strategie und die Organisation dieser Bank vollständig verändert hat. Die Bank war davor sehr zentralistisch organisiert und er hatte sie dann vollkommen dezentralisiert. Die Bank wurde vorher in erster Linie aus Produktsicht, also auf Basis eines Produktmarketingkonzeptes geführt. Er führte stattdessen ein vollständig am Kunden ausgerichtetes Marketingkonzept ein – was damals revolutionär war. Herr Wallander war aufgrund seiner Erfahrungen sowohl als Vorstandssprecher einer kleineren schwedischen Provinzbank und als Wissenschaftler der Sozialwissenschaften – er hat für ein Prognoseinstitut gearbeitet, das Verbindungen zur schwedischen Industrie hatte – zu der Überzeugung gelangt, dass es unmöglich ist, genaue Prognosen darüber zu erstellen, was in einem komplexen kommerziellen Markt geschehen wird. Deshalb beschloss er, dass es besser ist, dies erst gar nicht zu versuchen. Er war überzeugt, dass es besser ist, ein Unternehmen auf Basis dessen zu steuern, was in der Realität geschieht, statt auf Basis eines Budgets, das viele Monate vorher erstellt wurde. Wenn Sie ein Budget haben, neigen Sie dazu, sich zu sehr darauf zu konzentrieren und nicht mehr zu sehen, was in der Realität wirklich ge-

Lennart Francke ist seit über 20 Jahren in verschiedenen dezentralen und zentralen Führungspositionen der Svenska Handelsbanken tätig. Seit 2001 ist er Executive Vice President und Leiter der Abteilung Group Control & Accounting. Lennart Francke studierte an der Stockholm Schools of Economics und schloss dort 1972 mit dem Master of Business Administration (MBA) ab.

schieht. Sie werden nicht so flexibel reagieren als ohne einen solchen detaillierten Plan. Die Budgetierung war für ihn nichts als ein unproduktiver Verhandlungsprozess. Jeder versucht dabei, zu Budgetzahlen zu gelangen, von denen man bereits vorher weiß, dass man sie übertreffen kann. Das Ergebnis ist keinesfalls eine realistische Einschätzung der zukünftigen Entwicklung. Es ist vielmehr etwas Künstliches, etwas, das in den meisten Fällen überhaupt nichts mit der Markt- und Geschäftsrealität zu tun hat. Deshalb sagte er, dass Budgets vollkommen überflüssig seien; er nannte es sogar ein überflüssiges Übel.

> „Es ist unmöglich genaue Prognosen darüber zu erstellen, was in einem komplexen kommerziellen Markt geschehen wird."

Aber wie stellen sie die notwendige Konsistenz sicher und wie koordinieren Sie die Aktivitäten in einer größeren Organisation wie Handelsbanken ohne ein Budgetsystem? Sich dabei nur auf das Rechnungswesen zu verlassen, dürfte wohl nicht ausreichen.

Das wichtigste Instrument für uns, um die Konsistenz im Unternehmen und aller Aktivitäten in der Organisation sicherzustellen, ist es, eine wohl definierte und gelebte Unternehmenskultur aufrecht zu erhalten, damit alle Mitarbeiter der Bank immer wissen, was letztlich die Ziele unserer Aktivitäten sind. Wir haben diese Unternehmenskultur in einer Broschüre mit dem Titel „Our Way" niedergeschrieben. Sie beschreibt unsere Unternehmensziele, von denen das Wichtigste ist, immer eine Eigenkapitalrendite zu erzielen, die über dem Durchschnitt der relevanten Vergleichsgruppe anderer Banken liegt. Bestandteil der Kultur ist auch die dezentrale Organisation. Dies beginnt bei den Account-Managern, die alle einer definierten Bankfiliale zugeordnet und die für die gesamte Geschäftsbeziehung mit dem Kunden zuständig sind. Der Filialmanager vor Ort ist für alle Marketingaktivitäten verantwortlich. Er kann diese so gestalten, wie er meint, dass es für seinen lokalen Markt und für die konkreten Kunden, die die Filiale hat, am besten ist. Wir ermitteln regelmäßig die Profitabilität unserer Kunden, die Produktprofitabilität kommt erst an zweiter Stelle. Unsere Produktmanager haben nicht das Recht, Vertriebsziele für die Filialen zu definieren. Es ist immer die Sache des lokalen Filialmanagers zu entscheiden, welche Produkte seine Kunden wirklich benötigen und welche er folglich anbietet.

Und welche sind die anderen Elemente des Handelsbanken Beyond Budgeting Management Modells?

Das zweite Element ist, wie wir Performance ermitteln und messen. Wir ermitteln die Performance der Profit Center der Bank immer relativ. Wir vergleichen die Ist-Werte und -Ergebnisse nicht mit einem Budget, einem fixen Plan oder einem absolutem Ziel. Wir vergleichen die Ist-Ergebnisse einer Einheit immer mit den Ist-Werten einer anderen vergleichbaren Einheit. Wir machen also jede Menge internes und externes Benchmarking im Rahmen unseres Performance Management Prozesses. Vor allem das interne Benchmarking spielt eine Schlüsselrolle im Hinblick auf das für uns so wichtige Filialnetzwerk.

Weshalb?

In unserer Bank ist das Filialnetzwerk wesentlich wichtiger als in vielen anderen Banken von vergleichbarer Größe. Dies hängt damit zusammen, dass wir uns in hohem Maße auf die Account-Verantwortung, die lokale Marktverantwortung, und die Profit Center-, also Ergebnis-Verantwortung des Filialleiters verlassen. Wir delegieren quasi das gesamte Ertragsmanagement der Bank an unsere Filialen. Sie sind letztlich für das Gesamtergebnis der Gruppe verantwortlich, das ja in Summe in ihren lokalen Märkten erwirtschaftet wird. Deshalb ist es für uns so wichtig, dass wir in der Lage sind, die einzelnen Filialen miteinander zu vergleichen. Leider stehen uns keine Daten zur Verfügung, die es uns erlauben würden, unsere Filialen mit denen anderer Banken zu vergleichen. Aber das externe Benchmarking spielt bei der Evaluierung der Performance der Zentralbereiche unserer Organisation eine wichtige Rolle, beispielsweise von internen Dienstleistern wie der zentralen Rechtsabteilung, deren Services wir mit denen von externen Rechtsanwälten vergleichen. Wir prüfen, ob die Rechtsabteilung in der Lage ist, ihre Kosten zu decken, in dem sie Marktpreise verrechnet. Das dritte Element unseres Management-Systems ist also, dass wir einen internen Markt für interne Dienstleistungen haben. Wenn wir beispielsweise zu entscheiden haben, wie viele Rechtsanwälte wir in unserer Konzernrechtsabteilung benötigen, ist die Antwort auf diese Frage: so viele Rechtsanwälte wie der Rest der Organisation nachfragt. Die Rechtsabteilung muss also ihre Dienstleistung zum Marktpreis oder niedriger an die verschiedenen Bereiche der Organisation verkaufen, die diese nachfragen. Das Ziel für die Rechtsabteilung ist dabei, ihre Kosten zu decken, indem sie die vereinbarten Preise verrechnet.

> „Unsere Produktmanager haben nicht das Recht, Vertriebsziele für die Filialen zu definieren."

Wie wird die Bank vom oberen Management geführt? Wie ist der entsprechende Managementprozess organisiert?

Die 25 Manager des engeren Führungskreises treffen sich einmal im Monat zu einem informellen Management-Review-Meeting. Davor erhält jeder der Teilnehmer eine Reihe von wichtigen Kennzahlen, die zeigen, wie sich das Geschäftsvolumen, Marktanteile etc. im letzten Monat entwickelt haben. Dann beginnt eine Diskussion, ohne feste Agenda. Die Absicht ist, im Rahmen dieser Diskussion gemeinsam herauszufinden, wie die aktuelle Situation der Bank ist und was an Gegenmaßnahmen erforderlich ist – beispielsweise um auf Marktveränderungen zu reagieren. Das Ergebnis wird anschließend an alle Filialmanager kommuniziert. Diese Empfehlungen des Managementteams und des CEOs soll die Aufmerksamkeit auf Dinge lenken, die ansonsten im Tagesgeschäft der Filialen übersehen werden, die aber aus der Gesamtbank-Perspektive wichtig sind. Aber die Filialleiter sind letztendlich immer noch für die Entscheidung verantwortlich, was davon in ihrem lokalen Markt wie umzusetzen ist. Nur wenn bestimmte Schlüsselkennzahlen der Filiale aus einer festgelegten Bandbreite herauslaufen, beginnt jemand beim Filialleiter nachzufragen, was dort los ist und ob er Unterstützung benötigt.

> „Managen ohne Budgets hat in unserer Bank von Beginn an funktioniert."

Wie misst und managt Handelsbanken die Performance auf den verschiedenen Ebenen der Bank?
Wie bereits gesagt, ist es unser Unternehmensziel, auch weiterhin eine Eigenkapitalquote zu haben, die über dem Durchschnittswert der relevanten Vergleichsgruppe anderer Banken liegt. Deshalb ist es das Ziel jeder unserer Regionen, wir nennen diese „Regionalbanken", zu versuchen, eine Eigenkapitalrendite zu erreichen, die über der anderer Regionalbanken liegt. Das bedeutet, dass wir den Regionalbanken und auch einigen der Shared Group Units, wie Handelsbanken Markets, Handelsbanken Asset Management und einigen der Subsidiaries wie Handelsbanken Finance, Kapital zuordnen. Wir ermitteln und messen dann deren Rendite auf das eingesetzte Kapital (Return on Capital Employed). Aber auf der Filialebene wird kein Kapital zugeordnet und wir ermitteln und messen auch keinen Return on Capital Employed. Stattdessen verrechnen wir den Filialen Kapitalkosten. Dann ermitteln wir ihre Erträge und Gesamtkosten, wobei die Kapitalkosten Teil dieser Gesamtkosten

sind. Die wichtigste Schlüsselkennzahl auf Filialebene ist deshalb die Kosten-Ertrags-Relation (Cost-to-Income Ratio). Wir kennen von allen unserer 560 Filialen die Cost-to-Income Ratio, von jeder einzelnen. So vergleichen wir unsere Filialen miteinander. Wenn eine Filiale eine deutlich höhere Cost-to-Income Ratio aufweist als andere vergleichbare Filialen, dann sagt sich die zuständige regionale Bankzentrale, dass diese Filiale nicht ausreichend „performt". Dann muss sich der verantwortliche Regionalbankmanager fragen: was ist daran falsch, wie dieser Filialmanager sein Geschäft führt? Können wir den Filialmanager irgendwie unterstützen, so dass er bessere Ergebnisse erzielen kann? Oder, als ultimative Frage, müssen wir den Filialmanager austauschen? So messen und managen wir unsere Performance. Jeden Monat vergleichen wir die Performance eines Filialmanagers mit der Performance anderer Filialmanager – aber selbstverständlich nicht mit einem Budget.

Was ist die größte Herausforderung für ein Unternehmen, das bislang mit Budgets geführt wurde und nun zu einem Managementsystem „Beyond Budgeting" wechseln möchte, so wie das Handelsbanken getan hat?
Managen ohne Budgets hat in unserer Bank von Beginn an funktioniert. Wir haben das Budget nicht einmal im ersten Jahr vermisst, weil die neue Art der Performancemessung und des Benchmarkings so viel besser war im Vergleich zu dem, wie wir vorher gearbeitet haben. Ich glaube, dass es im Allgemeinen nicht besonders schwierig ist, das Budget abzuschaffen. Sie müssen nur die Entscheidung wagen. Es gibt aber eine größere Herausforderung dabei. Und die besteht darin, dass Sie sich auf Leute verlassen müssen, wenn sie eine dezentrale Organisation erfolgreich führen wollen. Das wirklich Schwierige ist, eine Organisation tatsächlich zu dezentralisieren und „los zu lassen" und sich selbst – als Top-Management – zu sagen: wenn wir gute Leute

dort draußen haben und sie wissen, welches die Unternehmensziele sind und sie über die Werkzeuge für eine gute Geschäftsführung verfügen, und sie auch wissen, dass wir ihre Performance auf realistische Weise messen, nämlich indem wir diese mit anderen vergleichbaren Einheiten vergleichen, dann werden sie einen guten Job machen. Und wenn sie dann eine solche dezentrale, von Selbstverantwortung geprägte Profit Center Organisation haben, dann benötigen sie sicherlich kein Budget mehr. Die größte Herausforderung beim Übergangsprozess ist, auf einer Vertrauensbasis im Unternehmen arbeiten zu können. Und die Leute müssen wissen, welches die Unternehmensziele sind und was zu tun ist.

Herr Francke, vielen Dank für dieses sehr interessante Interview.
Das Interview führte Jürgen H. Daum.

Beim vorliegenden Interview handelt es sich um einen Auszug aus dem Interview mit Lennart Francke aus dem im Herbst 2003 erscheinenden Buch von Jürgen H. Daum „Beyond Budgeting – steuern ohne Budgets: Wie Top Manager und Controller Unternehmen produktiver machen", Wiley-VCH-Verlag,
ISBN 3 527500 715.

BEYOND BUDGETING?

Collaborative Intelligence: Absicherung von „Beyond Budgeting" durch Wissensnutzung in verteilten Geschäftsprozessen

Martin Grothe

■ Zielsetzung

Ein Kernanliegen der Beyond Budgeting-Vorhaben ist die (Rück-)Gewinnung von Flexibilität und Adaptionsfähigkeit der unternehmerischen Entwicklung. So manifestieren die meisten Planungs-, Budgetierungs- und Hochrechnungsprozesse gleich auf zweifache Weise eine Steuerung bestenfalls durch den Rückspiegel:

- Zum einen beschreiben die üblichen Finanzkennzahlen grundsätzlich nicht die ursächlichen Faktoren, sondern die bewerteten Folgen von Entwicklungen. Sie sind damit klassische Spätindikatoren und zudem ohne direkten Bezug zu häufig qualitativen und immateriellen Inputfaktoren.
- Zum anderen zwingt die regelmäßige Referenzierung auf verabschiedete Budgetrahmen zu einer rückwärtsgerichteten Betrachtung, in der – insbesondere aus schlichten Zeitgründen – neue Erkenntnisse nicht entsprechend geprüft werden können.

In Kombination bewirken diese zwei Spezialisierungen eine sehr weitgehende Eingrenzung der in den Führungsprozessen aufgenommenen Information. Dieser „Perzeptionsfilter" kann auch durch nachgelagerte Analysen und Prognosen nur sehr begrenzt geheilt werden. Gleichwohl stellt ein Großteil der praktizierten Bemühungen den Versuch dar, mittels Bewertungs- und Analyseanstrengungen die ursächlichen Schwächen auszugleichen.

Dieser Zusammenhang lässt sich unmittelbar durch das handlungsorientierte Führungsmodell (vgl. Bach et al. 2002) verdeutlichen: Dort werden individuelle wie auch kollektive Akteure mittels Antizipationsfähigkeit und Durchführungsfähigkeit beschrieben. Die hier relevante Antizipationsfähigkeit lässt mit ihren Bestandteilen der Perzeption, Prognose und Bewertung eine dysfunktional fortgeschrittene Spezialisierung erkennen.

In dieser Begrifflichkeit gilt es, die übermäßig formalisierte Bewertungsfähigkeit zugunsten einer wieder weitergehenden Öffnung der Wahrnehmungsfähigkeit zu reduzieren. Gleichermaßen, aber dies findet sich erst bei wenigen Vorreitern, bietet auch die Prognose Potenziale zur Entlastung des starren Analysegerüsts: Prognose wird in diesen Fällen nicht verstanden im Sinne einer aktualisierenden Hochrechnung bis zum Jahresende, sondern als risikoloses Experimentieren mit strategischen Optionen etwa mittels Simulationen und in War-Gaming-Umgebungen.

● Der Verzicht auf weitgehende zentrale Koordinationsroutinen erfordert Maßnahmen zur verteilten Informations- und Entscheidungsunterstützung.
● Als Zielsetzung muss das relevante Wissen in den Geschäftsprozessen mobilisiert werden. Dieser Ansatz kann vielen stockenden Wissensmanagement-Initiativen eine neue Perspektive geben.
● Erfolgsfaktor ist der integrierte Einsatz interaktiver Medien und der Aufbau einer zusammenarbeitenden Community.
● Die einzelnen Bausteine hierzu werden unter dem Begriff Collaborative Intelligence zusammengefasst: Durch Beyond Budgeting wird Collaborative Intelligence immer wichtiger.

Im Allgemeinen muss eine Rückführung der starren Budgetierungsspezialisierung einhergehen mit der Verbreiterung der Perzeptionsfähigkeit des Unternehmens bzw. dessen Entscheidungsprozessen. Genau dieser abstrakten Implikation wird durch die praxisgerichtete Forderung nach einer begleitenden Schaffung offener und transparenter Informationssysteme und -plattformen entsprochen (vgl. beispielsweise Daum 2002).

Dieser fundamentale Aspekt wird mit dem vorliegenden Beitrag unterstrichen: die Eckpfeiler einer solchen Plattform werden als integrierte Konzeption vorge-

Prof. Dr. Martin Grothe,
Institute of Electronic Business e.V.,
An-Institut der Universität der
Künste, Berlin,
E-Mail: grothe@ieb.net oder
martingrothe@aol.com

stellt, die im hohen Maße das verfügbare Wissen transparent abbildet und im Entwicklungspfad zu neuer analytischer Wertschöpfung führt. Es zeigt sich, dass diese Bausteine grundsätzlich im Kern bereits angelegt sind – der Erfolgsfaktor liegt jedoch in der zielgerichteten Verzahnung. Die Zusammenführung der vorgestellten Bausteine führt zum Begriff Collaborative Intelligence, der mit diesem Beitrag zur Diskussion gestellt werden soll.

Aufbau

An den Ausgangspunkt sei die explizite Wissenslandkarte des Unternehmens gestellt. Idealtypischerweise ergibt sich ein direkter Ableitungsbezug aus der Balanced Scorecard: So sollten doch die Wissensbereiche zumindest auf der höchsten Ebene strategierelevant sein und somit im Kontext der BSC eine Verankerung finden.

Aus der Wissenslandkarte leiten sich Profile (Verschlagwortungen und Indexierungen) relevanter Entitäten ab. Aus der Aggregation und gegebenenfalls Gewichtung der einzelnen Profile entsteht das Wissensgebirge des Unternehmens. Diese topographischen Strukturen wiederum lassen sich mit geeigneten Kennzahlen im Ist und Soll beschreiben, um – nicht zuletzt im Sinne fortlaufender Transparenz – die Wissensperspektive der BSC fundiert abzubilden und in ihrer Dynamik zu fassen.

Es ist dies der strukturierende Rahmen, der für die Entwicklung und Beschreibung collaborativer Funktionen notwendig erscheint.

Balanced Scorecard

Die Balanced Scorecard mit ihrem Potenzial, strategische Prozesse durchgängig zu fassen, kann als akzeptierter Grundrahmen der angestrebten Plattform aufgenommen werden. Das Konzept wird hier als bekannt vorausgesetzt.

Der Bezug zu Collaborative Intelligence speist sich aus zwei Quellen:
- Zum einen werden die Kernprozesse des Unternehmens abgebildet.
- Zum anderen bildet die Lern-/Entwicklungs-Perspektive den Verankerungspunkt wissensbezogener Ansätze.

Somit lässt sich insbesondere auch diese häufig vernachlässigte Perspektive in dieser Konzeption auf einem adäquaten Niveau beschreiben.

In den Ablaufprozessen dienen Zielvereinbarungen der dezentralen Festigung der Systematik: Erst die konsequente Integration in die Führungsabläufe sichert nachhaltigen Erfolg. Neben diesem strukturbezogenem Prozess kommt ereignisbezogenen Abläufen eine große Bedeutung zu, wenn hohe Flexibilität erreicht werden soll:
- Insbesondere die Anforderungen an ein adaptives Reporting und
- eine systematische Früherkennung (vgl. Grothe/Gentsch 2000) lassen sich auf Basis der abgeleiteten Wissenslandkarten und Profile verwirklichen.

Wissenslandkarten

In der Erstellung einer Wissenslandkarte (Knowledge Map) müssen sich in komplexen Unternehmen zentrale Übersicht und

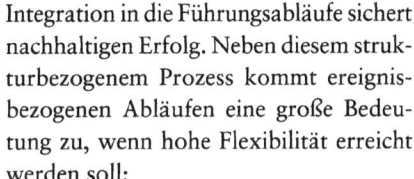

Abbildung 1: Balanced Scorecard als Basis- und Rahmeninstrumente

dezentrale Kompetenz verbinden. Erst diese Integration zu einer konsistenten Struktur erreicht eine tragfähige Basis für die zu unterstützenden Prozesse und Aufgaben.

Es kann festgestellt werden, dass in vielen Unternehmen bereits wesentliche Strukturierungen einer solchen Taxonomie vorhanden sind und gepflegt werden. Häufig steht die Zusammenführung in eine durchgängige und akzeptierte Form noch aus.

Wertvolle Instrumente und Methoden werden hier durch Topic Maps, Hyperbolic Trees und Semantic Webs bereitgestellt. In der aktuellen Diskussion werden zunehmend auch motivorientierte Verdichtungen (Stichwort „Lebenslagen") aufgenommen.

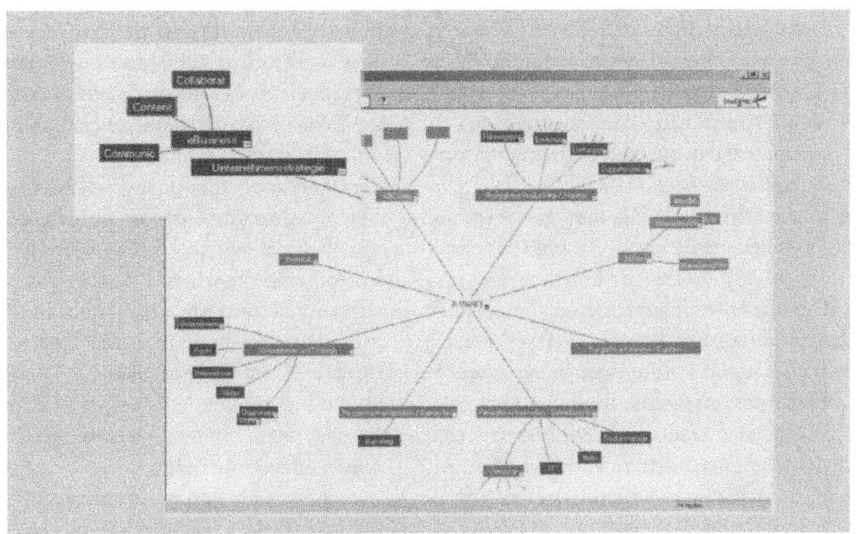

Abbildung 2: Wissenslandkarte - Hyperbolic Tree.

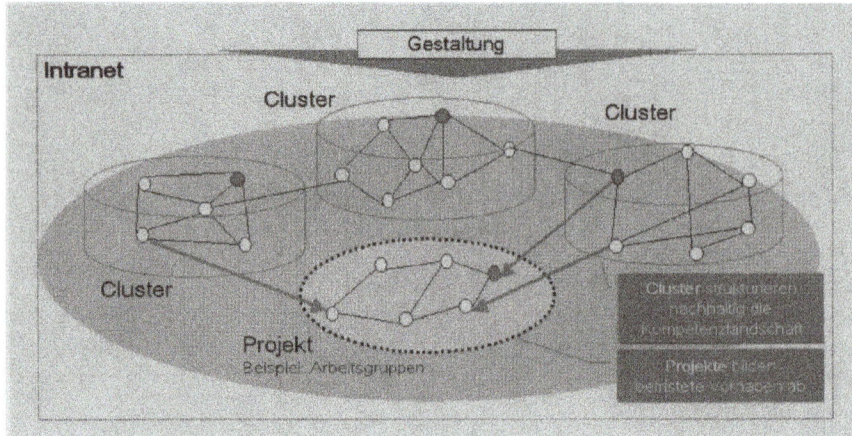

Abbildung 3: Wissensorganisation: Cluster und Projekte.

Durch die Taxonomie werden zudem Begriffe vereinheitlicht und Sprachwelten zusammengeführt: Es zeigt sich, dass dies gleichwohl Anforderungen sind, die bereits im Bereich Data Warehousing zu Schwierigkeiten geführt haben. Im Umfeld der abstrakten Taxonomie können diese Sachverhalte jedoch losgelöst vom technischen Unterbau behandelt und gelöst werden.

Ein sehr anwenderorientierter Ansatz in der Entwicklung von Wissenslandkarten liegt in dem Anspruch, die in der Regel voneinander getrennten strukturierten (Datenbanken, Listen) und unstrukturierten (Texte, Grafiken) Informationsbereiche durch eine einheitliche Taxonomie zusammen zu führen:

- Mit einem solchen Aufbau erschließen sich dem Anwender auf einen Blick sämtliche verfügbaren Inhalte (Content);
- Im konsequenten Ausbau werden zusätzlich die relevanten Ansprechpartner (Communication) sowie
- die aktuellen Diskussionsforen und Arbeitsbereiche (Collaboration) zu den gewählten Themen überblickbar.

Um diese Durchgängigkeit des Zugriffs zu unterstützen, kann es sinnvoll sein, das von Business Intelligence-Werkzeugen bekannte Prinzip der multidimensionalen Modellierung auch in der Strukturierung der Wissenslandkarte zu verwenden. Abbildung 2 zeigt als Prinzipdarstellung die entsprechende Verwendung eines Hyperbolic Trees. Es zeigt sich, dass diese Multidimensionalität die Modellierungskomplexität deutlich verringern kann. In einem ersten Ansatz bieten sich sogar die Perspektiven der Balanced Scorecard als Modelldimensionen an.

Folglich entsteht mit der Wissenslandkarte eine Projektion der Unternehmenswelt, der eine von den bestehenden Wissensressourcen eigenständige Existenz zukommt.

Profile

Aus dem Bestand der Taxonomiebegriffe können Profile für die vorhandenen und relevanten Wissensträger unterschiedlichen Typs aufgebaut werden. Das Vorhaben einer solchen Profilbildung ist für individuelle Anwender ein äußerst sensibles Unterfangen, das in der organisationalen Verankerung jedoch über zahlreiche Varianten verfügt und in den allermeisten Fällen trotz anfänglicher Widerstände zu einem Ergebnis geführt werden kann.

Im Grunde wird hier das Prinzip der Verschlagwortung aufgenommen. In einer Vielzahl jedoch sehr kurz greifender Umsetzungsversuche wird lediglich das explizite Wissen aufgenommen. Das implizite Wissen bleibt in diesen Fällen verborgen. Der nachgeschobene Versuch, wichtige Experten zur expliziten Formulierung ihres Inputs zu bewegen, findet naturgemäß enge Grenzen.

Aus diesem Erkennen erschließt sich die zweitbeste Lösung, nämlich die Aufnahme dieser Wissensträger durch referenzielle Steckbriefe und Profile. Dieses Prinzip lässt sich im gleichen Ansatz auf interne oder externe Experten, aber auch auf vorhandene Applikationen und Datenbasen anwenden.

Die Menge dieser Profile ist für die Zusammenarbeit im Netzwerk von grundlegender Bedeutung.

Netzwerk

Der hohen Reagibilität des betrieblichen Bereiches wird durch eine mehrschichtige Verzahnung entsprochen: Die wichtigste Vermaschung beruht auf der Abgrenzung von im Zeitablauf relativ stabilen Themenclustern (Taxonomiebegriffen, Wissensbereiche) und der Formulierung entsprechender Organisationsaspekte. So lassen sich zum Beispiel Rollen für Themenverantwortliche festlegen. Weiterhin entsteht aus der Verbindung der abstrakten Wissenslandkarte mit den bestehenden Wissensträgern eine präzise, profilbasierte Abbildung der Kompetenzverteilung im Unternehmen.

Folglich wird durch die Wissenslandkarte und das Organisationskonzept die Umgebung für eine themenbezogenen Zusammenarbeit strukturiert und mit den handelnden Personen und Aufgabenträgern verbunden.

In der Analyse dieser Zusammenhänge und Relationen können vielfach erst Data Mining- und Text Mining-Methoden hinreichende Klarheit schaffen. Weiterhin können diese Strukturen durch entsprechende Maßzahlen Eingang in die Balanced Scorecard des Unternehmens finden. Damit scheint ein Weg skizzierbar, der auch die „weichen", wissensbasierten Felder einer entscheidungsunterstützenden Aufnahme in dieses Steuerungsinstrumentarium zuführt. Es muss hierbei vergegenwärtigt werden, dass auch die Abbildung der finanziellen Sphäre erst mittels teilweise komplizierter Vorstufen, Zuordnungen und Kalkulationen umgesetzt wird.

Ablauf

Die Ablaufaspekte einer Collaborative Intelligence-Umgebung werden wesentlich durch die Potenziale interaktiver Medien

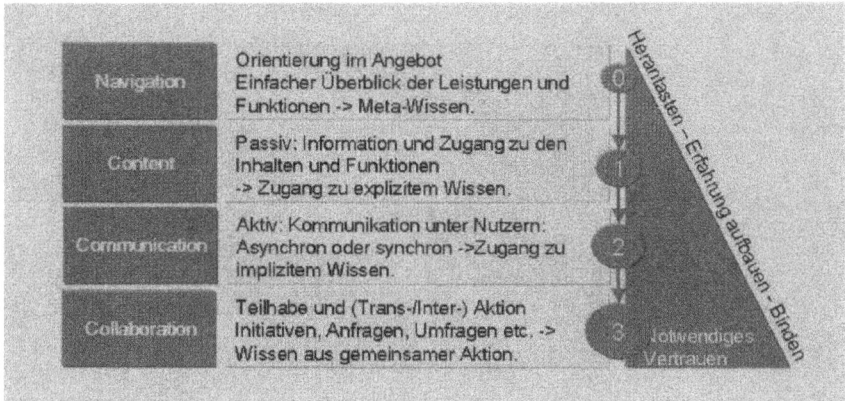

Abbildung 4: Funktionsfolge zur Schaffung hoher Nutzerbindung.

und Technologien als Rahmenbegrenzungen bestimmt. Gleichwohl ist der Entdeckungsprozess in der konzeptionellen Ausgestaltung dieses Rahmens noch an seinem Anfang.

In den ersten Schritten werden die gewohnten Abläufe in das neue Medium übertragen, wodurch kaum jemals eine signifikante Verbesserung erzielt werden kann. Erst die Entwicklung und Nutzung tragender Interaktionsformen kann dieses Potenzial überhaupt rechtfertigen. Es sind insbesondere die Felder der Interaktion, Community Building und Collaboration, die eine zusätzliche Wertschöpfung erreichen.

Funktionen interaktiver Medien

Ein hohes Maß an Transparenz über die Wissensprozesse wird insbesondere über interaktive Medien erreicht. So kann das betriebliche Intranet zu einer Kommunikations- und Arbeitsplattform entwickelt werden, die in ihren Strukturen und Inhalten zum einen die Nutzung des vorhandenen Wissens fördert, zum anderen aber gerade einen steuerungsrelevanten Überblick ermöglicht.

Wesentliche Voraussetzung ist ein möglichst hohes Akzeptanz- und Nutzungsniveau der bereitzustellenden Plattformen: Hier aber zeigt sich in der bisherigen Praxis nun eine sehr weitgehende Enttäuschung der ursprünglichen Erwartungen bezüglich einer selbsttragenden Aufnahme dieser neuen Arbeitsmedien.

Die wesentliche Ursache liegt in den allermeisten Fällen in einem dominierenden Fokus auf technisch begründeten Handlungsmöglichkeiten und einer gleichzeitigen Vernachlässigung der gerichteten Veränderung der Handlungsgewohnheiten der potenziellen Anwender.

Dazu kommt in der Regel noch eine große konzeptionelle Lücke in bezug auf die Ausnutzung der interaktiven Möglichkeiten der neuen Werkzeuge: Viele eingesetzte Plattformen fokussieren auf die Bereitstellung von Inhalten und erreichen keine umfassende Unterstützung der Geschäftsprozesse. Grundsätzlich kann jedoch durch eine gezielte Abstimmung der zentralen Funktionsbereiche interaktiver Lösungen eine zunehmende Anwenderbindung und -unterstützung entwickelt werden.

Wenn als Ziel definiert wird, die aufgabenbezogene Zusammenarbeit im Unternehmen zu fördern, dann ist die Schaffung von Transparenz notwendige Voraussetzung. Hierzu sind Wissenslandkarten und entsprechende Navigationsformen geeignete Instrumente.

Wertschöpfung wird aber erst durch eine aktivere Vernetzung erreicht. Dies gilt unabhängig vom Interaktions- oder Kommunikationsmedium. Wenn unpersönliche Plattformen eingesetzt werden, dann kann gleichwohl über eine funktionsgeleitete Führung der Anwender schrittweise das notwendige Vertrauen und die angestrebte Bindung aufgebaut werden. Abbildung 4 zeigt im Überblick eine solche Funktionsfolge. (Der Zugang zu diesen Funktionsbereichen kann auch bereits in der Wissenslandkarte angelegt sein.)

Um möglichst wenig Nutzer in dem Prozess der Collaboration zu verlieren, muss die Anwendung ein schrittweises „Herantasten" erlauben. Es ist dies aber auch ein Pfad, der den interessierten Gast-Nutzer schrittweise mit den Funktionalitäten vertraut macht und so in einen stetigen Anwender entwickelt. Vor diesem Hintergrund gilt es, die Verankerung solcher Collaborations-Funktionen in den Geschäftsprozessen zu erreichen.

Prozessunterstützung

Selten ist ein betriebswirtschaftlicher Impuls so unsanft auf den Boden der Tatsachen zurückgeholt worden, wie dies mit erwartungsvoll gestarteten Offensiven zur Verbesserung des Umgangs mit Wissen geschehen ist. Zugkräftige Verheißungen fanden die technisch notwendige Untermauerung, häufig aber keine Verbindung zu den tatsächlichen Arbeitsprozessen und den vorherrschenden Arbeitskulturen.

Die hier skizzierte Fortentwicklung fokussiert nicht auf Anreizsysteme, sondern stellt die eigentliche Bestimmung jeden Einsatzfaktors in den Mittelpunkt. So wird postuliert, dass ein hohes Maß an direkter und indirekter wirtschaftlicher Verbesserung realisiert werden kann, indem der Nutzungsgrad verfügbarer Informationen, Wissensressourcen und Kompetenzen (auf eine genaue Abgrenzung sei hier verzichtet) in den einzelnen Geschäftsprozessen gesteigert wird. Hierzu gilt es zunächst, den Blick zu öffnen.

Sehr schnell entsteht auch in diesem Aspekt wiederum eine perzeptive Begrenzung: So werden Vorhaben, möglichst umfassende Wissenslandkarten und Taxonomien für Prozesse zu entwerfen, stets unvollständig sein. Die Erwartung, sämtliche handlungsrelevante Themen aufführen zu können, ist allenfalls temporär erfüllbar.

Damit gewinnt die wissensbezogene Abbildung und Unterstützung jedoch gleichzeitig ihr Dynamikpotenzial: Es gilt, eine „Umgebung" zu implementie-

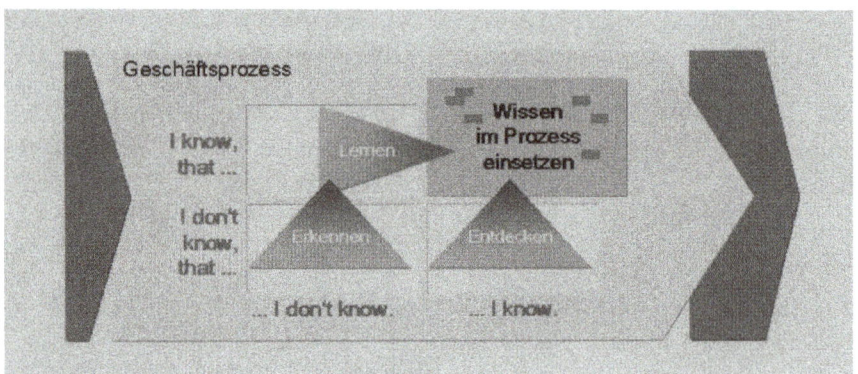

Abbildung 5: Wissen im Geschäftsprozess.

ren, in der nicht nur das bekannte Wissen aufgenommen wird, sondern ebenso noch unbekannte oder als bisher irrelevant erachtete Bereiche erkannt oder entdeckt werden können.

So erschließen die zum Teil erheblichen Anstrengungen, individuelle und kollektive Lernprozesse zu forcieren (gerade auch unter dem Begriff eLearning!), nur bereits bekannte Wissensbereiche. Oft steht die Wissensverbreitung, nicht jedoch die Wissensverbreiterung im Vordergrund. Nicht zuletzt deshalb, wird in vielen Unternehmen noch deutlicher Handlungsbedarf an dieser Stelle wahrgenommen. Abbildung 5 strukturiert die relevanten Ansatzpunkte zur Verbesserung der Wissensnutzung.

Die Gestaltung der notwendigen Prozesse des Erkennens und des Entdeckens relevanter Wissens- und Kompetenzbereiche steht im Wechselspiel zwischen individueller und gruppenspezifischer Ebene. Werden unter dieser Aufgabenstellung aufgebaute Umgebungen – Systeme und organisationale Prozeduren – untersucht, dann offenbart sich in der Regel eine konzeptionelle Lücke. Es gilt, sämtliche Ansatzpunkte funktional zu unterstützen, die geeignet sind, die bestmögliche Wissensbasis in die Wertschöpfungsprozesse einzubringen.

Wertschöpfung

Wenn erkannt wird, dass auf Wertschöpfung verzichtet wird, sobald in dynamischen Wettbewerbsfeldern mit starren Prozeduren und vergangenheitsbetonten Richtgrößen gesteuert wird, dann müssen Wege aufgezeigt werden, wie in eher „loser Kopplung" mehr Wertschöpfung erreicht werden kann.

Hierbei zeigt sich eine Eigenschaft komplexer Systeme, dass diese den größten Informationsgehalt tatsächlich nicht durch generelle Regelungen, sondern durch die weitgehend lokale Organisation dieser Komplexität erreichen. Im diskutierten Zusammenhang schlägt sich der Informationsgehalt unmittelbar in das generierte Wissen im Arbeitsprozess oder – auf höherer Ebene – auf die formulierbaren Strategien im Wettbewerb nieder. Abbildung 6 zeigt diese verschiedenen Zustandsklassen komplexer Systeme: Weder Chaos noch Stasis vermögen deutlich informationstragende Ereignisse hervorzubringen.

Es ist genau diese Gestaltungsaufgabe, die auf die Schließung der vielerorts bestehenden konzeptionellen Lücke abzielt.

So liegt der Hebel zur Wertschöpfung in dem Vermögen, einen zielgerichteten Wissensfluss nachhaltig herbeizuführen. Ansatzpunkte hierzu sind neben allgemeinen Konzepten zum „Community Building" insbesondere die inhaltliche Vernetzung, die Personalisierung beispielsweise von Informationsdiensten sowie die Schaffung von individuellen Wechselkosten. Der zentrale Ansatz aber liegt in der – individuell wie kollektiv – nutzenstiftenden Unterstützung der Geschäftsprozesse.

Fazit und Ausblick: Collaborative Intelligence

Mit kaum einem anderen Begriff lässt sich die bestehende Unzufriedenheit, Unsicherheit und in Teilen auch Orientierungslosigkeit besser fassen, als mit dem Terminus „Beyond Budgeting". Veränderung ist nötig – ob Wandel oder Wechsel sei dahingestellt – die neue Qualität aber erst in ihren angestrebten Wirkungen, kaum jedoch in ihren Strukturen und Abläufen formuliert. Sogar eine eigenständige Bezeichnung steht noch aus.

All diesen Überlegungen gemein ist das Postulat einer agilen Organisation, eine bessere Nutzung von Informationsressourcen und -technologien. Die weitere Veredelung solcher Inputs, etwa in rollierenden Forecasts, Frühwarnsystematiken, KPIs und Balanced Scorecards, aber auch in Simulationsmodellen und War-Gaming-Funktionen sucht erst noch ihre konkrete Form.

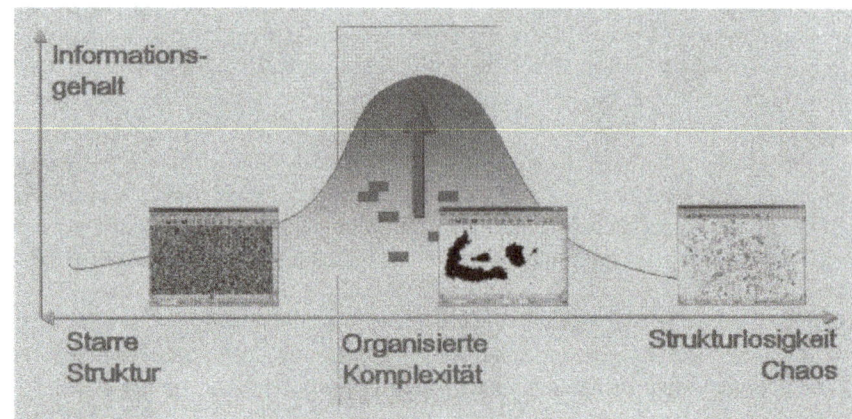

Abbildung 6: Informationsgehalt und organisierte Komplexität.

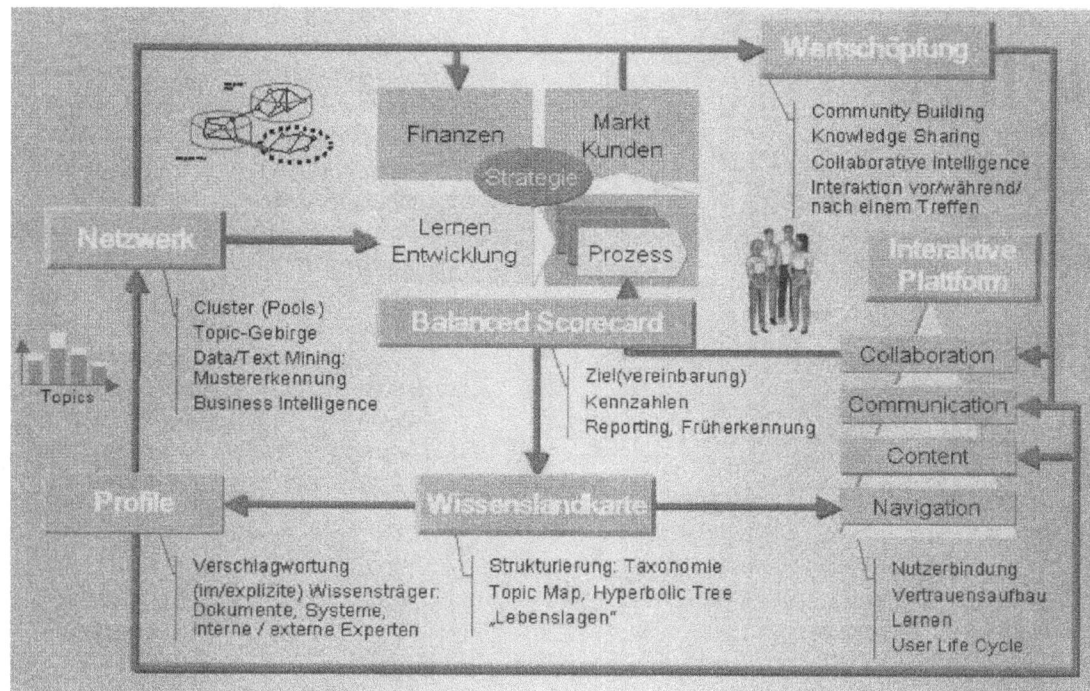

Abbildung 7: Collaborative Intelligence Framework.

Der vorliegende Beitrag konzentriert sich auf den Aspekt der nachhaltigen Einbringung des Wissenspotenzials in diesen agilen Entwicklungsprozess. Es werden dabei Bausteine skizziert, die gleichsam das inzwischen „verbrannte" Thema Wissensmanagement eben durch die Heranführung an die Geschäftsprozesse neu beleben. Es wird dargestellt, wie die bestehende konzeptionelle Lücke geschlossen werden kann.

Es ist offensichtlich, dass eine Einführung dieser verbundenen Bausteine im Unternehmen nicht hinreichend ist, um die finanzielle Steuerung angemessener abzubilden. Gleichwohl ist sie notwendig.

Auf Basis dieser Konzeption wird für das Unternehmen ein wichtiges Potenzial sehr konsistent erschlossen, dass hier mit dem Begriff „Collaborative Intelligence" bezeichnet werden soll. In diesem Terminus verbindet sich das Auffinden und die Generierung von relevantem Wissen mit wertschöpfender Zusammenarbeit.

In der Abgrenzung wird ersichtlich, dass sich das mittlerweile eingeführte Aufgabenfeld Business Intelligence stark werkzeuggerichtet entwickelt hat: im Vordergrund steht der „analytische Prozess, der – fragmentierte – Unternehmens- und Wettbewerbsdaten in handlungsgerichtetes Wissen transformiert." (Grothe/Gentsch 2000, S. 19)

Collaborative Intelligence ergänzt diese Ausrichtung um den Aspekt der (verteilten) Zusammenarbeit. Dadurch erhält die Bindung von Aufmerksamkeit, die Bereitschaft zur Zusammenarbeit und die Gestaltung gemeinsamer Modelle und Taxonomien zusätzliches Gewicht. Wesentlich für den Erfolg ist der Einsatz interaktiver Medien und deren Verzahnung mit klassischen Formen und Funktionen der Zusammenarbeit.

Als vorlaufende deutsche Quellen oder Quellen deutschen Ursprungs kann hier (nur) eine Ausführung der SAP AG erwähnt werden, die in einer Erläuterung zum Strategic Enterprise Management® den Begriff ergebnisbezogen untermauert:" [...] collaborative intelligence that helps managers understand each other's business issues. The aim is to create an environment that encourages more efficient management meetings and boosts team performance via effective communication." (Norton/SAP 1999, S. 31)

Wenn also die als „Beyond Budgeting" verstandene Entwicklung zur Überwindung einer starren Budgetierung auf weite Teile des gewohnten Orientierungsrahmens betriebswirtschaftlicher Koordination verzichtet, dann erfordert die angestrebte höhere Flexibilität in der Konsequenz eine unmittelbarere Analyse der zumeist verteilten Leistungsprozesse. In dieser Aufgabe leistet die Schaffung hoher Transparenz insbesondere in der Entwicklungsperspektive aus der Sichtweise der Balanced Scorecard wertvolle Erkenntnisse. In der Abfolge methodischer Schwerpunkte impliziert dies – nach erfolgreicher Bearbeitung der Finanzdomäne – die Zuwendung zum nächstfolgenden Engpass.

Im Rückblick kann konstatiert werden, dass erste Projekte zum Wissensmanagement in nahezu allen Unternehmen mit großen Erwartungen gestartet worden waren. Auslöser war vielfach das Potenzial neuer Kommunikations- und Plattformtechnologien. In der aktuellen Situation erkennen viele Unternehmen, dass eine solche – rein technische – Lösung nicht hinreichend ist. Statt sich jedoch in diffizilen Anreizsystemen zum Wissensteilen zu verlieren, wird hier als Ausweg aus dieser Situation eine Verzahnung der Ansätze mit den Geschäftsprozessen (Collaboration) nahe gelegt.

Ein Verständnis von Wissen als Einsatzfaktor definiert dann dessen bestmögliche Nutzung als Maxime. Wie jedoch für die anderen Einsatzfaktoren auch, bedarf die Erschließung dieses Potenzials einer Reihe von ineinandergreifenden Strukturen und Bausteinen. Ein solcher Rahmen wurde hier skizziert und in Abbildung 7 nochmals im Zusammenhang dargestellt. Es bleibt herauszustellen, dass im wesentlichen eine konzeptionelle (und keine investive oder technische) Lücke vorliegt. Folglich aber kann mit wenig Aufwand das vorhandene Wissen sehr viel besser genutzt werden, um Führungsaufgaben zu unterstützen.

Diese Absicherung durch eine breite Wissens- und Kommunikationsbasis erlaubt dann erst den Verzicht auf überholte zentrale Koordinationsinstrumente und -prozesse.

Literatur

BACH, S./BILGERI, A./BRETTEL, M./GROTHE, M./LANGER, C./MILLER, A./SCHÄFFER, U./WEBER, J.: Grundmodell einer dynamischen Theorie ökonomischer Akteure, WHU Forschungspapier 2002.

DAUM, J. H.: Beyond Budgeting – A Model for Performance Management and Controlling in the 21st Century?, Controlling & Finance, Juli 2002.

GROTHE, M./GENTSCH, P.: Business Intelligence – Aus Informationen Wettbewerbsvorteile gewinnen. Addison-Wesley: München 2000.

NORTON, D./SAP AG: Strategic Enterprise Management – Translating Strategy into Action, Walldorf 1999.

Beyond Budgeting – ein neuer Management Hype?

Utz Schäffer / Michael Zyder

■ Einführung

Die Budgetierung ist eines der zentralen Führungsinstrumente und wird vielfach auch als „Rückgrat der Unternehmenssteuerung" charakterisiert. Dennoch – oder gerade deshalb – sieht sie sich regelmäßig aufkommender Kritik und Unzufriedenheit ausgesetzt. So urteilt z. B. *Jensen*: „Corporate budgeting is a joke, and everyone knows it. It consumes a huge amount of executives' time, forcing them into endless rounds of dull meetings and tense negotiations. It encourages managers to lie and cheat, lowballing targets and inflating results, and it penalizes them for telling the truth"[1], und *Argyris* schreibt fast fünfzig Jahre vorher: „[Budgets are, US/MZ] symbols of something which may arouse fear, resentment, hostility, and aggression on the part of the employees toward the company and which may lead to decreased production."[2] Im Einzelnen wird kritisiert, dass die Budgetierung

- zu zeitaufwendig und ressourcenintensiv sowie
- starr und träge ist und
- nicht (schnell genug) auf veränderte Rahmenbedingungen reagiert,
- unzulänglich mit der Strategie verknüpft wird,
- nicht-monetäre Größen wie z. B. Kunden- oder Mitarbeiterzufriedenheit vernachlässigt,
- einseitig periodenbezogenes Denken fördert und keine Anreize für kontinuierliche Verbesserungsprozesse setzt,
- den Blick auf interne Vorgaben und nicht auf externe Märkte lenkt,
- Eigeninitiative hemmt und
- dysfunktionales Verhalten (z. B. in Form von Budget-„Spielen") fördert.[3]

Über die Jahre wurden zwar einige neue Budgetierungskonzepte wie Zero-Base Budgeting, Activity-Based Budgeting oder Planning-Programming-Budgeting-Systems entwickelt, im Ergebnis konnten diese die Unzufriedenheit der Praxis mit der Budgetierung aber nicht nachhaltig beseitigen. Im Gegenteil: in jüngster Zeit rückt die Kritik an der Budgetierung erneut in den Vordergrund.

■ Das Konzept

Auslöser der jüngsten Diskussion sind die Publikationen von *Peter Bunce, Jeremy Hope* und *Robin Fraser*, die darauf zielen, die traditionelle Budgetierung durch ein flexibles und dezentrale Initiative förderndes Planungs- und Steuerungsinstrumentarium zu ersetzen. Auf der Basis einer ganzen Reihe von Fallstudien und ihrer Arbeit im Rahmen des Beyond Budgeting Round Table (BBRT) wurden insgesamt 12 „Prinzipien" (vgl. Abbildung 1) identifiziert: sechs Prinzipien, die die Unternehmenskultur und den organisatorischen Rahmen betreffen, und sechs weitere Prinzipien, die sich auf den Planungs- und Steuerungsprozess selbst beziehen.

Im Einzelnen werden mit Bezug auf den Prozess die folgenden Punkte genannt:[4]

- *Relativ* zum internen oder externen Wettbewerb *formulierte Ziele* sollen selbstadjustierend sein und leistungssteigernd wirken.
- *Antizipative Führungssysteme inkl. rollierender Forecasts* sollen ständige Anpassungen von Strategie- und

> ● Die Rhetorik der Publikationen zu „Beyond Budgeting" wird den Anforderungen an ein (erfolgreiches) Produkt der „Management Theory Industry" weitgehend gerecht.
> ● Der Ansatz ist an eine Reihe (impliziter) Prämissen gebunden, die bei weitem nicht von jedem Unternehmen erfüllt werden.
> ● Wer „Beyond Budgeting" nur als Instrumenten- oder Controllerthema versteht, geht fehl. Vielmehr handelt es sich um einen umfassenden Managementansatz.
> ● Wenn das eigentliche Problem in den Köpfen steckt, greifen pragmatische Alternativen wie „Better Budgeting" zu kurz.

Prof. Dr. Utz Schäffer, Inhaber des Lehrstuhls für Betriebswirtschaftslehre, insbesondere Controlling, an der EUROPEAN BUSINESS SCHOOL, Schloß Reichartshausen, D-65375 Oestrich-Winkel. E-Mail: utz.schaeffer@ebs.de

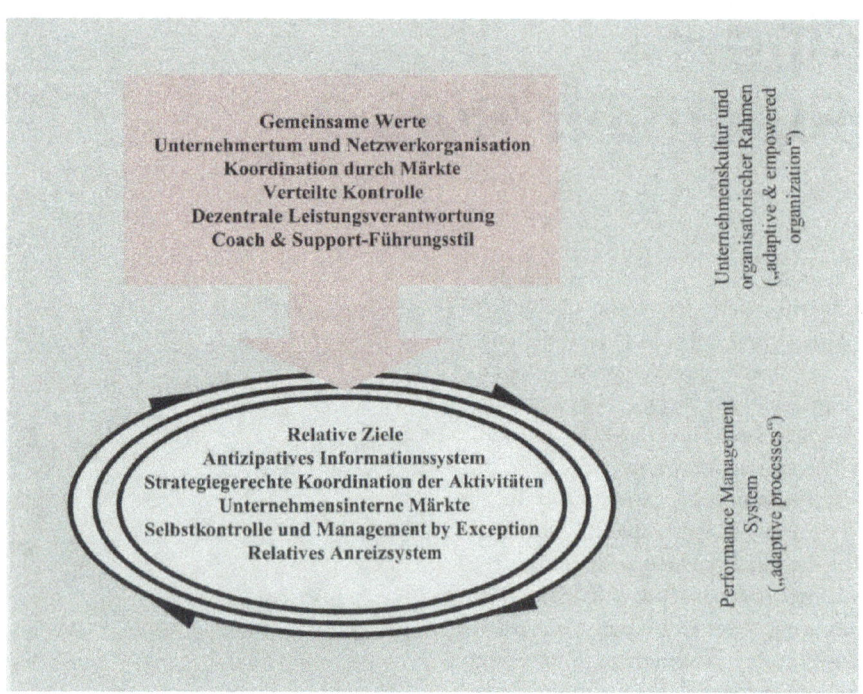

Abbildung 1: Die zwölf Prinzipien des „Beyond Budgeting"-Konzepts[6]

Investitionsentscheidungen ermöglichen.
- *Ein rollierender Strategieprozess* soll die strategiegerechte Koordination der Unternehmensaktivitäten fördern.
- *Interne Märkte* sollen für eine effiziente und marktorientierte Ressourcenallokation sorgen.
- *Kontrollen* sollen *dezentral* durchgeführt werden und durch „Management by Exception" ergänzt werden.
- Ein *relatives Anreizsystem*, das den Erfolg auf der Ebene der Geschäftseinheit oder der Unternehmung vergleicht, soll Teamwork und bereichsübergreifende Zusammenarbeit fördern.

Auf die Unternehmenskultur und den organisatorischen Rahmen beziehen sich die folgenden sechs Prinzipien:[5]

- Führung durch *geteilte Werte* und einen *gemeinsamen Handlungsrahmen* soll schnelle, dezentrale Entscheidungen innerhalb festgelegter Grenzen ermöglichen.
- Autonome Profitcenter sollen mehr *Unternehmertum im Unternehmen* schaffen.
- *Interne Märkte* sollen Koordination durch Pläne ersetzen und schnellere Reaktionen ermöglichen.
- Überall und unmittelbar („realtime") verfügbare Informationen sollen zu größtmöglicher *Transparenz* und *verteilter Kontrolle* führen.
- *Handlungsfreiräume und Ergebnisverantwortung* sollen Leistung dezentraler Akteure ermöglichen und erzwingen.
- Ein *„Coach & Support"-Führungsstil* soll die Manager dabei unterstützen.

Im Rahmen von vier Thesen wird nun der Versuch einer kritischen Würdigung des „Beyond Budgeting"-Konzepts unternommen.

■ Vier Thesen

These 1: Die Rhetorik der Publikationen zu „Beyond Budgeting" wird den Anforderungen an ein (erfolgreiches) Produkt der „Management Theory Industry" weitgehend gerecht.

„Beyond Budgeting" wird seit geraumer Zeit in Fachbeiträgen[7], Workshops und Seminarveranstaltungen[8] propagiert. Unternehmensberater und EDV-Häuser sind auf dem Feld (zunehmend) aktiv. Controllerzeitschriften widmen „Beyond Budgeting" viel Raum[9], und das Thema steht an prominenter Stelle auf der Agenda wichtiger Controllerkonferenzen[10]. Andererseits: Nur wenige Unternehmen verfügen über Erfahrung mit dem Konzept. Und: Eine wissenschaftliche Diskussion oder gar eine umfassende konzeptionelle Würdigung stehen noch weitgehend aus.

Daraus erwächst die Vermutung, dass es sich (auch) bei Beyond Budgeting um ein Produkt der von *Micklethwait/Wooldridge* so charakterisierten *„Management Theory Industry"*[11] handelt, das dem typischen Lebenszyklus solcher Managementkonzepte und -moden folgt. Der einzige Schönheitsfehler – das Fehlen eines das Konzept propagierenden Managementbuchs – wird bald behoben sein. Das Buch soll im März 2003 und damit ungefähr zeitgleich mit diesem Heft erscheinen.[12] Die deutsche Übersetzung ist für den Herbst angekündigt.

Dipl.-Kfm. Michael Zyder, wissenschaftlicher Assistent am Lehrstuhl für Betriebswirtschaftslehre, insbesondere Controlling, an der EUROPEAN BUSINESS SCHOOL, Schloß Reichartshausen, D-65375 Oestrich-Winkel. E-Mail: michael.zyder@ebs.de

(1) Ein *Schlüsselfaktor*, der bisher „sträflich" vernachlässigt wurde, steht im Mittelpunkt und wird von den Autoren als „*radikaler Bruch* mit den bisher gültigen Managementprinzipien" propagiert.

(2) Die *Anwendung der neuen Prinzipien* ist angesichts der aktuellen oder kommenden Herausforderungen unausweichlich.

(3) Die neuen Prinzipien werden mit *zentralen Werten* der Leserschaft in Verbindung gebracht, wie etwa Kundenorientierung, Flexibilität, Innovationsfähigkeit.

(4) Der Autor *belehrt die Praxis nicht*, sondern macht auf ihre *eigenen Spitzenleistungen* aufmerksam. Die Beispiele sind leicht fassbar dargestellt, wodurch leichte Umsetzbarkeit suggeriert wird.

(5) Kein Manager muss sich schuldig fühlen. Die alten Managementprinzipien waren bislang durchaus adäquat - für die Zukunft sind sie aber ungeeignet, da diese *radikal neue Anforderungen* mit sich bringt.

(6) Der Bestseller zeichnet sich durch eine raffinierte Mischung aus Einfachheit und Mehrdeutigkeit aus. Die Einfachheit beruht aber weitgehend auf der Einfachheit der Prinzipien oder stilisierten Beispielen - wie diese aber im Detail aussehen, bleibt in der Regel unklar.

(7) Die *Implementierung* wird in der Regel als äußerst *herausfordernd* dargestellt, verspricht aber *enorme Verbesserungen*.

(8) Durch Einbezug systematischer empirischer Untersuchungen wird häufig eine *Kopplung an die Wissenschaft* versucht, ohne es allerdings mit Methodik und Interpretation der Ergebnisse dieser Studien in jedem Fall so genau zu nehmen.

(9) Die Bücher sind *leicht lesbar* geschrieben - ohne Fremdwörter und akademische Formulierungen.

(10) Schließlich muss das *Timing* stimmen und das Konzept den „Nerv der Manager dieser Zeit" treffen.

Abbildung 2: Elemente der Rhetorik von Management-Bestsellern[13]

Auch wenn das Buch zu „Beyond Budgeting" damit zur Zeit noch aussteht, sei im Folgenden geprüft, inwieweit die *Rhetorik* der bislang vorliegenden „Beyond Budgeting"-Publikationen den Anforderungen an einen Bestseller der „Mangement Theory Industry" gerecht wird. Folgt man *Kieser*, hat ein Managementbuch umso größere Chancen, zu einem Bestseller zu avancieren, je mehr der typischen, in Abbildung 2 aufgelisteten Rhetorikelemente es aufweist. Im Folgenden werden daher die einzelnen Punkte der Rhetorik vorliegender Veröffentlichungen von *Hope* und *Fraser* gegenübergestellt:

(1) *Schlüsselfaktor und radikaler Bruch*: Mit der Budgetierung adressiert das Konzept von *Hope/Fraser* ein zentrales Instrument der Unternehmenssteuerung und das – neben Kennzahlensystemen – zweite „Rückgrat" der traditionellen Unternehmenssteuerung. Dieses „abzuschaffen" oder „zu überwinden", impliziert einen radikalen Bruch mit der bisherigen Steuerungspraxis in dominant plankoordinierten Unternehmen.

(2) *Unausweichlichkeit:* Die Anwendung der neuen Prinzipien wird von *Hope/Fraser* als unausweichlich dargestellt, denn: „In an age of discontinuous change, unpredictable competition, and fickle customers ... [old, US/MZ] assumptions are no longer valid."[14] Daher gilt: „Understanding what these [„Beyond Budgeting", US/MZ] practices are and what you need to do to adopt them is increasingly likely to determine whether or not your company is able to compete effectively in the new economy."[15]

(3) *Zentrale Werte: Hope/Fraser* identifizieren „command, compliance and control"[16] als zentrale Werte des alten Modells und stellen diesen ein mit positiv besetzten Werten versehenes Modell gegenüber, „which is fundamentally a major cultural shift towards decentralization with real empowerment, driven by the business need for greater responsiveness and enterprise."[17]

(4) *Verweis auf Spitzenleistung der Praxis: Hope/Fraser* verweisen auf erfolgreiche Beispiele wie Svenska Handelsbanken oder IKEA und berichten (Belehrungen vermeidend und scheinbar objektiv), „why some organizations are going ‚beyond budgeting'"[18] und „[h]ow ... these organizations set targets without a budgeting process".[19]

(5) *Radikal neue Anforderungen:* Kein Manager muss sich nach *Hope/Fraser* schuldig fühlen, denn: „The budgeting process ... provided a rational and coherent approach to manage performance when market conditions were relatively stable, capital was the primary constraint on growth and improvement, strategy and product lifecycles were lengthy, and the management behavior required was one of compliance with plans and procedures."[20] Allein: „... in the competitive climate in which most organizations operate today, it is no longer effective."[21]

(6) *„Raffinierte" Mischung aus Einfachheit und Mehrdeutigkeit:* Die 12 „Prinzipien" sind auf den ersten Blick intuitiv plausibel und unmittelbar nachvollziehbar, ebenso der zweistufige Implementierungsprozess. Auf den zweiten Blick wird aber schnell deutlich, dass die eigentliche Arbeit dort anfängt, wo die Publikationen zum Thema aufhören. So wird zum Beispiel die Frage, wie denn die interne Ressourcenallokation ohne Budgetierung erfolgen solle, nur vergleichsweise pauschal beantwortet: „Make resources available to operations when required at a fair cost, don't allocate them from the centre."[22] Festzulegen, wie dieser Prozess genau aussieht und was „fair" ist, bleibt dem Anwender überlassen.

(7) *Herausfordernde, aber lohnende Implementierung:* Der erste Schritt des empfohlenen Implementierungspfades verspricht nach *Hope/Fraser* ein „breaking free from the annual performance trap."[23] Geht man auch den zweiten Schritt, „there is an even greater prize on offer"[24]: „While adaptive processes offer the prospect of cost savings from not budgeting, less gaming, faster response, better strategic alignment, and more value from finance people, radical decentralization offers much more. For example [sic!, US/MZ], it promises permanent reductions in the cost structure, more

capable people, more innovation, more loyal customers, more ethical reporting, and the release of the full potential of management systems and tools."[25] Kurzum: Companies that „have ... abandoned the budgeting model in one form or another ... [are] among ... [those who] see the light.[26]

(8) *Wissenschaftliche Legitimation:* Hope/Fraser verweisen mehrfach auf wissenschaftliche Studien, die ähnlichen Handlungsbedarf sehen[27], und haben über den Beyond Budgeting Round Table eine eigene internetbasierte Erhebung initiiert.[28]

(9) *Leichte Lesbarkeit:* Die Beiträge bemühen sich um eine einfach verständliche Sprache, was sich unter anderem in kurzen Sätzen, der Einbindung von „knackigen" Zitaten[29] und vielen Fallbeispielen[30] zeigt.

(10) *Timing:* Die Kritik an der Budgetierung ist nicht neu,[31] wie auch frühere Budgetierungsmoden zeigen. Zur Begründung, warum das Konzept gerade jetzt Sinn macht, haben Hope/Fraser in den ersten Forschungspapieren und Veröffentlichungen stark auf den Kontext der „new economy" rekurriert.[32] Entsprechende Bezüge sind in den jüngeren Veröffentlichungen seltener geworden. Ein zweiter Argumentationsstrang ergibt sich aus der partiellen Erfolglosigkeit vorhergehender Modewellen, insbesondere der Balanced Scorecard. Diese stößt in der Praxis häufig dann an Grenzen, wenn sie unverbunden neben der Budgetierung und anderen etablierten Steuerungsinstrumenten steht. Pointiert formuliert konkurriert dann der „Strategiefokus" der Balanced Scorecard mit dem „Budgetfokus" der Budgetierung.[33] Allerdings hat sich auch die Verknüpfung des Konzepts mit der Budgetierung häufig als problematisch erwiesen[34], so dass sich mit der gebotenen Vorsicht „Beyond Budgeting" auch als notwendiges oder zumindest naheliegendes Folgeprodukt der Balanced Scorecard interpretieren lässt. Fazit: Spiegelt man die bisherigen Publikationen zu Beyond Budgeting an den Erfolgskriterien nach *Kieser*, hat das Konzept durchaus „das Zeug" zu einem Managementbestseller und daraus resultierenden Hype – was per se nicht schlecht sein muss. Erfolgreiche Managementbücher können wertvolles Wissen vermitteln und Anregungen, aber auch Legitimation geben. *Eccles/Noriah* sehen zudem die Mode-Rhetorik solcher „Konzepte" positiv, erblicken in ihr sogar das Wesentliche des Managements: „Much of the current hysteria over labels ... can be seen as an attempt to lend new energy to the collective enterprises ... individual managers use such labels and concepts as they see fit as a part of their ongoing use of language to coax, inspire, demand, or otherwise produce action in their organizations ... At every level, language has a rhetorical function ... it constantly 'frames' the way we understand the world."[35]

These 2: Die Rationalität einer sich an den „Beyond Budgeting Prinzipien" orientierenden Führung ist an eine Reihe von Prämissen gebunden. Der Ansatz macht also (bei weitem) nicht für jedes Unternehmen Sinn.

Wirft man einen Blick auf die (noch?) überschaubare Zahl von Publikationen zu „Beyond Budgeting", finden sich kaum explizite Aussagen zu den Prämissen eines erfolgreichen Einsatzes des Konzepts.[36] Vielmehr wird in der Regel suggeriert, dass der Ansatz für die meisten oder gar alle Unternehmen Sinn macht („one concept fits all").[37]

Eine nähere Betrachtung macht allerdings deutlich, dass die Rationalität einer Anwendung der 12 „Prinzipien" an eine Reihe *impliziter Prämissen* gebunden ist. So wird das von *Hope/Fraser* pauschal unterstellte Zeitalter „of discontinuous change, unpredictable competition, and fickle customers" nicht für alle Unternehmen (und dezentrale Einheiten eines Unternehmens!) in gleichem Maße gelten. Wenn es aber richtig ist, dass „Beyond Budgeting" (nur) in einem Kontext hinreichend hoher Dynamik und hoher Wettbewerbsintensität Sinn macht, muss im Einzelfall geprüft werden, ob diese Annahmen auch gegeben sind.[38]

Zusätzliche Prämissen ergeben sich aus der von *Hope/Fraser* implizit unterstellten Sinnhaftigkeit einer Strategie, die der Dynamik durch eine hohe Dezentralisierung und eine hohe Flexibilität bzw. Adaptivität der Unternehmung gerecht wird. Dabei wird unter anderem vorausgesetzt, dass[39]

- die dezentralen Einheiten in ausreichendem Maße willens und in der Lage sind, die gewachsene dezentrale Verantwortung auch zu realisieren.
- Verbunde und damit potenzielle Synergien zwischen den dezentralen Einheiten nicht oder nur in beschränktem Maße vorliegen bzw. auch durch horizontale Koordination der Einheiten hinlänglich realisierbar sind.
- das Unternehmen größere Flexibilitätspotenziale auch in ausreichendem Maße realisieren kann, d. h. dass bei Bedarf relevante Produktionsfaktoren kurzfristig hinzugewonnen, anderweitig ein- oder freigesetzt werden können.

Weiter gilt es, nicht die Prämissen der einzelnen „Prinzipien" zu vernachlässigen. So setzen zum Beispiel wettbewerbsbezogene, relative Ziele voraus, dass ein „benchmarkfähiger Wettbewerb" vorhanden ist und dass dieser ausreichend gute Leistungen erbringt: ansonsten vergleicht man „Schlendrian mit Schlendrian"[40]. Und schließlich muss geprüft werden, ob der erwartete Nutzen des Ansatzes die Kosten (insbesondere der Implementierung) rechtfertigt. Dies wird aber bei weitem nicht immer der Fall sein, denn der Ansatz impliziert einen *erheblichen Implementierungsaufwand*. Es geht ja – wie noch näher zu erläutern sein wird – nicht um ein einzelnes Instrument, sondern um einen grundlegenden Veränderungsprozess im Management, auch mit Blick auf die Kultur des Unternehmens.

Zudem ist das Konzept noch in einem (sehr) frühen Entwicklungsstadium. Die meisten Prinzipien sind (bei aller Plausibilität) sehr abstrakt und wenig operationalisiert. „Beyond Budgeting" ist denn auch kein einfach und gedankenlos umsetzbares Patentrezept, sondern (allenfalls) der vor die Klammer gezogene „kleinste gemeinsame Nenner" der am

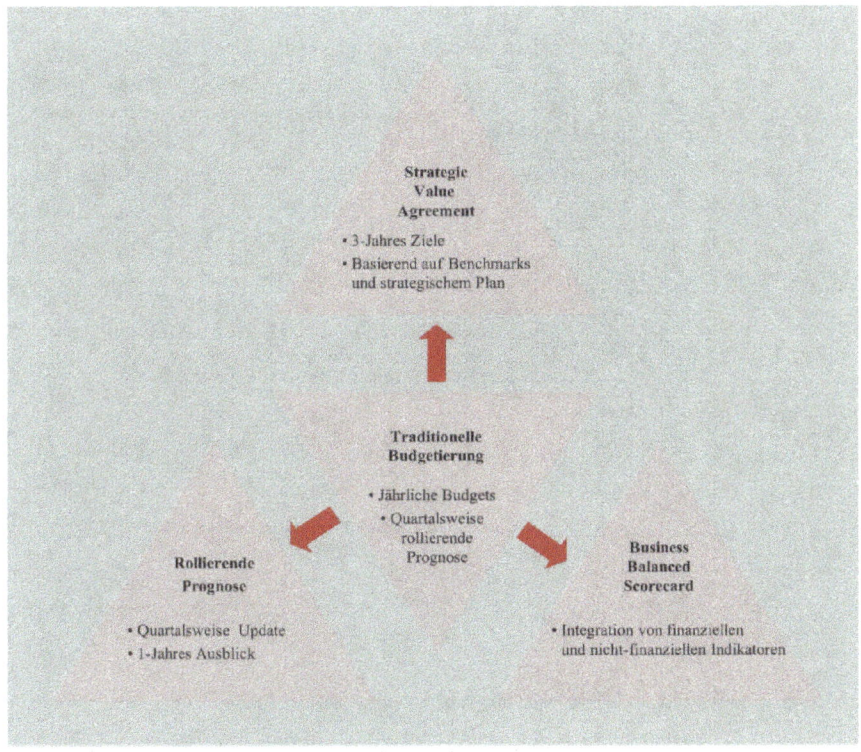

Abbildung 3: Das neue Steuerungssystem von Philips[45]

Beyond Budgeting Round Table (BBRT) beteiligten Unternehmen. Dies zeigt sich auch in der Heterogenität der von den Befürwortern des Ansatzes in der Regel angeführten Beispiele und ist per se nicht negativ zu werten – im Gegenteil: „one size fits all" kann kaum nachhaltige Wettbewerbsvorteile begründen. Es sollte aber nicht der Eindruck eines universell einsetzbaren, in sich schlüssigen und von einer Vielzahl von Unternehmen in unterschiedlichen Branchen bereits angewandten Konzepts erweckt werden.[41]

Der Ansatz von *Hope* und *Fraser* umfasst vielmehr ein Konglomerat von plausibel miteinander verbundenen Gestaltungskomponenten („Prinzipien"), die *alle* nicht neu sind („*alter Wein in neuen Schläuchen*") und die einzeln auf ihre Eignung und Umsetzbarkeit hin geprüft werden müssen. So ist zum Beispiel ein anpassungsfähiges und dezentral aufgestelltes Management nicht zwingend mit *relativen Zielvorgaben und Anreizen* verbunden. Auch diese setzen nämlich einen „benchmarkfähigen Wettbewerb" voraus. Außerdem sind sie auch mit einer Reihe von Gefahren und (möglichen) Nachteilen verbunden. So können sie zu einem risikoaversen, kurzsichtigen Folgerverhalten führen, wie es bei (an relativer Performance gemessenen) Fondsmanagern häufig zu beobachten ist. Wenn nicht absolute Performance entscheidet, sondern „nur" das relative Abschneiden im Markt, kann auch ein signifikanter Rückgang von Umsatz und Gewinn plötzlich ein „Erfolg" sein. Zudem besteht die Gefahr, dass ein branchenübergreifendes und geschäftssystemveränderndes Denken zurückgeht. Eine solche Argumente aufgreifende, differenzierte Diskussion der Vor- und Nachteile einzelner „Prinzipien" in verschiedenen Kontexten steht aber bislang noch aus – zumindest im Kontext der „Beyond Budgeting" Diskussion. Dass die betriebswirtschaftliche Literatur eine Fülle relevanter Erkenntnisse enthält, wird den mit der Umsetzung des Konzepts betrauten Praktiker nur in dem Maße trösten, wie der *Transfer aus dem Elfenbeinturm* in die Unternehmenspraxis auch gelingt.

These 3: Instrumente existieren nicht im Vakuum. Sie sind vielmehr Teil der handlungsleitenden Ordnung im Unternehmen. Daher gilt: Wer „Beyond Budgeting" nur als Instrumenten- oder Controllerthema versteht, springt (deutlich) zu kurz.

Die Rhetorik des Konzepts setzt an den eingangs dargestellten Defiziten der traditionellen Budgetierung an, und versucht diese zunächst auf einer *instrumentellen Ebene* insbesondere dadurch zu beheben, dass die Funktionen der Budgetierung durch eine Kombination anderer Führungsinstrumente realisiert werden. So ersetzt z. B. Philips die bisherige Budgetierung durch Strategic Value Agreements, Balanced Scorecards und Rollierende Prognosen[42] (vgl. Abbildung 3). Ganz ähnlich nimmt Borealis eine instrumentelle Trennung von Steuerung und Finanzprognosen vor.[43] Das Vorgehen dieser Unternehmen lässt sich mit *Röpke* als Strategie zur Erhöhung der Eigenkomplexität durch instrumentelle Spezialisierung interpretieren[44] und trägt dazu bei, dass interfunktionale Zielkonflikte vermieden werden: Trennt man instrumentell zwischen möglichst aktueller und objektiver Prognose auf der einen Seite und möglichst nachhaltig motivierender Zielvorgabe auf der anderen Seite, werden viele dysfunktionale Konflikte und Anpassungsstrategien im Rahmen der Budgetierung unnötig.

Auf der instrumentellen Ebene lässt sich damit das *„Unbundling"* des Multifunktionsprodukts Budgetierung als konzeptioneller Kern des „Beyond Budgeting" charakterisieren. *Hope/Fraser* betonen in neueren Veröffentlichungen aber zu Recht, dass eine rein instrumentelle Sicht zu kurz greift und dass es sich bei „Beyond Budgeting" vielmehr um ein handlungsleitendes Bündel von Prinzipien (*„guiding set of principles"*[46]) handelt. Dieses zielt u. a. darauf ab, die Voraussetzungen dafür zu schaffen, dass bereits vorhandene und neu zu implementierende Instrumente ihr Potenzial voll realisieren können.[47] An die Seite der Kritik an der Budgetierungspraxis tritt so ein zweites Argument für den Ansatz: die Budgetierung ist nicht nur selbst optimierungsbedürftig, sondern blockiert auch die Realisierung des Potenzials einer Vielzahl von Instrumenten, die in den letzten Jahren eingeführt wurden, wie z. B. die Balanced Scorecard oder die Prozesskostenrechnung.

Dies kann darauf zurückgeführt werden, dass Führungsinstrumente nicht losgelöst von den *internen Modellen* des Managements implementiert und genutzt werden. Diese umfassen für die jeweils relevanten Handlungstypen zum einen als „Selbstbild" Hypothesen über die Eigenschaftsausprägungen des Akteurs und deren Nebenbedingungen; zum anderen als handlungsrelevantes „Weltbild" Hypothesen über die Eigenschaften der Umwelt.[48] Sie bilden gewissermaßen die Brille, durch die wir blicken, und setzen so den Rahmen für unser Denken und Handeln.[49] Interne Modelle liegen auf der Ebene einzelner Akteure im Unternehmen (Manager, Controller etc.) und auf der Ebene des Unternehmens als korporativer Akteur vor, wo sie sich u. a. in Form von *organisatorischen Regeln* manifestieren.[50]

Interne Modelle, organisatorische Regeln und Führungsinstrumente konstituieren die handlungsleitende Ordnung im Unternehmen und müssen über einen hinreichenden *„Fit"* verfügen. Begründen lässt sich das durch die Gestalttheorie. Danach streben Menschen nach einer guten Gestalt im Sinne einer konsistenten, stimmigen geistigen Ordnung. Die Vermeidung von Unstimmigkeit – und damit Unsicherheit und Angst – gehört nach Auffassung der Gestaltpsychologen zu den Grundbedürfnissen des Menschen. Die Wahrnehmung des Akteurs ist entsprechend dadurch gekennzeichnet, dass es zu Neuanordnungen (und ggf. Verzerrungen) kommt, die eine prägnante und ganzheitliche Wahrnehmung erleichtern.[51]

Wenn ein ausreichender Fit zwischen etablierter handlungsleitender Ordnung und dem neuen Instrument nicht vorliegt, sind daher *drei grundsätzliche Fälle* denkbar:

a) Das Instrument wird an die etablierte handlungsleitende Ordnung angepasst. So lässt sich in der Praxis häufig beobachten, dass Balanced Scorecards im Rahmen von Implementierung und Nutzung so adaptiert werden, dass sie zur vorherrschenden „Command

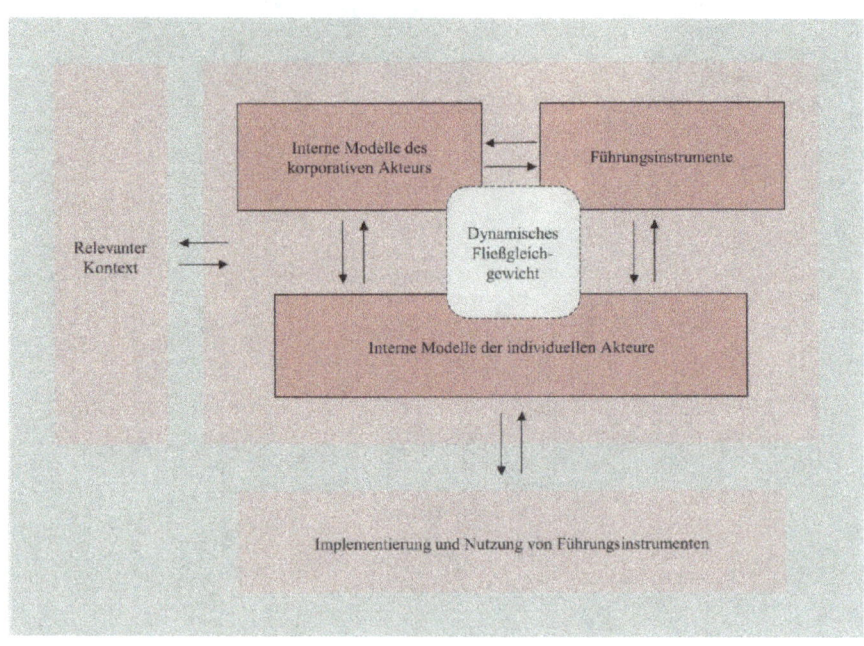

Abbildung 4: Instrumente als Teil der handlungsleitenden Ordnung

& Control"-Kultur passen: „and there's a real danger of using the scorecard (wittingly or unwittingly) for top-down control (in the same way as a budget with some nonfinancial measures)."[52]

b) Das Instrument wird nicht genutzt, d. h. es wird entweder vom Immunsystem der handlungsleitenden Ordnung rasch „abgestoßen" und verschwindet wieder aus dem Unternehmen oder es vegetiert jahrelang vor sich hin, ohne zu stören, aber auch ohne jeden nachhaltigen Einfluss auf die Unternehmensführung. Auch dieser Fall lässt sich häufig beobachten.

c) Nicht das Instrument, sondern die handlungsleitende Ordnung wird verändert. Es geht dann um einen grundlegenden Veränderungsprozess im Management – auch mit Blick auf die internen Modelle der Akteure und die organisatorischen Regeln des Unternehmens.

Dieser letztgenannte Weg ist schwer: Interne Modelle sind träge und nicht ohne weiteres zielgerichtet veränderbar („manipulierbar"). Da es die Funktion interner Modelle ist, eine Ordnung in der Menge der Wahrnehmungen zu erzeugen, weisen sie eine *Tendenz zur Beharrung* auf.[53] Die sozialpsychologische Forschung hat zudem gezeigt, dass Menschen nur sehr eingeschränkt in der Lage sind, bereits in gewisser Weise eingesetzte Instrumente „umzuwidmen", also ihr mit diesem Instrument verbundenes internes Modell zu ändern. Wer zum Beispiel die Budgetierung über lange Jahre hinweg als starres Überwachungsinstrument kennen gelernt hat, wird sich schwer tun, diese ab morgen mit unternehmerischen Entscheidungen und Lernprozessen zu assoziieren und das Instrument entsprechend zu nutzen. Dieses Phänomen wird als *„Functional Fixation"* bezeichnet[54] und macht es den meisten Unternehmen schwer, das etablierte interne Modell zu überwinden.[55]

Wer eine zielgerichtete Veränderung der internen Modelle anstrebt, darf daher die instrumentelle Basis nicht ignorieren: In dem Maße, wie das von *Hope* und *Fraser* mit „Command & Control" charakterisierte interne Modell den Anforderungen der Umwelt in der Einschätzung des Managements nicht mehr gerecht wird, aber eng mit der Budgetierung verbunden ist und dieser im Rahmen der Unternehmenssteuerung eine zentrale Rolle zukommt, wird es häufig rational sein, die Budgetierung durch andere Instrumente wie Rollierende Forecasts, interne Märkte und Balanced Scorecards sowie passende organisatorische Regeln zu ersetzen. Damit kann erreicht werden, dass die Budgetierung und das mit ihr verbundene Modell dem Veränderungsprozess nicht mehr entgegenstehen und gleichzeitig die Funktionen der Budgetierung (durch andere Instrumente) weiter wahrgenommen werden. Auch an dieser Stelle wird deutlich: Das Einfügen neuer Instrumente kann nicht losgelöst von der handlungsleitenden Ordnung betrachtet werden. Organisatorische Regeln, die internen Modelle der beteiligten Akteure und Führungsinstrumente müssen – im Sinne eines dynamischen Fließgleichgewichts – aufeinander abgestimmt sein. Damit ist „Beyond Budgeting" auch zwingend ein *Managementthema*. Controller können den Prozess fördern, unterstützen und kritisch begleiten, „Beyond Budgeting" darf aber nicht auf ein Instrumenten-, EDV- oder Controllerthema reduziert werden. Eine technokratische Sicht, die Instrumente ohne Berücksichtigung dieser Nebenbedingungen implementiert, ist naiv und greift deutlich zu kurz. Betriebswirtschaftliche Führungsinstrumente werden nicht im Vakuum genutzt, sondern von Menschen im Unternehmen.

These 4: „Better Budgeting" kann eine pragmatische Alternative zum Konzept von Hope/Fraser sein. Wenn das eigentliche Problem aber in den Köpfen steckt, greift der Ansatz zu kurz.

„Beyond Budgeting" zielt neben der Verlagerung der Budgetierungsfunktionen auf andere Instrumente auf eine grundlegende Veränderung der handlungsleitenden Ordnung: Instrumente, interne Modelle und organisatorische Regeln müssen den veränderten Anforderungen angepasst werden. Der Weg dorthin ist aber schwierig und kann – wie viele organisatorische Veränderungsprozesse zuvor – scheitern.[56]

Dies legt die Suche nach *pragmatischen Alternativen* nahe. Geht die Kritik an der Budgetierung im Wesentlichen (nur) dahin, dass diese zu starr und zu zeitaufwendig ist, wird es häufig ausreichend sein, im Rahmen der etablierten handlungsleitenden Ordnung den Budgetierungsprozess zu verkürzen, Budgets flexibel zu gestalten und die Planungsinhalte zu fokussieren. Hierauf zielen u. a. die Anregungen von *Gleich/Kopp* bzw. *Kogler/Kopp*[57] und das *Horváth'sche* Konzept des „Better Budgeting": Das bestehende Budgetierungssystem soll durch ein Bündel von (im Grunde altbekannten) Maßnahmen zur Fokussierung der Planungsinhalte und zur Verkürzung des Budgetierungsprozesses optimiert werden.

Zur Fokussierung der Budgetierung schlägt *Horváth* folgende Maßnahmen vor:
- „Konzentration auf erfolgskritische Prozesse und damit Reduzierung der erforderlichen Budgets und finanzielle Vorgabegrößen,
- Vereinfachung des Budgetsystems durch weitgehenden Verzicht auf die taktische Planungsstufe,
- marktorientierte Ziele und Vorgaben anstelle von Budgetierung auf Basis der Fortschreibung,
- schnelle Vorschauinformationen anstatt detaillierter budgetbasierter Prognoserechnungen
- Verlassen des Kalenderjahres und z. B. Übergang zur Meilensteinbudgetierung,
- Reduzierung von Frequenz und Anzahl der Budgetkontrollen und damit Fokussierung des Reporting."[58]

Ergänzend soll der Budgetierungsprozess durch organisatorische Maßnahmen flexibilisiert und verkürzt werden, indem z. B.
- „die Top-down-Komponente der Aufbauorganisation gestärkt wird, um den Arbeits- und Zeitaufwand zu reduzieren,
- der Budgetvereinbarungs- und -verabschiedungsprozess vereinfacht wird,
- die operative Planung dezentralisiert wird."[59]

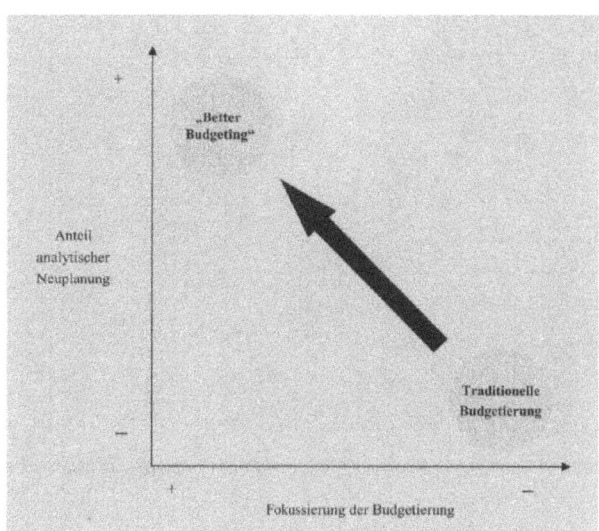

Abbildung 5: Der Kern des „Better Budgeting": Weniger, dafür besser!

„Better Budgeting" stellt somit – anders als der Ansatz des „Beyond Budgeting" – die internen Modelle der Akteure nicht grundlegend in Frage. Das Konzept zielt vielmehr auf die Verbesserung der Effizienz von Budgetierungsprozessen bei weitgehend unveränderten Rahmenbedingungen (vgl. Abbildung 5). Die knappe Aufmerksamkeit des Managements soll durch die Fokussierung des Prozesses besser genutzt werden.

Im Ergebnis stehen sich somit zwei Ansätze gegenüber: Auf der einen Seite die Maßnahmenbündel der „Pragmatiker", die dafür plädieren, doch Evolution an die Stelle von Revolution treten zu lassen[60] und „das Kind [die Budgetierung, US/MZ] nicht gleich mit dem Bade auszuschütten."[61] Auf der anderen Seite *Hope/Fraser* und ihre Mitstreiter, die diesen ihres Erachtens zu technokratischen Ansatz für fehlgeleitet halten: „This is not a comfortable message for a measurement industry that believes that implementing Economic Value Added or Balanced Scorecard are enough on their own to change performance. It is the combination of effective organisation and behaviour and effective performance management that leads to success ... And, just like any mathematical equation with multiplicative variables, if any of the variables is zero, the net result will be zero."[62]

Der scheinbare Widerspruch zwischen beiden Ansätzen lässt sich unseres Erach-

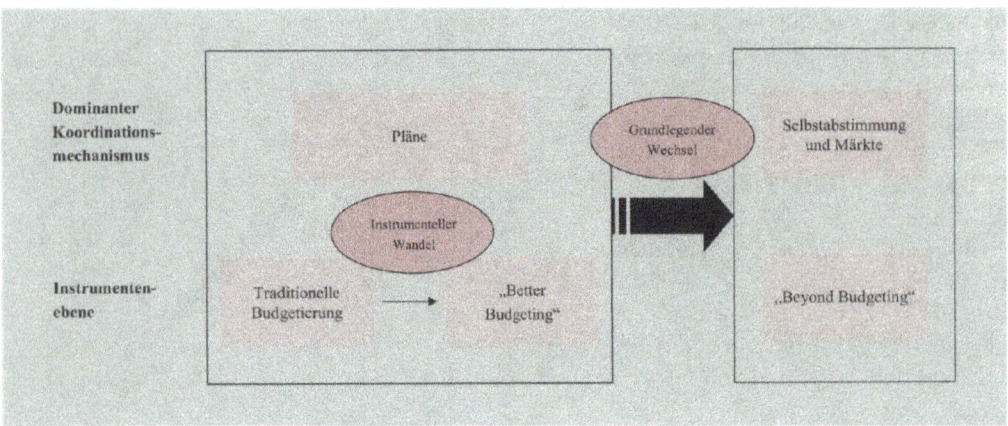

Abbildung 6: Instrumenteller Wandel oder grundlegender Wechsel?

tens rasch auflösen, wenn man nicht nach einem universell einsetzbaren Konzept sucht, sondern danach differenziert, ob die Budgetierung und das ihr zugrundeliegende Modell einer *Koordination durch Pläne*[63] noch tragen, oder ob sie angesichts der Dynamik und Wettbewerbsintensität der relevanten Märkte durch andere Koordinationsmechanismen und interne Modelle ersetzt werden müssen.

Der pragmatische Ansatz stellt die Dominanz der Plankoordination nicht in Frage und optimiert den Prozess im so gesetzten Rahmen. „Better Budgeting" zielt somit auf instrumentellen Wandel bei im Wesentlichen unveränderten (und daher vernachlässigbaren) internen Modellen der Akteure. Die Prinzipien des „Beyond Budgeting" hingegen unterstellen eine Verschiebung im optimalen Mischungsverhältnis der Koordinationsmechanismen: dezentralen Lern- und Entscheidungsprozessen bei *Koordination durch Selbstabstimmung*[64] und *Koordination durch Märkte*[65] kommt in dem von *Hope/Fraser* (implizit) skizzierten Kontext eine zentrale Bedeutung zu. Damit lässt sich aber die plakative Frage nach dem richtigen Konzept auf die betriebswirtschaftliche Fragestellung nach der Effizienz und der Effektivität der genannten Koordinationsmechanismen zurückführen.

Bei Koordination durch Selbstabstimmung und Märkte rückt das Fehlen detaillierter (Plan-)Vorgaben zentraler Stellen als Bezugspunkt die Bedeutung der individuellen Fähigkeiten und Nutzenfunktionen stärker hervor. In den – fast schon poetischen – Worten von *Hope/Fraser* liest sich das so: „Beyond Budgeting is about releasing capable people from the chains of the top-down performance contract,"[66] oder: „In essence, Beyond Budgeting entails a shift from a performance emphasis on numbers to one based on people."[67] Damit muss aber eine grundlegende Veränderung der internen Modelle im Management verbunden sein. Ein solcher Wechsel ermöglicht einen „Aufbruch zu neuen Ufern", ist aber nur in Grenzen steuerbar. „Beyond Budgeting"-Projekte unterliegen daher einem erheblichen Risiko fehlzuschlagen bzw. zu scheitern.

„Better Budgeting" kann (und will) eine solche grundlegende Veränderung der internen Modelle nicht leisten. Aus diesem Grunde werden entsprechende Projekte auch weniger häufig spektakulär scheitern. Wenn aber die Prämissen einer Koordination durch Pläne nicht mehr erfüllt sind und statt Effizienzgewinnen in der Budgetierung eine Veränderung der handlungsleitenden Ordnung gefragt ist, greift der Ansatz (deutlich) zu kurz. Für die Praxis gilt es daher, viel Zeit und Mühe in die Analyse der Ausgangssituation zu investieren. Nicht immer ist der einfachere Weg auch der Bessere.

■ Fazit

Mit „Beyond Budgeting" steht erneut ein im Wesentlichen in der Unternehmenspraxis entwickelter Steuerungsansatz vor der Tür, der von den einen euphorisch propagiert und von den anderen misstrauisch beäugt wird. Wir konnten in diesem kurzen Beitrag zeigen, dass

- die Rhetorik der Publikationen zu „Beyond Budgeting" den Anforderungen an ein (erfolgreiches) Produkt der „Management Theory Industry" weitgehend gerecht wird,
- die Rationalität einer sich an den „Beyond Budgeting Prinzipien" orientierenden Führung an eine Reihe von Prämissen gebunden ist und der Ansatz folglich bei weitem nicht für jedes Unternehmen Sinn macht – auch wenn das vielfach suggeriert wird,
- Instrumente nicht im Vakuum existieren, sondern Teil der handlungsleitenden Ordnung im Unternehmen sind; Führungsinstrumente, organisatorische Regeln und interne Modelle der Akteure daher hinreichend zueinander passen müssen,
- all diejenigen, die „Beyond Budgeting" nur als Instrumenten- oder Controllerthema verstehen, deutlich zu kurz springen,
- sich die plakative Frage nach „Better or Beyond Budgeting" auf eine betriebswirtschaftliche Analyse der Effizienz und Effektivität verschiedener Koordinationsmechanismen zurückführen lässt,
- „Better Budgeting" eine pragmatische Alternative zum Konzept von *Hope/Fraser* sein kann, die aber nicht greift, wenn das eigentliche Problem aus nicht mehr adäquaten organisatorischen Rahmenbedingungen und internen Modellen der Akteure besteht.

Auch wenn das Konzept nichts wirklich Neues enthält und damit (wieder einmal) gilt: „Alter Wein in neuen Schläuchen", wäre eine pauschale Kritik unseres Erachtens verfehlt. Konzepte wie „Beyond Budgeting" können dabei helfen, vorhandenes Wissen in die Praxis zu tragen, dort neue Anregungen geben und Energie freisetzen, aber auch schwer durchsetzbare Maßnahmen legitimieren.

■ Implikationen für die Forschung

Abschließend sei die Frage aufgeworfen, welche Implikationen die aktuelle Diskussion für die Controllingforschung hat. Wie schon zuvor die Balanced Scorecard und andere Konzepte wurde auch das Konzept des „Beyond Budgeting" in enger Interaktion von Unternehmen, Beratern und praxisnahen Wissenschaftlern entwickelt. Einige Autoren wie *Horváth* und *Gleich* fordern vor diesem Hintergrund, dass sich die Forschung stärker um die Entwicklung innovativer Methoden bemühen solle und propagieren den u. a. von *Kaplan* geprägten Ansatz des „Innovation Action Research".[68] Dieser ist einerseits nicht unumstritten, werden doch mit der (möglichst) wertfreien Erkenntnisgewinnung und der Trennung zwischen Hypothesenformulierung und -überprüfung zentrale Spielregeln der etablierten betriebswirtschaftlichen Forschung „außer Kraft gesetzt". Andererseits muss sich die traditionelle Forschung fragen lassen, wo ihre Wertschöpfung denn liegt, wenn nicht in der Entwicklung von Konzepten, die die Probleme der Praxis lösen.

Unseres Erachtens liegt ein wesentliches Element der Wertschöpfung von betriebswirtschaftlicher Controllingforschung in der Rolle eines kritischen Counterparts der innovativen Praxis – und damit in einer spezifischen Form der Rationalitätssicherung. Dazu muss zunächst in Grundlagen- und angewandter Forschung neues Wissen generiert und in die Praxis transferiert werden. Mehr Transparenz über kontextspezifische Erfolgsfaktoren der Gestaltung von Budgetierungsprozessen, über die Ausgestaltung des Controlling bei zunehmender Bedeutung von Selbstabstimmung und ähnliche Wissensbausteine schaffen die notwendige Voraussetzung für eine rationale Unternehmenspraxis. Das allein ist aber nicht genug. Wenn von Seiten der „Management Theory Industry" unzulässig vereinfacht wird und wenn kontextgebundene Lösungen als universelle Wunderwaffe propagiert werden, müssen Wissenschaftler auch bremsend wirken – wenn möglich konstruktiv. Dabei gilt es, das Controllern hinlänglich bekannte Spannungsfeld von Involvement und Independence auszutarieren. Einerseits setzt der konstruktive Dialog die Praxisnähe des Wissenschaftlers voraus, andererseits erfordert wirkungsvolle Rationalitätssicherung auch Distanz.

Und noch ein weiterer Punkt scheint interessant. Wie schon bei der Balanced Scorecard war auch bei „Beyond Budgeting" der Fokus der Entwicklungsarbeit zunächst ganz überwiegend instrumentell und hat sich im Lauf der Zeit stärker auf die Einbettung der Instrumente in die handlungsleitende Ordnung verlagert.[69] Damit wird auch aus dem Entwicklungsprozess dieser Konzepte heraus deutlich, dass eine eher technokratische und auf instrumentelle Fragen reduzierte Controllingforschung Gefahr läuft, am Bedarf der Praxis vorbei Lösungen zu produzieren, die wesentliche Bedingungen für die erfolgreiche Implementierung und Nutzung der Instrumente vernachlässigen. Wer die Funktion der Rationalitätssicherung ernst nimmt, darf die Erkenntnisse der Organisationstheorie und der Verhaltenswissenschaften nicht vernachlässigen.

Anmerkungen

1 Jensen 2001, S. 96.
2 Argyris 1952, S. 10.
3 Vgl. u. a. Gleich/Kopp 2001, S. 492 f.; Hope/Fraser 2000b, S. 4f.; und dieselben 2001a, S. 22; Horváth 2001, S. 250; Neely/Sutcliff/Heyns 2001, S. 1 f.; Rieg 2001, S. 572 ff.; Weber 2002, S. 380 f.
4 Vgl. Hope/Fraser 2000a, S. 35 und dieselben 2001a, S. 22; Bunce/Hope/Fraser 2002, S. 38 ff.
5 Vgl. Hope/Fraser 2000a, S. 32 f. und dieselben 2001a, S. 22; Bunce/Hope/Fraser 2002, S. 38 ff.
6 In Anlehnung an Fraser/Hope 2001, S. 439.
7 Vgl. Hope/Fraser 1999 und dieselben 2000, 2001; Bunce/Hope/Fraser 2002.
8 Z. B. „Intensivseminare" von Management-Circle, 4. Stuttgarter Planungsfachkonferenz 2002, monatliche Einführungsworkshops des BBRT.
9 Z. B. das Heft 8/9 2002 der Zeitschrift „Controlling" und das vorliegende Sonderheft der Zeitschrift für Controlling & Management.
10 Z. B. Stuttgart Controller Forum 2002, Controller World 2003 und Controllerkongress 2003.
11 Micklethwait/Wooldridge 1996, S. 49.
12 Vgl. Hope/Fraser/Trent 2003.
13 Vgl. Kieser 1996, S. 23 ff. unter Verweis auf Davis 1986 und Eccles/Noriah 1992.
14 Hope/Fraser 2000a, S. 30.
15 Hope/Fraser 2000a, S. 32. Vgl. auch Hope/Fraser 2001a, S. 23.
16 Hope/Fraser 2000b, S. 10.
17 Hope/Fraser 2000b, S. 11 f.
18 Bunce/Hope/Fraser 2002, S. 36.
19 Bunce/Hope/Fraser 2002, S. 38 ff.
20 Bunce/Hope/Fraser 2002, S. 36.
21 Bunce/Hope/Fraser 2002, S. 36.
22 Hope/Fraser 2001a, S. 23.
23 So der Titel des Managementbuchs.
24 Bunce/Hope/Fraser 2002, S. 41.
25 Bunce/Hope/Fraser 2002, S. 41ff.
26 Hope/Fraser 2000a, S. 32.
27 Vgl. auch Hope/Fraser 2001a, S. 22: „Independent research into the need to tackle Beyond budgeting has been mounting ever since we raised the issue in our previous articles ..."
28 Die Internetadresse lautet: www.project.bbrt.org.
29 Z. B. der Klassiker von Jack Welch: „Budgets are the bane of corporate America".
30 Z. B. Svenska Handelsbanken, Borealis, Volvo Cars.
31 „Firms have been trying to come to terms with these problems for decades." (Bunce/Hope/Fraser 2002, S. 36)
32 Am deutlichsten wird dies wohl im Titel des zweiten White Papers: „Managing in the new economy".
33 In Anlehnung an Bunce/Hope/Fraser 2002, S. 36.
34 Vgl. dazu auch Oehler 2002a, S. 86.
35 Eccles/Noriah 1992, S. 29 f. Weniger positiv zur Rolle der Rhetorik äußert sich Schneider 1998, S. 1473 ff.
36 Eine Ausnahme bildet Weber 2002, S. 383.
37 Vgl. dazu auch nochmals die Ausführungen zur „Unausweichlichkeit" der Anwendung neuer Managementprinzipien oben.
38 Ähnlich auch Oehler 2002b, S. 154.
39 Vgl. zu den folgenden Punkten nochmals Weber 2002, S. 383.
40 Vgl. Schmalenbach zitiert nach Hummel/Männel 1990, S. 31. Daneben auch Schmalenbach 1956, S. 434.
41 Auch das Wort „Prinzipien" scheint vor diesem Hintergrund eher unglücklich gewählt zu sein.
42 Vgl. o.V. 2000.
43 Vgl. Hope/Fraser 2000b, S. 15 und Boesen 2002, S. 12.
44 Vgl. Röpke 1977, S. 252.
45 In Anlehnung an o.V. 2000.
46 Bunce/Hope/Fraser 2002, S. 47.
47 Vgl. Bunce/Hope/Fraser 2002, S. 47.
48 Die Hypothesen bestehen dabei neben Annahmen auch aus Einstellungen (als bewerte-

te Annahmen) und Erwartungen (als Prognosen).

49 „Like a pane of glass framing and subtly distorting our vision, mental models determine what we see." (Senge 1990, S. 235 f. Ähnlich auch Kim 1993, S. 39).
50 Zur Manifestation und Institutionalisierung von Regeln vgl. Burns/Scapens 2000, S. 9 ff.
51 Vgl. Schäffer 2001, S. 92 f. und die dort angegebene Literatur.
52 Hope/Fraser 2000a, S. 35.
53 Vgl. Schäffer 2001, S. 233.
54 Vgl. Arunachalam/Beck 2002, S. 3.
55 Vgl. dazu auch Hope/Fraser 2000a, S. 35.
56 Vgl. dazu nochmals die Ausführungen zu These 2.
57 Vgl. Gleich/Kopp 2001 und Kogler/Kopp 2001.
58 Horváth 2001, S. 252.
59 Horváth 2001, S. 252.
60 Péter Horváth auf dem Stuttgarter Controllerforum 2002.
61 In Anlehnung an Oehler 2002b, S. 155.
62 Hope/Fraser 2001a, S. 23.
63 Vgl. Weber 1995, S. 16 und dazu Schäffer 1996, S. 30 ff.
64 Vgl. Schäffer 1996.
65 Vgl. Langenbach 2000.
66 Hope/Fraser 2001b, S. 4.
67 Hope/Fraser 2001a, S. 23.
68 Vgl. Gleich 2002 und Horváth 2002.
69 Vgl. auch explizit Hope/Fraser 2001a, S. 22.

Literatur

ARGYRIS, C. (1952): The Impact of Budgets on People, New York 1952
ARUNACHALAM, V./BECK, G. (2002): Functional Fixation Revisited: the Effects of Feedback and a Repeated Measures Design on Information Processing Changes in Response to an Accounting Change, in: Accounting Organizations and Society, Volume 27, 1/2002, S. 1–25
BARRETT, M. E./FRASER III, L. B. (1977): Conflicting Roles in Budgeting for Operations – Successful Blending of the Various Aims Can Further Overall Company Objectives, in: Harvard Business Review, Volume 55, July-August/1977, S. 137–146
BOESEN, T. (2002): Abandoning Budgets at Borealis – Achieving Timely & Valuable Information with Less Resources, Tagungsunterlagen der 4. Stuttgart Planungskonferenz am 27./28.11.2002
BRIMSON, J./FRASER, R. (1991): The Key Features of ABB, in: Management Accounting (UK), Volume 69, 1/1991, S. 42–43
BUNCE P./HOPE J./FRASER R. (2002): Beyond Budgeting – Breaking Free From the Annual Performance Trap, in: HORVÁTH, P. (Hrsg.): Performance Controlling – Strategie, Leistung und Anreizsystem effektiv verbinden, Stuttgart 2002, S. 33–49

BURNS J./SCAPENS R. (2000): Conceptualizing Management Accounting Change: an Institutional Framework, in: Management Accounting Research, Volume 11, 1/2000, S. 3–25
DAVIS, M. S. (1986): „That's Classic!" The Phenomenology and Rhetoric of Successful Social Theories, in: Philosophy of the Social Sciences, 16. Jahrgang (1986), S. 285–301
ECCLES, R. G./NOHRIA, N. (1992): Beyond the Hype – Rediscovering the Essence of Management, Boston 1992
FRASER, R./HOPE, J. (2001): Beyond Budgeting, in: Controlling, 13. Jahrgang, 3/2001, S. 437–442
FRASER, R./DE WAAL, A. (2001): BBRT Benchmarking Project – Report on an Exploratory Survey, CAM-I, BBRT, Dorset 2001
GLEICH, R. (2002): „Innovation Action Research" als neue Methodik der Controllingforschung, in: WEBER, J./HIRSCH, B. (Hrsg.): Controlling als akademische Disziplin – Eine Bestandsaufnahme, Wiesbaden 2002, S.439–448
GLEICH, R./KOPP, J. (2001): Ansätze zur Neugestaltung der Planung und Budgetierung, in: Controlling, Jahrgang 13, 8–9/2001, S. 429–436
GREINER, O. (2001): Anforderungen und Gestaltungsmöglichkeiten der Budgetierung im Rahmen der Strategierealisierung, Controlling-Forschungsbericht Nr. 70, Stuttgart 2001
HOPE, J./FRASER, R. (1999): Beyond Budgeting, CAM-I, BBRT, White Paper, Dorset 1999
HOPE, J./FRASER, R. (2000a): Beyond Budgeting, in: Strategic Finance, Volume 82, 4/2000, S. 30–35
HOPE, J./FRASER, R. (2000b): Beyond Budgeting – Managing in the New Economy, CAM-I, BBRT, White Paper 2, Dorset 2000
HOPE, J./FRASER, R. (2001a): Figures of Hate, in: Financial Management (CIMA), February/2001, S. 22–25
HOPE, J./FRASER, R. (2001b): Beyond Budgeting – Questions and Answers, CAM-I, BBRT, Dorset 2001
HOPE, J./FRASER, R./TRENT, J.T. (2003): Beyond Budgeting: How Managers Can Break Free from the Annual Performance Trap, Boston 2003
HOPWOOD, A.G. (1973): Accounting Systems and Managerial Behaviour, London 1973
HORVÁTH, P. (2001): Controlling, 8. Auflage, München 2001
HORVÁTH, P. (2002): Der koordinationsorientierte Ansatz, in: WEBER, J./HIRSCH, B. (Hrsg.): Controlling als akademische Disziplin – Eine Bestandsaufnahme, Wiesbaden 2002, S. 49–65
HUMMEL, S./MÄNNEL, W. (1990): Kostenrechnung: Grundlagen, Aufbau und Anwendung, 4. Auflage, Wiesbaden 1990
JENSEN, M.C. (2001): Corporate Budgeting is Broken – Let's Fix It, in: Harvard Business Review, Volume 79, November/2001, S. 94–101
KAPLAN, R.S./NORTON, D.P. (1996): The Balanced Scorecard – Translating Strategy into Action, Boston 1996

KAPLAN, R.S./NORTON, D.P. (2001): Die strategiefokussierte Organisation, Stuttgart 2001
KIESER, A. (1996): Moden & Mythen des Organisierens, in: DBW, 56. Jahrgang, 1/1996, S. 21–39
KIM, D. H. (1993): The Link Between Individual Learning and Organizational Learning, in: Sloan Management Review, Volume 64, S. 37–50
KOGLER, S./KOPP, J. (2001): Praktische Impulse zur Verbesserung der Planung und Budgetierung, in: Bilanzbuchhalter und Controller, 25. Jahrgang, 9/2001, S. 201–204
LANGENBACH, W. (2000): Börseneinführung von Tochtergesellschaften – Eine konzeptionelle und empirische Analyse zur Optimierung der Rationalitätssicherung durch Märkte, Wiesbaden 2001
MICKELTHWAIT, J./WOOLDRIDGE, A. (1996): The Witch Doctors – Making Sense of the Management Gurus, New York 1996
NEELY, A./SUTCLIFF, M. R./HEYNS, H. R. (2001): Driving Value Through Strategic Planning and Budgeting, A Research Report from Cranfield School of Management and Accenture, o. O. 2001
OEHLER, K. (2002a): Balanced Scorecard und Budgetierung – (wie) passt das zusammen? in: Controlling, 14. Jahrgang, 2/2002, S. 85–92
OEHLER, K. (2002b): Beyond Budgeting, was steckt dahinter und was kann Software dazu beitragen?, in: krp Kostenrechnungspraxis, 46. Jahrgang, 3/2002, S. 151–160
o. V. (2000): Beyond Budgeting, URL: http://www.news.philips.com/mondial/archive/2000/october/ artikel2_1.html (23.05.2002)
RIEG, R. (2001): Beyond Budgeting – Ende oder Neubeginn der Budgetierung, in: Controlling, 13. Jahrgang, 11/2001, S. 571–576
RÖPKE, J. (1977): Die Strategie der Innovation – Eine systemtheoretische Untersuchung der Interaktion von Individuum, Organisation und Markt im Neuerungsprozess, Tübingen 1977
SCHÄFFER, U. (1996): Controlling für selbstabstimmende Gruppen?, Wiesbaden 1996
SCHÄFFER, U. (2001): Kontrolle als Lernprozess, Wiesbaden 2001
SCHIFF, M./LEWIN, A. Y. (1968): When Traditional Budgeting Fails, in: Management Review, Volume 4, August/1968, S. 18–23
SCHMALENBACH, E. (1956): Kostenrechnung und Preispolitik, 7. Auflage, Köln und Opladen 1956
SCHNEIDER, D. (1998): Marktwertorientierte Unternehmensrechnung: Pegasus mit Klumpfuß, in: Der Betrieb, 51. Jahrgang, 30/1998, S. 1473–1478.
SENGE, P. M: (1990): Fifth Discipline, The Art and Practice of the Learning Organization, New York et al. 1990
WEBER, J. (1995): Einführung in das Controlling, 6. Auflage, Stuttgart 1995
WEBER, J. (2002): Einführung in das Controlling, 9. Auflage, Stuttgart 2002
WEBER, J./GROTHE, M./SCHÄFFER, U. (2000): ZP-Stichwort: Mentale Modelle, in: Zeitschrift für Planung, Band 11, 2/2000, S. 239–244

Beyond Budgeting bei Verbundeffekten?

Jürgen Weber / Stefan Linder / Dennis Spillecke

■ Einführung

Die Budgetierung stellt ein zentrales Instrument zur Prognose, Koordination und Motivation in den meisten größeren Unternehmen dar (vgl. hierzu auch Heckert/Willson 1955, S. 11; Solaro 1985, S. 869; Radke 1991, S. 1). Das in den 20er Jahren des letzten Jahrhunderts entwickelte Instrument ist jedoch in den vergangenen Jahren immer schärfer in die Kritik geraten. Der Budgetierung wird dabei zum Vorwurf gemacht, dass sie zu (zeit-) aufwendig, zu inflexibel, zu wenig mit strategischen Zielen verknüpft und generell zu wenig wertschaffend sei. Auch werden eine zu starke Fokussierung auf die Kostenseite, eine Verstärkung der Tendenz zu hierarchischen „command and control" Strukturen und „Budgetspielen" sowie eine zu geringe Marktorientierung als Schwächen der Budgetierung angeführt (vgl. zu den Kritikpunkten bspw. Hope/Fraser 2000, 2001a; Escoffier 2000, S. 89–92; Zécri 2000, S. 8 ff.; Accenture 2001, S. 6 f.; Grevelius 2001, S. 444; Horváth 2001, S. 250).

In der Reaktion auf diese und andere Kritikpunkte an der klassischen Budgetierung, werden unter diversen Schlagwörtern mehrere Lösungsvorschläge propagiert, die von einer Reform des klassischen Budgetierungssystems (Better Budgeting) bis hin zur vollständigen Abschaffung von Budgets (Beyond Budgeting) reichen (vgl. hierzu Horváth 2001, S. 252; Weber 2002, S. 381). Der prominenteste unter diesen Lösungsansätzen ist zweifellos der Ansatz des Beyond Budgeting.

Im Gegensatz zu der ebenfalls diskutierten Entfeinerung und Flexibilisierung der Budgetierung (Better Budgeting) geht der von Hope/Fraser vom *CAM-I* (Consortium for Advanced Manufacturing International) propagierte Ansatz des Beyond Budgeting von einer radikalen Abkehr von der bisherigen Budgetierungspraxis aus (vgl. Hope/Fraser 2000, S. 32 f.). Der Ansatz bezieht sich dabei insbesondere auf die Planungs- und Steuerungsbelange von Unternehmen in dynamischen Branchen und mit einem hohen Anteil immaterieller Vermögensgegenstände. Ziel ist es, für diese Unternehmen ein flexibles Planungs- und Steuerungsinstrument bereitzustellen, das ohne die für diese Unternehmen eher unpassende klassische Budgetierung auskommt.

Hierzu wurden von Hope/Fraser Unternehmen wie bspw. Svenska Handelsbanken, Borealis, SKF, CarnaudMetalbox und AES Corporation untersucht, die auf die eine oder andere Art ohne klassische Budgets steuern (vgl. Fraser/Hope 2001, S. 440; Grevelius 2001; Grönstedt 2002, S. 3). Als Ergebnis der Fallstudienuntersuchungen wurden insgesamt zwölf Prinzipien zur Gestaltung eines flexiblen Planungs- und Steuerungssystems identifiziert. Diese lassen sich grob in zwei Gruppen einteilen: sechs Prinzipien, die die Unternehmens-

> ● In der Literatur werden als Reaktion auf die Kritik an der klassischen Budgetierung diverse Veränderungsvorschläge gemacht, die von der Reform der Budgetierung bis hin zu ihrer völligen Abschaffung (Beyond Budgeting) reichen.
> ● Insbesondere letzterer Ansatz erfährt dabei in Theorie und Praxis eine größere Resonanz. Bisher fehlt in der Diskussion jedoch eine Untersuchung, inwiefern das Konzept des Beyond Budgeting geeignet ist, zwei wesentliche Funktionen der Budgetierung – die Koordination und die Motivation – in Unternehmen mit Verbundbeziehungen zu übernehmen.
> ● Im vorliegenden Beitrag wird gezeigt, dass im Falle der Existenz von Verbundeffekten in Unternehmen die Sicherstellung der Koordinations- und Motivationseffizienz mit dem Beyond Budgeting Ansatz schwierig ist. Das Beyond Budgeting Konzept ist vielmehr eher für wenig komplexe Unternehmen geeignet.

Prof. Dr. Jürgen Weber, Inhaber des Lehrstuhls für Betriebswirtschaftslehre, insbesondere Controlling und Telekommunikation, an der WHU – Otto-Beisheim-Hochschule, Burgplatz 2, 56179 Vallendar, E-Mail: jweber@whu.edu

Dipl.-Kfm. Stefan Linder, wissenschaftlicher Mitarbeiter am Lehrstuhl für Betriebswirtschaftslehre, insbesondere Controlling und Telekommunikation, an der WHU - Otto-Beisheim-Hochschule, Burgplatz 2, 56179 Vallendar, E-Mail: slinder@whu.edu

kultur und -struktur betreffen, und sechs, die sich auf den Management- und Controllingprozess beziehen (vgl. Fraser/Hope 2001, S. 439 f. und die *Abbildung 1*).

Um den Rahmen dieses Beitrags nicht zu sprengen, seien hier jedoch nur kurz die wichtigsten Aspekte des Beyond Budgeting Konzepts zusammengefasst (vgl. auch Weber 2002, S. 381 f.):

a) die Entwicklung und Förderung (durch das Top Management) einer durch strikte Delegation an dezentrale Stellen und Selbstverantwortung geprägten, offenen Unternehmensstruktur und -kultur (Prinzipien 1, 2, 3, 4, 6 und 11 des ‚Beyond Budgeting‘ Konzepts),

b) die rollierende Überprüfung und ggf. Überarbeitung der Strategie auf Geschäftseinheitsebene (Prinzip 8) und die Verwendung rollierender, d. h. monatlich oder quartalsweise aktualisierter, Vorausschaurechnungen – auch als ‚rolling forecasts‘ bezeichnet (Prinzip 9),

c) die flexible Ressourcenallokation, die Handlungsflexibilitäten des Managements und veränderten Umweltbedingungen Rechnung trägt und auf Basis eines Kalkulationszinsfußes und autonomer dezentraler Entscheidung erfolgt (Prinzip 10),

d) die Konzentration auf relative, am Markt orientierte oder über (Branchen-)Benchmarks ermittelte (finanzielle wie nicht-finanzielle) Zielvorgaben und Steuerungsgrößen (Prinzip 7),

e) der verstärkte Einsatz interner Märkte, auf denen die einzelnen Geschäftseinheiten und Profit-Center als Kunden bzw. Lieferanten agieren und wettbewerbsfähig sein müssen (Prinzip 5),

f) die Kappung der direkten Verbindung von der Planung bzw. der Planerreichung mit dem Entgeltsystem. Stattdessen wird auf eine am relativen Erfolg einer Einheit oder des Gesamtunternehmens orientierte, teambasierte Vergütung abgestellt (Prinzip 12).

Das Beyond Budgeting Konzept erfährt – wie eingangs bereits dargestellt – eine breite Öffentlichkeitswirkung (vgl. bspw. Schaudwet 2002). Die Diskussion konzentriert sich dabei auf die Darstellung der Schwächen der klassischen Budgetierung und der prophezeiten Stärken des neuen Beyond Budgeting Modells. Die (praktisch äußerst bedeutsame) Frage, ob das Konzept – wie von den Verfechtern mehr oder minder explizit formuliert – universell einsetzbar und der klassischen Budgetierung tatsächlich in allen Punkten überlegen ist, wird hingegen nur am Rande beleuchtet. Gerade die Beantwortung dieser Fragestellung aber ist für Controller, die mit dem Gedanken spielen, das Konzept in der Praxis einzusetzen, bedeutsam. Nur wenn das Konzept auch auf das jeweilige Unternehmen passt (d. h. bessere Ergebnisse als die klassische Budgetierung liefert), ist der nicht unbeträchtliche Implementierungsaufwand des Konzepts zu rechtfertigen.

Im vorliegenden Artikel soll daher ein erster Schritt unternommen werden,

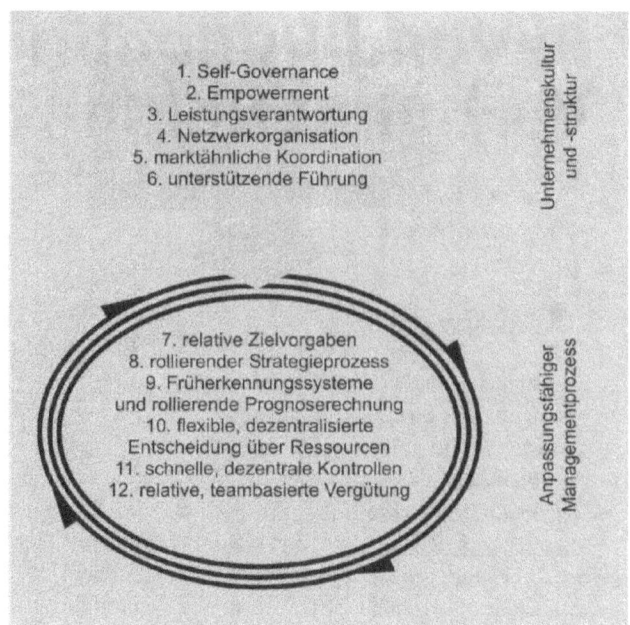

Abbildung 1: Das Beyond Budgeting Konzept (in Anlehnung an Fraser/Hope 2001, S. 439)

die Forschungslücken auf dem Gebiet der Eignung des Beyond Budgeting Ansatzes zumindest in Teilen zu schließen. Basis hierfür liefern einerseits die Funktionen der Budgetierung (Prognose, Koordination und Motivation), die der neue Ansatz (mindestens) ebenso gut erfüllen muss wie die klassische Budgetierung. Andererseits bieten auch die zwölf Prinzipien des Beyond Budgeting Modells und ihre Wechselwirkungen Anknüpfungspunkte für eine solche Untersuchung. Von besonderem Interesse ist dabei insbesondere auch, wie sich das Konzept in „nicht-trivialen" Situationen der Praxis bewähren dürfte. Eine solche Situation ist beispielsweise die der Existenz von Verbundeffekten zwischen einzelnen Unternehmenseinheiten, die in der Praxis häufig anzutreffen ist: Unternehmen der Branchen Telekommunikation, Versorgung, Transport und Logistik sowie Versicherungen sind beispielsweise auf die eine oder andere Art von Verbundeffekten betroffen (vgl. hierzu bspw. Albrecht 1987, S. 316 f.; Kley 2001, S. 271; Theil 2002, S. 109). Aber auch viele Unternehmen des produzierenden Gewerbes sind durch Verbundeffekte charakterisiert (vgl. hierzu auch Weber 1996, Sp. 2142 f.).

Dipl.-Kfm. Dennis Spillecke,
Jahnstraße 57, 56179 Vallendar,
E-Mail: dspill@whu.edu

Zwar ist aufgrund der Vielheit und Diversität der Prinzipien des Beyond Budgeting Modells eine umfassende Untersuchung aller Aspekte in einem Beitrag nicht möglich, im Weiteren sei aber der Versuch unternommen, wenigstens zwei für die Koordination und Motivation in Unternehmen zentrale Prinzipien – das der Ressourcenallokation (Prinzip 10) und das der Anreizgestaltung (Prinzip 12) – für Unternehmen mit Verbundeffekten näher zu beleuchten. Die Einschränkung lässt sich damit rechtfertigen, dass nur ein Konzept, welches die zentralen Problembereiche jeder Organisation (die Koordination und die Motivation) mindestens hinreichend gut zu lösen versteht, überhaupt für die Praxis Relevanz besitzen dürfte.

Ressourcenallokation und Anreizgestaltung nach dem Beyond Budgeting Modell

Zu den zwölf Prinzipien des Beyond Budgeting Modells gehören die Neugestaltung der Ressourcenallokation, insbesondere des Investitionsmanagements (Prinzip 10), und der Anreizgewährung bzw. Vergütung (Prinzip 12).

Während das „klassische Budgetierungsmodell" nach Ansicht der Verfechter des Beyond Budgeting Konzepts durch einen schwerfälligen, zentralistischen Ressourcenallokationsprozess auf Basis von Budgets charakterisiert ist, fordern Hope/Fraser im Beyond Budgeting Modell: „make resources available to operations when required at a fair cost, don't allocate them from the centre." (Hope/Fraser 2001a, S. 23). Die Vorgabe eines Kalkulationszinsfußes („cost") durch die Zentrale und die dezentrale autonome Entscheidung über die einzelnen Investitionsprojekte, die Hope/Fraser somit fordern, ist keineswegs grundsätzlich neu (vgl. zu diesem Vorgehen auch Gocke 1993, S. 48 ff.). Sie wird bereits in diversen Unternehmen praktiziert. Zu hinterfragen ist jedoch, welche Wechselwirkungen diese Methode mit anderen Beyond Budgeting Prinzipien besitzt, insbesondere mit der Anreizgestaltung (Prinzip 12).

Dies ist besonders im Fall einer „nichttrivialen" Situation unter Verbundeffekten zu untersuchen.

Hinsichtlich der Anreizgestaltung (Prinzip 12) propagiert das Beyond Budgeting Konzept die Vergütung „based on relative performance at a business unit or company level" (Hope/Fraser 2000, S. 35). Abgestellt wird somit nicht wie in vielen anderen Anreizschemata auf den absoluten, sondern auf den relativen Erfolg. Zu beachten ist auch, dass der Beyond Budgeting Ansatz eigentlich zwei alternative Anreizschemata bereithält: Entweder ist auf den relativen Bereichserfolg einer Geschäftseinheit („performance at a business unit [level]") im Vergleich zu anderen Geschäftseinheiten oder aber auf den Erfolg des Gesamtunternehmens („or company level") abzustellen (Hope/Fraser 2000, S. 35).

Wird der Anreiz, der ersten Alternative folgend, an den relativen Erfolg einer Geschäftseinheit gebunden, so entspricht dieses Vorgehen der Empfehlung Rappaports (1981), die Geschäftsbereiche eines Mehrproduktunternehmens so zu führen, dass sie ihren Geschäftsbereichswert maximieren (vgl. Rappaport 1981, S. 148, sowie Albach 2001, S. 645). Welche der beiden Alternativen jedoch im konkreten Fall zu wählen ist, ist den Veröffentlichungen zum Beyond Budgeting Ansatz nicht zu entnehmen. Diese Entscheidung besitzt – wie im weiteren Verlauf des Artikels deutlich wird – für die Anwendung in der Praxis große Bedeutung.

Damit das Beyond Budgeting Konzept „universell" (d. h. für alle Unternehmen) einsetzbar ist – was von den Verfechtern immer wieder unterstrichen wird (vgl. dazu bspw. Hope/Fraser 2001b), muss das eben knapp umrissene Ressourcenzuteilungsverfahren in Verbindung mit dem Anreizsystem universell verwendbar sein. Im Folgenden ist nun zu prüfen, ob die Methodik der Vorgabe eines zentralen Kalkulationszinsfußes und der autonomen dezentralen Entscheidung unter Anreizkopplung an den Erfolg der Geschäftseinheiten ein zweckmäßiger Modus zur Koordination und Motivation im Unternehmen darstellt oder aber ob entweder eine Anreizkoppelung an den Erfolg des Gesamtunternehmens vorzuziehen ist oder gar der Einsatz eines anderen Ressourcenallokationsverfahrens (z. B. Budgetierung statt Beyond Budgeting) die bessere Alternative darstellt. Diese Frage soll im Weiteren für den Fall der Existenz von Verbundeffekten zwischen einzelnen Konzerneinheiten untersucht werden.

Vor einer eingehenderen Betrachtung der Eignung der Ressourcenzuteilung und Anreizgestaltung nach dem Beyond Budgeting Ansatz im Falle von Verbundbeziehungen sei jedoch kurz auf ein wichtiges grundsätzliches Problem für die Zentrale im Rahmen der Methode der Ressourcenallokation über Kalkulationszinsfüße und dezentrale Entscheidungen hingewiesen: das Problem des „richtigen" Zinsfußes. Nur im (hypothetischen) Fall eines vollkommenen Kapitalmarktes lässt sich dieser (z. B. mit dem Capital Asset Pricing Model) weitgehend problemlos bestimmen. Um den Kalkulationszinsfuß aber in einem in der Praxis wohl eher als unvollkommen zu charakterisierenden Kapitalmarkt exakt zu bestimmen, muss die Grenzrendite durch den Schnittpunkt der Kapitalnachfrage- und Kapitalangebotsfunktion ermittelt oder durch ein Totalmodell berechnet werden (vgl. hierzu das Modell von Dean und das Albach Modell, dargestellt z. B. bei Götze/Bloech 2002, S. 321–336). Allerdings ist, wie Franke/Hax (1999) erläutern, „diese Rendite […] jedoch erst bekannt, wenn das optimale Kapitalbudget bekannt ist. Dann aber nützt die Kenntnis der Grenzrendite nichts mehr" (Franke/Hax 1999, S. 224). Grundsätzlich kann also der Zinsfuß bei unvollkommenem Kapitalmarkt nur näherungsweise bestimmt werden. Die Diskussion um die Herleitung eines „richtigen" Zinsfußes würde hier den Rahmen sprengen (vgl. zur Zinssatzdiskussion bspw. Albach 1962, S. 38 ff.; Jacob/Klein/Nick 1994, S. 56 ff.). Wir (und wohl auch die Verfechter des Beyond Budgeting Ansatzes) gehen vereinfachend davon aus, dass der Zinsfuß hinreichend gut bestimmbar ist. Im Weiteren stehen deshalb die Verbundeffekte und ihre Wirkung auf eine dezentrale Entscheidung bei Anreizgewährung auf den Geschäftseinheitserfolg im Vorder-

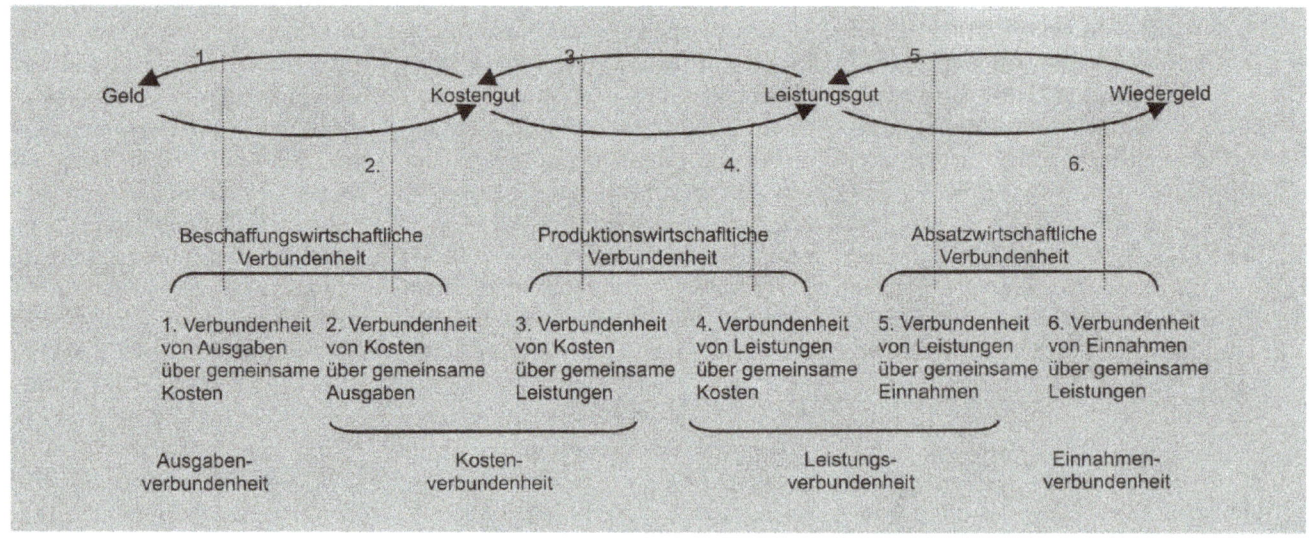

Abbildung 2: Betriebliche Verbunde nach Kömmelbein (1967) (Abbildung in Anlehnung an Männel 1984, Sp. 2079 f.)

grund. Vom Problem der Bestimmung des Kalkulationszinsfußes sei hingegen abstrahiert.

Verbundeffekte und ihre Folgen

Die Thematik der Verbundeffekte in Unternehmen wird unter mehreren Schlagworten (z. B. auch unter den Begriffen Synergie, Verbundwirtschaft und Kuppelproduktion) in der Literatur diskutiert (vgl. bspw. Männel 1984; Gälweiler 1989; Weber 1996). Dabei werden mehrere unterschiedliche Arten an Verbunden unterschieden. So differenziert Weber (1996) in Beschaffungsverbunde, Produktionsverbunde, Absatzverbunde, Mehrfachverbunde dieser Arten und finanzielle sowie administrative Verbunde (vgl. Weber 1996, Sp. 2144 f.). Kömmelbein (1967) identifiziert – auf den einzelnen aufeinanderfolgenden Phasen im Betriebsprozess (Geld, Kostengut, Leistungsgut, Wiedergeld) aufsetzend und diese zueinander in Beziehung setzend – sechs Arten innerbetrieblicher Verbunde (vgl. hierzu die *Abbildung 2*). Von diesen lassen sich die ersten beiden Arten unter dem Oberbegriff beschaffungswirtschaftliche Verbunde zusammenfassen. Die dritte und vierte Variante sind als produktionswirtschaftliche Verbunde zu bezeichnen. Als absatzwirtschaftliche Verbunde hingegen sind die Varianten fünf und sechs zu charakterisieren (vgl. hierzu auch Männel 1984, Sp. 2078–2080). Neben diesen Strukturierungsschemata existieren auch noch diverse weitere, die die Verbundbeziehungen z. T. noch feiner detaillieren.

Nachfolgend sollen die Koordinations- und Motivationsprobleme, die beim Einsatz des Beyond Budgeting Konzepts und der Existenz von Verbundbeziehungen auftreten können, exemplarisch für drei Verbundeffektsituationen untersucht werden. Im ersten Schritt werden in der Praxis häufig anzutreffende absatzwirtschaftliche Verbundeffekte betrachtet. Daran im Anschluss werden – in der Praxis ebenfalls sehr häufig auftretende – Prozessinterdependenzen (d. h. ein produktionswirtschaftlicher Verbund) untersucht. Als dritte exemplarische Situation wird eine Kombination aus Risiko- und Ressourcenverbund, d. h. eine Kombination mehrer Verbundeffekte, betrachtet. Ausgehend von diesen exemplarischen Situationen kann dann die Frage beantwortet werden, wie die im Beyond Budgeting Konzept geforderten Prinzipien 10 und 11 in der Praxis bei Verbundeffekten harmonieren bzw. welche Alternativen zur Vermeidung von Koordinations- oder Motivationsdefekten zu wählen sind.

Absatzwirtschaftliche Verbundeffekte

Die Erfolgsverbunde am Absatzmarkt sind in der Literatur näher beschrieben (vgl. bspw. Männel 1984, Sp. 2077 ff.). So differenziert Weber zwischen Angebotsverbunden, die vom Unternehmen selbst bestimmt sind, und Nachfrageverbunden, die auf der Seite der Konsumenten bestehen (vgl. Weber 2002, S. 171 f.). Meffert wiederum unterscheidet Bedarfs-, Nachfrage- und Kaufverbunde (vgl. Meffert 1998, S. 452–454.). Bei einem Bedarfsverbund werden die Güter zusammen gebraucht oder verbraucht (sogenannte komplementäre Güter). Der Nachfrageverbund besteht zum einen aus dem nachfragewirksamen Bedarfsverbund, zum anderen aus Produkten, die zwar nicht gemeinsam gebraucht werden, aber aus Bequemlichkeit oder durch Werbewirkung gemeinsam nachgefragt werden (vgl. Meffert 1998, S. 452 ff.). Der Kaufverbund ist der kaufwirksame Nachfrageverbund und der durch Verkaufsförderung am Point-of-Sale verursachte Kaufverbund. Der Kaufverbund bezieht sich dabei im Vergleich zu den anderen beiden Verbunden nur auf den einzelnen Kaufakt (vgl. Meffert, S. 452 ff.).

Beim Vorliegen dieser Verbunde kann nach Albach (2001) gezeigt werden, dass „der Gesamtwert des Unternehmens höher ist als die Summe der Werte der Geschäftsbereiche" (Albach 2001, S. 663). Entsprechend können Suboptima in der Investitionsentscheidung auftreten, wenn die Verbunde nicht in der Investitionsrechnung abgebildet werden (vgl. Albach 2001, S. 661 ff.). So kann ein Gut für eine Sparte zwar einen Verlustbringer darstellen und würde vom dezentralen Entscheider nicht mehr hergestellt, aber für das gesamte Unternehmen kann es ein „Lockvogel-Angebot" (Albach 2001, S. 661) sein, durch welches andere, profitable Produkte verkauft werden.

Auch am Beispiel der Preisbündelung („Bundling") lässt sich zeigen, dass es bei Vernachlässigung von Absatzverbunden auf Divisionsebene zu Fehlentscheidungen kommen kann (vgl. für Beispiele zum „Bundling" Meffert 1998, S. 541 f.; Albach 2001, S. 660 ff.). Mit dem „Bundling" ist es möglich, die unterschiedlichen Preisbereitschaften der Konsumenten besser abzuschöpfen und somit die Produzentenrente zu erhöhen (vgl. Meffert 1998, S. 541). Der Erfolgsverbund und seine Auswirkung bei autonomer, dezentraler Entscheidung und Anreizgestaltung auf Basis des Bereichsergebnisses sollen nachfolgend für die Preisbündelung an einem Beispiel erläutert werden (vgl. zum „Bundling" auch Albach 2001, S. 660 ff.).

Unterstellt sei, dass die Division A CD-Spieler und die Division B Verstärker herstellt. Weiterhin sollen die Produktionskosten zur Vereinfachung des Beispiels vernachlässigt werden, sodass der Umsatz dem Gewinn entspricht. Außerdem sei vereinfachend von zwei Kunden ausgegangen, die den Kauf eines CD-Spielers und eines Verstärkers beabsichtigen. Es sei unterstellt, dass der Kunde A bereit ist € 250,- für den CD-Spieler und € 350,- für den Verstärker zu bezahlen. Kunde B ist bereit € 400,- für den CD-Spieler und € 200,- für den Verstärker zu bezahlen.

Optimieren die beiden Divisionen ihre Gewinne unabhängig voneinander, so werden sie den CD-Spieler für € 250,- und den Verstärker für € 200,- verkaufen, sodass der Gesamtgewinn € 900,- beträgt. Setzt jedoch die Zentrale die Preise und verkauft CD-Spieler und Verstärker im Paket, so erwirtschaftet sie bei einem Preis von € 600,- genau € 1200,- Gewinn.

Auch wenn dieses Beispiel ein reines Absatzproblem ist, so zeigt es doch, dass, wenn die einzelnen Divisionen ihre Investitionsplanung autonom vornehmen, Suboptima resultieren können. Dem Controller ist diese Problematik der Erfolgsverbunde durch die Gefahr von Fehlentscheidungen bei der Deckungsbeitragsrechnung und der Erlösrechnung hinreichend bekannt (vgl. Weber 2002, S. 159 f. u. S. 171 f.).

Zusammenfassend lässt sich festhalten, dass bei der im Beyond Budeting Modell vorgeschlagenen Ressourcenallokation und Anreizgestaltung auf Basis des Bereichserfolgs im Falle der Existenz absatzwirtschaftlicher Verbunde eine Fehldimensionierung von Produktionsanlagen möglich und wahrscheinlich ist bzw. dass Investitionsprojekte fälschlicherweise als unprofitabel abgelehnt werden (so zu sehen am oben genannten Beispiel des „Lockvogel-Angebots"). Liegen absatzwirtschaftliche Verbunde vor, so ist demnach zu folgern, dass entweder der Ressourcenallokationsmodus des Beyond Budgeting Modells geändert oder aber die Anreizgestaltung nicht auf dem Bereichs- bzw. Geschäftseinheitserfolg aufgesetzt werden sollte.

Produktionswirtschaftliche Verbundeffekte

Als zweite Art an Verbundeffekten sollen die produktionswirtschaftlichen Verbundeffekte und ihre Wirkungen beim Einsatz von Beyond Budgeting zur Koordination und Motivation im Unternehmen dargestellt werden. Dabei sei auf das Beispiel von Prozessinterdependenzen (Restriktionsverbund) zurückgegriffen.

Die Problematik des Restriktionsverbundes wird in der Literatur oft auch unter dem Stichwort der Verrechnungspreise diskutiert (vgl. zur Thematik der Verrechnungspreise bspw. Solomons 1965, S. 160 ff.; Poensgen 1973, S. 457 ff.; Kloock 1992, Sp. 2554 ff.; Laux/Liermann 1997, S. 373 ff.; Ewert/Wagenhofer 2003, S. 614–619). Dabei stellen Verrechnungspreise „Wertansätze (Nutzenwerte) für fremdbezogene oder eigengefertigte betriebliche Produktionsfaktoren (einschließlich Zwischenprodukte) [...], die bei ihrem Verbrauch oder ihrer Nutzung zur Steuerung der betrieblichen Prozesse anzusetzen sind", dar (Kloock 1992, Sp. 2554). Verrechnungspreise werden hier zur Koordination von Bereichen, die über Restriktionsverbunde miteinander verflochten sind, verwendet (vgl. z. B. Frese 1998, S. 218).

In Anlehnung an das Modell von Albach (2001), das auf der Logik des Modells von Hirshleifer basiert, der die Verrechnungspreisproblematik bei einem Vorprodukt und einem Endprodukt untersucht hat, sei unterstellt, dass die Division A des betrachteten Unternehmens ein Vorprodukt x_1 sowie ein Endprodukt x_2 herstellt, welches auf dem Vorprodukt x_1 basiert (Albach 2001, S. 663 f.). Die Division B stellt ein Endprodukt x_3 her, welches ebenfalls auf dem Vorprodukt x_1 basiert. Weitere Prämissen des Modells sind:

- Es wird von Produktionsengpässen abstrahiert.
- Die Divisionsleiter können autonom über die Produktionsmenge verfügen.
- Von der Lagerhaltung sei abstrahiert.
- Von allen anderen Koordinationsproblemen sei abstrahiert.
- Die Divisionsmanager verfolgen das Ziel der Maximierung ihres Gewinnes.
- Das betrachtete Unternehmen sei Monopolist auf seinen Absatzmärkten.
- Die Produktionskosten seien durch konstante Grenzkosten gegeben. Von Fixkosten sei abstrahiert.
- Für das Vorprodukt gebe es keinen externen Markt. Ist ein externer Markt vorhanden, so ist in der beschriebenen Situation der Marktpreis der optimale Verrechnungspreis (vgl. Laux/Liermann 1997, S. 379 ff.).
- Die Division A stelle des Weiteren das Produkt x_1 nur zum Eigenverbrauch und für die Division B her. Zur Vereinfachung sei unterstellt, dass je Einheit Endprodukt eine Einheit Vorprodukt benötigt wird.

$$
\begin{aligned}
&(1)\ p_i = a_i - b_i x_i && i = 2,3 && \text{Preis-Absatz-Funktion}\\
&(2)\ GE_i = a_i - 2 b_i x_i && i = 2,3 && \text{Grenzerlösfunktion}\\
&(3)\ GN_i = a_i - 2 b_i x_i - c_i && i = 2,3 && \text{Grenzgewinnfunktion}\\
&(4)\ G_A = (a_2 - c_2 - c_1) x_2 - b_2 x_2^2 + (v_1 - c_1) x_3 && && \text{Gewinnfunktion der Division A}\\
&(5)\ G_B = (a_3 - c_3 - v_1) x_3 - b_3 x_3^2 && && \text{Gewinnfunktion der Division B}
\end{aligned}
$$

wobei:
v_1 = Verrechnungspreis; p_i = Preis des Produkts i; x_i = Einheiten Produkt i; a_i, b_i = Parameter der Nachfragefunktion; c_i = Grenzkosten der Produktion des Produktes i.

Die folgenden Gleichungen werden für die Berechnung optimaler Verrechnungspreise im Monopol benötigt:

Es sei das bereichsoptimale Verhalten der Division B untersucht. Um das Optimum zu erhalten, kann zum einen der Extrempunkt der Gewinnfunktion der Division B berechnet oder zum anderen graphisch hergeleitet werden (vgl. für ersteren Ansatz Albach 2001, S. 664, und für letztere Alternative Solomons 1965, S. 212 ff.; Laux/Liermann 1997, S. 374 ff.). Im Folgenden sei auf letztere Lösungsalternative zurückgegriffen.

Im ersten Schritt wird die Grenzgewinnfunktion GN_B ermittelt, welche die optimale Nachfrage der Division B nach dem Vorprodukt darstellt. Dazu wird die Grenzerlöskurve durch Differenzierung der Umsatzfunktion ermittelt. Die Umsatzfunktion wird dabei durch die Multiplikation der Preis-Absatzfunktion mit der Menge x_i gebildet (vgl. Varian 1999, S. 407 f., sowie Gleichung (2)). Die Grenzgewinnfunktion ergibt sich durch Abzug der Grenzkosten der Weiterverarbeitung des Zwischenproduktes zum Endprodukt. Vergleiche hierzu die Abbildung 3 und die Gleichung (3) (vgl. auch Laux/Liermann 1997, S. 374 f.).

Der Schnittpunkt der Grenzgewinnkurve mit der Verrechnungspreisgeraden gibt die optimale Nachfragemenge an (siehe Abbildung 4).

Die Abbildung 4 bietet Aufschluss über den korrekten Verrechnungspreis. Der optimale Verrechnungspreis v_1 entspricht den Grenzkosten des Vorproduktes. Allerdings lösen die Grenzkosten zwar die Koordinationsproblematik (vgl. Solomons 1965, S. 212 ff.; Laux/Liermann 1997, S. 375 f.), sie sind aber für die Lösung der Motivationsproblematik ungeeignet, da sie keine leistungsgerechten bzw. „motivierenden" Periodenzielbeiträge abbilden: die Division A macht keinen Profit durch ihre Anstrengungen, das Produkt an die Division B zu verkaufen (vgl. Kloock 1992, Sp. 2566 ff.; Frese 1998, S. 228 ff.). Wenn der Verrechnungspreis unterhalb der Grenzkosten der Herstellung des Vorproduktes liegt, wird die Division A das Vorprodukt nicht an Division B verkaufen. Die Division A würde ansonsten einen Verlust mit dem Verkauf machen. Da angenommen wurde, dass die Divisionen (dem ersten Ansatz der Anreizgestaltung im Beyond Budgeting Modell folgend) ihre relativen Bereichsergebnisse maximieren, wird Division A zu diesem Preis folglich nicht verkaufen (und somit auch keine Produktionsanlage beschaffen). Die Division A besitzt darüber hinaus einen Anreiz, die Division B über ihre Kapazität oder über die Grenzkosten bzw. die Gewinnkurve zu täuschen, um ihren individuellen Bereichserfolg (und damit ihre Vergütung) zulasten des Gesamterfolgs zu erhöhen (vgl. hierzu auch Laux/Liermann 1997, S. 391). Ist der Verrechnungspreis größer als die (tatsächlichen) Grenzkosten (und besitzt somit auch beim unterstellten Anreizschema Motivationscharakter), beispielsweise bei v_2 so sinkt die Konsumentenrente der Division B von den Bereichen k, l, m auf den Bereich k. Die Produzentenrente der Division A steigt zwar um den Bereich l, aber die Rente der Fläche m geht verloren. In Anlehnung an die Benennung in der Volkswirtschaftslehre könnte der Verlust als ein *deadweight loss* bezeichnet werden (vgl. Varian 1999, S. 422–424).

Diese Ausführungen zeigen, dass ein motivationsgerechter Verrechnungspreis bei der vorliegenden Situation oberhalb der (tatsächlichen) Grenzkosten zu Suboptima in der Koordination führt. Folglich sollte zur Vermeidung solcher Suboptima in der Koordination bei produktionswirtschaftlichen Verbundeffekten entweder ein anderer (weniger dezentraler) Ressourcenalloka-

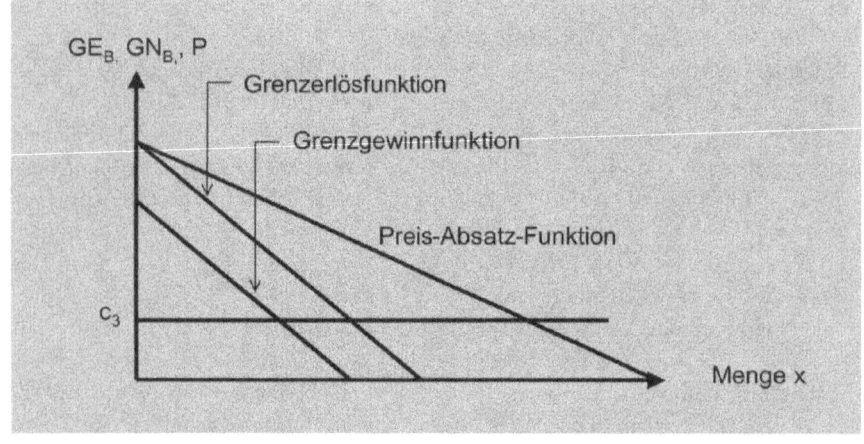

Abbildung 3: Ermittlung der Nachfrage von B für das Zwischenprodukt

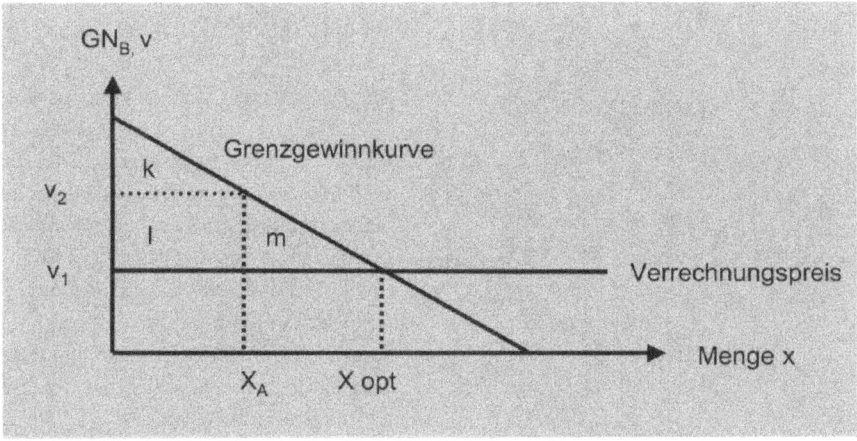

Abbildung 4: Ermittlung der optimalen Menge des Vorproduktes

tionsmechanismus als ihn das Beyond Budgeting Konzept vorsieht oder aber eine andere Anreizgestaltung gewählt werden.

Risiko- und Ressourcenverbund

Nachdem in den vorangegangenen zwei Beispielen auf absatz- und produktionswirtschafliche Verbunde eingegangen wurde, sei als drittes Beispiel die Situation eines Risiko- und Ressourcenverbundes näher betrachtet.

Der grundlegende Aspekt des Risikoverbunds in Spartenorganisationen ist in Anlehnung an Albach (2001), dass „das Risiko des gesamten Unternehmens [...] geringer als das Risiko der einzelnen Geschäftsbereiche" ist (Albach 2001, S. 657). Dies schlägt sich z. B. in besseren Finanzierungskonditionen für die Gesamtunternehmung, als es sie für die einzelnen Sparten gäbe, nieder (sogenannter Diversifikationseffekt, vgl. Ross/Westerfield/Jaffe 1999, S. 238 ff.; Brealey/Myers 2000, S. 165). Ein Risikoverbund ist jedoch auch in der Produktion oder dem Absatz möglich. Folglich lässt sich der Risikoverbund nicht per se einer der drei eingangs identifizierten Arten an Verbundeffekten zuordnen.

Das grundlegende Problem für Investitionsentscheidungen bei Risikoverbunden ist das „Riskpooling". Albach (2001) stellt dazu fest: „Wenn die Zentrale so führt, dass die jeweiligen Bereichsrisiken zum Ansatz gebracht werden, dann trifft jeder Geschäftsbereichsleiter aus Sicht des Gesamtunternehmens zu vorsichtige, also falsche Entscheidungen" (Albach 2001, S. 657). Das Konzept des Riskpoolings ist nicht neu und findet sich oft im Bereich der Produktion, bspw. bei der Postponement Strategie (vgl. z. B. Feitzinger/Lee 1997, S. 116–121; Nahmias 2001, S. 333–336).

Um zu überprüfen, ob in einer Situation mit Risikoverbund eine Anreizgestaltung auf Basis des Bereichserfolgs und autonome, dezentrale Investitionsentscheidungen optimal sind, sei auf ein exemplarisches Unternehmen, welches ein gemeinsames Netz nutzt (z. B. ein Telekommunikationsunternehmen mit den Sparten Festnetz und Mobilfunk), zurückgegriffen. Das betrachtete divisionale Netzunternehmen stehe dabei vor der Frage, wie viel die Divisionen in das gemeinsame Netz in der kommenden Periode investieren sollen. Es liegt somit neben dem Risikoverbund in dieser Situation auch ein Ressourcenverbund vor (sowohl die Sparte Festnetz als auch die Sparte Mobilfunk greifen auf ein gemeinsames Netz bzw. „Backbone" zurück).

Aus Gründen der Vereinfachung sei die Darstellung auf ein Einperiodenmodell beschränkt. Für ein geeignetes Mehrperiodenmodell sei hingegen nur auf die Queuing Theory verwiesen (vgl. Nahmias 2001, S. 473–501).

Für dieses Modell sei unterstellt, dass die Nachfrage nach dem Produkt 1, welches Division A herstellt, und Produkt 2, welches Division B herstellt, stochastisch verteilt ist. Jedoch kennen die zwei Divisionen den Mittelwert μ_i und die Standardabweichung σ_i der Nachfrage nach ihren Leistungen. Wir unterstellen weiterhin, dass zwischen Produkt 1 und 2 substitutive Beziehungen bestehen (d. h. die Kovarianz zwischen den beiden Produkten ist negativ; bei komplementären Produkten hingegen, ist von einer Kovarianz von größer Null auszugehen). Ferner seien unsichere Erwartungen unterstellt und von allen anderen Koordinationsproblemen sei abstrahiert.

Zur Analyse der Entscheidungen sei unterstellt, dass die Akteure zur Bestimmung des optimalen Netzvolumens und der damit verbundenen Investitionssumme das sogenannte Newsboy Model nutzen, welches zur Berechnung einer optimalen Lagerhaltung im Einperiodenfall verwendet wird (vgl. Nahmias 2001, S. 250–256). Das betrachtete Netzunternehmen steht genau genommen vor einer Lagerhaltungsfrage: es muss die Frage beantworten, wie viel Netzkapazität angeschafft werden soll, um die Nachfrage zu befriedigen. Die zur Berechnung notwendigen Gleichungen sind nachfolgend angegeben:

Zuerst sei das Ergebnis betrachtet, wenn eine zentrale Stelle über die Investitionen in die Netzkapazität entscheidet. Wenn die Zentrale die Netzkapazität Q selbst festlegt, melden die divisionalen Einheiten der Zentrale den Mittelwert der Nachfrage μ_i und die Standardabweichung σ_i. Des Weiteren sind noch die Kosten von einer Einheit nicht verkaufter Netzkapazität in der kommenden Periode, die sogenannten overage costs c_{oi}, und die Opportunitätskosten einer in der kommenden Periode nicht befriedigten Nachfrage nach einer Einheit Netzkapazität, die sogenannten underage costs c_{ui}, zu ermitteln. Angenommen c_{oi}, c_{ui}, μ_i und σ_i sind bei jeder Division identisch (diese Annahme dient lediglich der Vereinfachung der Rechnung), so kann die Zentrale die overage costs c_{oi} und die underage costs c_{ui} vergleichen und den optimalen Service Level $F(Q_i^*)$ nach der Gleichung (6) berechnen. Mit dem Service Level kann dann z in einer Normalvertei-

(6) $F(Q_i^*) = \dfrac{c_{ui}}{c_{oi} + c_{ui}}$ optimaler Service Level

(7) $Q_i^* = \mu_i + z\sigma_i$ optimale Netzkapazität

(8) $\mu_{A+B} = 2 \times \mu_i$ summierter Mittelwert

(9) $\sigma_{A+B} = \sqrt{\sigma_A^2 + \sigma_B^2 + 2 \times COV(A,B)}$ zentral summierte Standardabweichung

(10) $Q_{A+B} = 2 \times \mu_i + z \times \sqrt{2 \times \sigma_i^2 + 2 \times COV(A,B)}$ zentral ermittelte Netzkapazität

(11) $Q^* = 2 \times \mu_i + 2 \times z \times \sigma_i$ dezentral ermittelte Netzkapazität

wobei:
c_{oi} = overage costs; c_{ui} = underage costs; μ_i = Mittelwert der Nachfrage; σ_i = Standardabweichung der Nachfrage; i = Division A oder B; Q = Netzkapazität; F = service level; COV = Kovarianz; z = standardisierte Merkmale der Normalverteilung.

lungstabelle ermittelt werden (für die genaue Beschreibung der Methode, der Herleitung und der Anwendung des Newsboy Model siehe Nahmias 2001, S. 250–256). Infolgedessen kann die optimale Netzkapazität mittels der Gleichung (7) bestimmt werden. Es ergibt sich als summierter Mittelwert 2 x μ_i (8) und als summierte Standardabweichung Gleichung (9). Daher ist die benötigte Netzkapazität mit Gleichung (10) gegeben (zur Addition von Varianzen und Mittelwerten im zweidimensionalen Raum vgl. Vogel 1995, S. 170 f.). Wobei COV(A,B) der Kovarianz der Nachfrage zwischen den beiden Produkten A und B entspricht.

Entscheiden die dezentralen Einheiten hingegen selbst und nicht die Zentrale, so werden die Divisionen ihre overage costs c_{oi} und underage costs c_{ui} ermitteln und ihren optimalen Service Level $F(Q_i^*)$ nach der Gleichung (6) festlegen. Somit können die Divisionen ihre jeweilige optimale Netzkapazität Q^* mittels Gleichung (7) angeben. Hier sei ebenfalls unterstellt, dass c_{oi}, c_{ui}, μ_i und σ_i bei jeder Division gleich groß sind, und somit wird insgesamt die in Gleichung (11) errechnete Netzkapazität bereitgestellt.

Die berechnete Netzmenge bei der autonomen dezentralen Entscheidung (Gleichung (11)) ist folglich höher als bei der zentralen Entscheidung (Gleichung (10)), da bei dezentraler Entscheidung beide Divisionen für eine eventuell hohe Nachfrage „vorbereitet" sein müssen. Bei zentraler Entscheidung kann hingegen die Möglichkeit berücksichtigt werden, eine hohe Nachfrage nach einem Produkt durch eine niedrige Nachfrage nach einem anderen Produkt auszugleichen. Nur wenn zwischen dem Absatz der beiden Produkte ein Korrelationskoeffizient von Null besteht, existiert kein Vorteil der zentralen Entscheidung. Liegt ein Korrelationskoeffizient von größer Null vor, so bestehen komplementäre Beziehungen zwischen den Produkten 1 und 2 und die Divisionen würden bei autonomer Entscheidung zu wenig investieren.

Als Ergebnis können wir somit festhalten, dass es bei der Investition in das Netz im Falle dezentraler Auftragsvergabe, einem Korrelationskoeffizienten ungleich Null und Anreizgewährung auf Basis des Bereichserfolgs zu einer Fehldimensionierung der Investition kommen wird. Folglich ist in einer solchen Situation entweder ein anderer Ressourcenallokationsmechanismus als im Beyond Budgeting Ansatz vorgesehen oder aber eine modifizierte Anreizgestaltung zu wählen.

Anreizgestaltung auf Basis des Gesamtergebnisses als Lösung?

Wie die Beispiele zeigen, ist die Anreizgestaltung auf Basis des relativen Geschäftsbereichserfolgs und der Ressourcenallokationsmechanismus via zentralem Kalkulationszinsfuß und autonomer dezentraler Entscheidung in einer Situation mit Verbundeffekten unter Koordinationsgesichtspunkten suboptimal. Ist daraus zu folgern, dass anstelle der ersten, auf dem Bereichsergebnis aufsetzenden Anreizgestaltungsalternative des Beyond Budgeting Modells einfach die zweite Alternative – die Koppelung der Anreize an das Gesamtergebnis – zu wählen ist?

Während diese Lösung auf den ersten Blick naheliegend und einfach zu gleich erscheint, so ist es bei näherer Betrachtung nicht klar, ob sie tatsächlich die grundsätzlich besser Alternative ist. Durch die Koppelung der Anreize an das Unternehmensgesamtergebnis ist es prinzipiell möglich, die einzelnen Einheiten im Unternehmen dazu zu motivieren, sich im Interesse des Gesamtergebnisses zu verhalten: Bei jedem Aktivitätsniveau größer Null bzw. bei jeder Aktivität im Interesse des Gesamtergebnisses steigt die Vergütung. Allerdings partizipieren die dezentralen Entscheidungsträger in diesem Fall auch am Erfolgsrisiko des Gesamtunternehmens.

Für den Fall, dass die Varianz des Gesamtergebnisses höher als die der einzelnen Bereichserfolge ist, fordert jeder dezentrale, risikoaverse Entscheidungsträger bei jedem Bonussatz bzw. Prämiensatz eine höhere Risikoprämie, als wenn seine Belohnung am (weniger volatilen) Bereichserfolg gekoppelt ist (vgl. hierzu Laux 1990, S. 295 ff.). Damit tritt folgender möglicher Konflikt zu Tage: „Ein integratives Anreizsystem, bei dem die Entscheidungsträger ihre Aktivitäten am Gesamterfolg […] ausrichten, kann höhere Kosten verursachen als ein Anreizsystem, bei dem sie ihre Bereichserfolge zu Lasten des Gesamterfolgs erhöhen" (Laux 1990, S. 301). Eine Koppelung der Anreize an den Gesamterfolg (zweite Alternative der Anreizgestaltung im Beyond Budgeting Modell) kann aus Unternehmensgesamtsicht somit nachteilig sein, wenn die damit verbundenen Ertragsvorteile aus verbesserter Koordination niedriger sind als die zusätzlichen Kosten der Anreizgewährung. Ist hingegen die Volatilität des Gesamtergebnisses niedriger als die Volatilität der Bereichsergebnisse, so wird ein risikoaverser dezentraler Entscheidungsträger eine niedrigere Risikoprämie als im Fall der Koppelung an den Bereichserfolg fordern! In diesem Fall ist eine Koppelung der Belohnung des dezentralen Entscheidungsträgers an das Gesamtergebnis aus zweierlei Sicht vorteilhaft: Einerseits können damit die bei Verbundeffekten und Anreizgewährung auf Bereichsbasis entstehenden Koordinationsprobleme gelöst werden und andererseits sinken die Kosten des Unternehmens für die Anreizgestaltung, da die geforderte Risikoprämie fällt.

Aus diesen Überlegungen ist zu folgern, dass bei der Beurteilung der Anreizgestaltung auf Basis des Gesamtergebnisses auch die Volatilität dieses Ergebnisses im Vergleich zur Volatilität der Bereichsergebnisse und der Grad der Risikoaversion der dezentralen Entscheider zu berücksichtigen sind.

Neben der Problematik der Volatilität und dem Grad der Risikoaversion ist bei der Anreizgestaltung auf Basis des Gesamtergebnisses im Beyond Budgeting Modell jedoch auch das Problem der „Arbeitsscheue" zu beachten. In der sozialpsychologischen Literatur werden dabei zwei Varianten arbeitsscheuen Verhaltens eines einzelnen Mitarbeiters in einer Gruppe (z. B. einer Division oder dem Gesamtunternehmen) unterschieden: Das soziale Faulenzen und das Trittbrettfahren (vgl. Jost 2000, S. 497 f.; Schäffer 2001, S. 99 f.). Unter dem sozialen Faulenzen ist dabei die Reduktion der Anstrengungsbereitschaft eines Mitarbeiters für die Gruppe (bzw. deren Ziele) mit steigender Gruppengröße zu verstehen (vgl. Schäffer 2001, S. 99). So kann der Wechsel von einer individuellen oder bereichsbezogenen Anreizgestaltung (kleine Gruppe) auf das Gesamtergebnis des Unternehmens (große Gruppe) dazu führen, dass sich der Beitrag eines einzelnen Mitarbeiters einerseits kaum mehr identifizieren lässt und dass andererseits ein Beitrag auch einfach verloren geht. Beides ist dem erbrachten Anstrengungsniveau des individuellen Mitarbeiters auf mittlere Frist abträglich. Das Konzept des Trittbrettfahrens hingegen betrachtet die Gruppenleistung als ein öffentliches Gut. Da die Erstellung des öffentlichen Guts für die individuellen Gruppenmitglieder mit Kosten („Arbeitsleid") verbunden ist, sie aber (annahmegemäß) nicht (oder nur sehr schwer) vom Gebrauch (z. B. von der Teilhabe am Erfolg des Unternehmens) ausgeschlossen werden können, besteht für den einzelnen Mitarbeiter der Anreiz, den eigenen Beitrag zu reduzieren (vgl. Jost 2000, S. 497; Schäffer 2001, S. 100). Beide Formen arbeitsscheuen Verhaltens führen im Beyond Budgeting Ansatz dazu, dass auch eine Anreizgewährung auf Basis des Gesamtergebnisses nicht per se zu einem „optimalen" Verhalten (aus Sicht des Unternehmens) führen muss. Auch aus diesem Blickwinkel erweist sich der „Lösungsansatz" des Gesamtergebnisses als Anreizgrundlage als nicht unproblematisch.

Als Randnotiz sei auch noch auf einen weiteren neuralgischen Aspekt der Anreizgestaltung im Beyond Budgeting Ansatz (und allgemein) hingewiesen: Sowohl bei der Vergütung auf Basis des Bereichserfolgs als auch auf Grundlage des Gesamterfolgs kann das Problem der unterschiedlichen Zeitpräferenz von Unternehmen und dezentralem Entscheidungsträger existieren. Besitzen die dezentralen Manager einen Informationsvorsprung vor der Zentrale und sind sie „,ungeduldiger' und kurzfristiger orientiert [...] als das Unternehmen" (Ewert/Wagenhofer 2003, S. 544), so kann es zu „Fehlentscheidungen" (aus Sicht des Unternehmens) der dezentralen Entscheidungsträger kommen (vgl. hierzu Ewert/Wagenhofer 2003, S. 544–549). Entsprechend garantiert auch die zweite im Beyond Budgeting Konzept enthaltene Anreizgestaltungsvariante nicht per se eine effiziente und effektive Koordination und Motivation.

■ Fazit und Ausblick

Wie aus den vorangegangenen Abschnitten deutlich wird, ist der Einsatz des Beyond Budgeting Konzepts bei Unternehmen mit Verbundbeziehungen mit erheblichen Schwierigkeiten verbunden.

Einerseits sind der im Beyond Budgeting Ansatz vorgeschlagene Ressourcenallokationsmechanismus via zentralem Kalkulationszinsfuß und autonomer dezentraler Entscheidung und eine Anreizgestaltung auf Basis des relativen Geschäftsbereichserfolgs im Fall der Existenz von Verbundeffekten, wie die Beispiele zeigen, zur Koordination suboptimal. Nur wenn keine Verbundeffekte vorliegen, führen der propagierte Ressourcenallokationsmechanismus und eine Anreizgewährung auf Basis des Bereichserfolgs zu den gewünschten positiven Koordinations- und Motivationseffekten.

Andererseits ist auch der Einsatz der zweiten Anreizgestaltungsalternative des Beyond Budgeting Modells – der Belohnung auf Basis des Gesamtergebnisses – nicht völlig unproblematisch. Je nachdem, wie das Verhältnis der Gesamtergebnisvolatilität und der Bereichsergebnisvolatilität ist, kann der Nutzen aus der verbesserten Koordination einer solchen Lösung durch die höheren Kosten der Motivation (z. B. Risikoprämie) teilweise oder ganz aufgezehrt werden. Auch können weitere präferenzbedingte Probleme (z. B. Zeitpräferenz) die Koordination und Motivation erschweren. Folglich ist eine genaue Analyse der jeweiligen unternehmensspezifischen Verhältnisse vor einer Entscheidung über den Anreizmodus unabdingbar.

Anstelle des Anreizschemas könnte natürlich auch der Ressourcenallokationsmechanismus des Beyond Budgeting Modells modifiziert werden und damit Unter- oder Überinvestitionen entgegengewirkt werden. Denkbar ist in diesem Fall die kombinierte zentrale und dezentrale Entscheidung über Investitionsprojekte mittels Einzelbetragslimits und einem zentralen „Investitionsausschuss" für große Projekte. Dieses Vorgehen wird bereits seit längerem in deutschen Großunternehmen (auch ohne Beyond Budgeting) praktiziert (vgl. hierzu bspw. Weber/Linder/Spillecke 2002, S. 293). Bei besonders gravierenden Verbundeffekten kann darüber hinaus sogar eine Investitionsbudgetierung aller Investitionen (z. B. nach dem Gegenstromverfahren) erforderlich sein. Dies bedeutet jedoch eine Aushebelung des Grundgedankens – des Verzichts auf Budgets – des Beyond Budgeting Modells. Auch dürfte ein zentrales Vorgehen in einem zunehmend dynamischen Umfeld auf Dauer wenig erfolgsversprechend sein.

Insgesamt zeigen die Überlegungen somit folgendes Dilemma auf: Einerseits erfordert die Dynamik zunehmend dezentrale Entscheidungen (Beyond Budgeting), die Verbunde hingegen verlangen zu ihrer optimalen Lösung nach einer zentralen Entscheidung (Budgetierung). Dieser Trade-Off zwischen den dargestellten Effizienzverlusten einer dezentralen Koordination aufgrund von Verbundeffekten und den von den Verfechtern des Beyond Budgeting anschaulich beschriebenen Effizienzverlusten einer zentralen Koordination aufgrund der Dynamik muss für jedes Unternehmen individuell gelöst werden. Beyond Budgeting ist somit nicht *der* universelle Ansatz zur Koordination und Motivation, wie er von seinen Fürsprechern gerne propagiert wird. Vielmehr setzt er voraus, dass Verbundeffekte nur eine geringe Rolle spielen bzw. dass die Effizienzverluste bei ihrer Vernachlässigung relativ zu den Effizienzgewinnen durch eine reaktionsschnelle dezentrale Führung von untergeordneter Bedeutung sind.

Literatur

Accenture: Driving Value Through Strategic Planning and Budgeting: A Research Report from Cranfield School of Management and Accenture, o. O. 2001.

ALBACH, H.: Investition und Liquidität, Wiesbaden 1962.

ALBACH, H.: Shareholder Value und Unternehmenswert: Theoretische Anmerkungen zu einem aktuellen Thema, in: Zeitschrift für Betriebswirtschaftslehre, 71. Jahrgang, 2001, S. 643–674.

ALBRECHT, P.: Die Versicherungsproduktion – eine Kuppelproduktion bei Risiko, Zeitschrift für Betriebswirtschaftslehre, 57. Jahrgang, 1987, S. 316–327.

BREALEY, R. A./MYERS, S. C.: Principles of Corporate Finance, 6th edition, Boston u. a. 2000.

ESCOFIER, B.: Budgets et contrôle, in: Colasse, B. (Hrsg.): Encyclopédie de Comptabilité, Contrôle de Gestion et Audit, Paris 2000, S. 85–92.

EWERT, R./WAGENHOFER, A.: Interne Unternehmensrechnung, 5., überarbeitete und erweiterte Auflage, Berlin u. a. 2003.

FEITZINGER, E./LEE, H. L.: Mass Customization at Hewlett-Packard: The Power of Postponement, Harvard Business Review, Volume 75, January – February, 1997, S. 116–121.

FRANKE, G./HAX, H.: Finanzwirtschaft des Unternehmens und Kapitalmarkt, 4., neubearbeitete und erweiterte Auflage, Berlin u. a. 1999.

FRASER, R./HOPE, J.: Beyond Budgeting, in: Controlling, 13. Jahrgang, 2001, S. 437–442.

FRESE, E.: Grundlagen der Organisation, 7., überarbeitete Auflage, Wiesbaden 1998.

GÄLWEILER, A.: Synergiepotentiale, in: SZYPERSKI, N./WINAND, U. (Hrsg.): Handwörterbuch der Planung, Stuttgart 1989, Sp. 1935–1943.

GOCKE, C.: Effiziente Kapitalallokation zu Investitionszwecken als Problem im divisionalen Unternehmen, Köln 1993.

GÖTZE, U./BLOECH, J.: Investitionsrechnung: Modelle und Analysen zur Beurteilung von Investitionsvorhaben, 3., verbesserte und erweiterte Auflage, Berlin/Heidelberg 2002.

GREVELIUS, S.: Thirty successful years without budget: Experiences from a financial company, in: Controlling, 13. Jahrgang, 2001, S. 443–446.

GRÖNSTEDT, L. O.: The group chief executive's comments, in: Svenska Handelsbanken Annual Report 2001, Stockholm 2002, S. 3–7.

HECKERT, J. B./WILLSON, J. D.: Business Budgeting and Control, 2nd Edition, New York 1955.

HOPE, J./FRASER, R.: Beyond Budgeting, in: Strategic Finance, Volume 82, October, 2000, S. 30–35.

HOPE, J./FRASER, R.: Figures of hate, in: Financial Management, February, 2001a, S. 22–25.

HOPE, J./FRASER, R.: Beyond Budgeting: Questions and Answers, CAM-I White Paper, Poole, Dorset 2001b.

HORVÁTH, P.: Controlling, 8., vollständig überarbeitete Auflage, München 2001.

JACOB, A.-F./KLEIN, S./NICK, A.: Basiswissen Investition und Finanzierung: Finanzmanagement in Theorie und Praxis, Wiesbaden 1994.

JOST, PETER-J.: Organisation und Motivation: Eine ökonomisch-psychologische Einführung, Wiesbaden 2000.

KLEY, K.-L.: Verrechnungspreise und Wertmanagement im Aviation-Konzern Deutsche Lufthansa, in: krp – Kostenrechnungspraxis, 45. Jahrgang, 2001, S. 267–274.

KLOOCK, J.: Verrechnungspreise, in: Frese, E. (Hrsg.), Handwörterbuch der Organisation, 3. Auflage, Stuttgart 1992, Sp. 2554–2572.

KÖMMELBEIN, G.: Leistungsverbundenheit im Verkehrsbetrieb, Berlin 1967.

LAUX, H.: Risiko, Anreiz und Kontrolle: Principal-Agent-Theorie, Einführung und Verbindung mit dem Delegationswert-Konzept, Berlin u. a. 1990.

LAUX, H./LIERMANN, F.: Grundlagen der Organisation: Die Steuerung von Entscheidungen als Grundproblem der Betriebswirtschaftslehre, 4. Auflage, Berlin u. a. 1997.

MÄNNEL, W.: Verbundwirtschaft, in: Kern, W. (Hrsg.): Handwörterbuch der Produktionswirtschaft, Stuttgart 1984, Sp. 2077–2093.

MEFFERT, H.: Marketing: Grundlagen marktorientierter Unternehmensführung: Konzepte – Instrumente – Praxisbeispiele, 8., vollständig neubearbeitete und erweiterte Auflage, Wiesbaden 1998.

NAHMIAS, S.: Production and Operation Analysis, 4th edition, Chicago u. a. 2001.

POENSGEN, O. H.: Geschäftsbereichsorganisation, Opladen 1973.

RADKE, M.: Handbuch der Budgetierung, 2., durchgesehene Auflage, Landsberg a. Lech 1991.

RAPPAPORT, A.: Selecting Strategies that create shareholder value, in: Harvard Business Review, Volume 59, May – June, 1981, S. 139–149.

ROSS, S. A./WESTERFIELD, R. W./JAFFE, J. F.: Corporate Finance, 5th edition, Boston u. a. 1999.

SCHÄFFER, U.: Kontrolle als Lernprozess, Wiesbaden 2001.

SCHAUDWET, C.: Ende der Planwirtschaft: Die klassische Budgetierung presst Unternehmen in ein starres Korsett. Weil die globalisierte Wirtschaft langfristige Finanzplanung immer schwieriger macht, wird nach flexibleren Steuerungsmethoden gesucht, in: Wirtschaftswoche, Nr. 34 vom 15. August 2002, S. 65–67.

SOLARO, D.: Das integrierte Planungs- und Kontrollsystem der Standard Elektrik Lorenz AG (SEL), in: HAHN, D.: Planungs- und Kontrollrechnung – PUK, 3. Auflage, Wiesbaden 1985, S. 829–890.

SOLOMONS, D.: Divisional Performance Measurement, Homewood/Illinois 1965.

THEIL, M.: Zufallsabhängigkeit von Kosten in Versicherungsunternehmen, in: krp – Kostenrechnungspraxis, 46. Jahrgang, 2002, S. 109–113.

VARIAN, H. R.: Intermediate Microeconomics: A Modern Approach, 5th edition, New York u. a. 1999.

VOGEL, F.: Beschreibende und schließende Statistik, 8., völlig überarbeitete und erweiterte Auflage, München und Wien 1995.

WEBER, H. K.: Verbundwirtschaft, in: KERN, W./SCHRÖDER, H.-H./WEBER, J. (Hrsg.): Handwörterbuch der Produktionswirtschaft, zweite, völlig neu gestaltete Auflage, Stuttgart 1996, Sp. 2142–2150.

WEBER, J.: Einführung in das Controlling, 9. Auflage, Stuttgart 2002.

WEBER, J./LINDER, S./SPILLECKE, D.: Stand der Planung und Kontrolle betrieblicher Investitionen, in: krp – Kostenrechnungspraxis, 46. Jahrgang, 2002, S. 291–297.

ZÉCRI, J.-L.: Processus Budgetaire: Motifs d'insatisfaction, Actes du XXIe Congrès de l'Assocation Française de Comptabilité, Angers 2000.

Besser einsteigen – schneller aufsteigen

Berufs- und Karriere-Planer
für Studenten und Hochschulabsolventen

Gabler / MLP Berufs- und Karriere-Planer 2003/2004: Wirtschaft
Für Studenten und Hochschulabsolventen
Mit Stellenanzeigen und Firmenprofilen
6., vollst. überarb. u. akt. Aufl. 2003.
ca. 600 S. Mit CD-ROM. Br.
ca. EUR 14,90
ISBN 3-409-63639-0

Gabler / MLP Berufs- und Karriere-Planer 2002/2003: Technik
Maschinenbau, Elektrotechnik, Bauwesen, Informationstechnologie u.v.a.
Mit Stellenanzeigen und Firmenprofilen
4. Aufl. 2002. 639 S. Br.
13,90 EUR
ISBN 3-409-43640-5

Gabler / MLP Berufs- und Karriere-Planer 2002/2003: IT- und e-business
Informatik, Wirtschaftsinformatik und New Economy.
Mit Stellenanzeigen und Firmenprofilen
3. Aufl. 2002. 308 S. Br.
13,90 EUR
ISBN 3-409-33641-9

Berufs- und Karriere-Planer 2003: Mathematik
Schlüsselqualifikation für Technik, Wirtschaft und IT
Für Studierende und Hochschulabsolventen.
Ein Studienführer und Ratgeber
2. Aufl. 2003. 472 S. Br.
EUR 14,90
ISBN 3-528-13157-8

Berufs- und Karriereplaner Medien und Kommunikation
Für die Medienmacher von morgen
2003. ca. 280 S. Br.
ca. EUR 17,90
ISBN 3-531-13831-6

www.karriereplaner.de

Änderungen vorbehalten.
Erhältlich im Buchhandel
oder beim Verlag.

Gabler Verlag
Abraham-Lincoln-Str. 46
65189 Wiesbaden
Tel.: 06 11.78 78-124

GPSR Compliance

The European Union's (EU) General Product Safety Regulation (GPSR) is a set of rules that requires consumer products to be safe and our obligations to ensure this.

If you have any concerns about our products, you can contact us on

ProductSafety@springernature.com

In case Publisher is established outside the EU, the EU authorized representative is:

Springer Nature Customer Service Center GmbH
Europaplatz 3
69115 Heidelberg, Germany

www.ingramcontent.com/pod-product-compliance
Lightning Source LLC
LaVergne TN
LVHW080250260326
834688LV00042BA/1202